Johann Heinrich Guleke
Geschichte des livländischen Volksschulwesens
herausgegeben von
Detlef Kühn und Vija Daukšte

BEITRÄGE ZUR SCHULGESCHICHTE

Band 6

Johann Heinrich Guleke

Geschichte des livländischen Volksschulwesens

herausgegeben von
Detlef Kühn und Vija Daukšte

Institut Nordostdeutsches Kulturwerk
Lüneburg 1997

Die Deutsche Bibliothek – CIP-Einheitsaufnahme

Geschichte des livländischen Volksschulwesens / Institut
Nordostdeutsches Kulturwerk Lüneburg. Johann Heinrich Guleke.
Hrsg. v. Detlef Kühn und Vija Daukšte. - Lüneburg : Inst.
Nordostdt. Kulturwerk, 1997
(Beiträge zur Schulgeschichte ; Bd. 6)
ISBN 3-932267-03-6

Bildnachweis: Joh. Heinr. Guleke u. Frau Emilie geb. Kühn; Privatbesitz

Gedruckt mit Unterstützung des Bundesministeriums des Innern

Druckgenehmigung erteilt vom Latvijas Valsts vēst. arhīvs (Historisches Staatsarchiv Lettlands)
Fonds 214, apr. 6, Lieta 152[a]

Herstellung: Stahringer, Gutenbergstr. 11, D-35085 Ebsdorfergrund

Inhalt

Einführung

Detlef Kühn

Die Geschichte des Gymnasialschulwesens im Baltikum ist recht gut erforscht. Die deutschbaltische Oberschicht in Liv-, Est- und Kurland, den Ostseeprovinzen des Russischen Reiches bis 1918, hat das Oberschulwesen schon im Interesse der Ausbildung des eigenen Nachwuchses stets gefördert und auch in die eigenen historiographischen Bemühungen einbezogen. Das Volksschulwesen, dessen Nutznießer neben den wenigen sogenannten Kleindeutschen vor allem die lettische und estnische Bevölkerung des Landes, die „Nationalen", waren, fand in der deutschen Geschichtsforschung geringeres Interesse. Für das 18. Jahrhundert ist nach wie vor unverzichtbar das Werk des im Zweiten Weltkrieg gefallenen Historikers Heinrich Schaudinn über deutsche Bildungsarbeit am lettischen Volkstum.[1] Es hat für das 19. Jahrhundert bislang keine ähnlich umfassende ergänzende Untersuchung in deutscher Sprache gefunden.

Erst kürzlich hat Vija Daukšte über die Probleme des lettischen Schulwesens im 19. Jahrhundert bis 1918 referiert und dabei auch die historiographischen Desiderata aufgezeigt.[2] Sie hat dabei erstmals auch die jetzt hier veröffentlichten Aufzeichnungen Johann Heinrich Gulekes über die „Geschichte des livländischen Volksschulwesens" gewürdigt. Frau Daukšte ist vor allem dafür zu danken, daß Gulekes Manuskript aus dem Jahre 1889 zugänglich ist. Sie hat auch die Genehmigung des Staatlichen Historischen Archivs Lettlands zur Veröffentlichung bewirkt, für die der Leitung des Archivs ebenfalls herzlich gedankt sei. Mit ihrer Einordnung – aus lettischer Sicht – der Ausarbeitung von Guleke in die baltische Geschichte hat Frau Daukšte sehr zur Bereicherung dieser Veröffentlichung beigetragen.

Johann Heinrich Guleke hat in seiner Arbeit, die nicht zur baldigen Veröffentlichung bestimmt war, wenn der Autor auch selbstverständlich gehofft hatte, daß sie Leser finden wird, die gesamte Entwicklung des Volksschulwesens erfaßt, soweit ihm Material zur Verfügung stand. Für die Zeit bis Ende des 18. Jahrhunderts ist er insoweit durch die oben erwähnte Arbeit Schaudinns überholt. Für das 19. Jahr-

1 Heinrich Schaudinn, Deutsche Bildungsarbeit am lettischen Volkstum des 18. Jahrhunderts. München 1937; Nachdr. Hannover-Döhren 1975.

2 Vija Daukšte, Probleme des lettischen Schulwesens im 19. Jahrhundert bis 1918 – Ergebnisse und Aufgaben der historischen Forschung, in: Nordost-Archiv N.F. I (1992), H. 2, S. 335 ff.

hundert, auf das Guleke das Schwergewicht seiner Darstellung legt, stand ihm dagegen mit dem Archiv des livländischen Schulrats reiches Material zur Verfügung, das bislang noch nicht annähernd ausgeschöpft ist.

Guleke war dabei nicht nur Historiograph, sondern auch – insbesondere in den Jahren 1872–1889 – selbst aktiv beteiligt an der Gestaltung der livländischen Schulpolitik. Selbstverständlich ist er insofern, vor allem bei der Schilderung der ritterschaftlichen Bemühungen um die livländische Volksschule, auch Partei. Dennoch ist sein Bemühen um Objektivität vor allem bei der Darstellung der Fakten nicht zu übersehen. Auf jeden Fall bietet er so viele Details, daß seine Arbeit die Bearbeitung vieler Fragen ermöglicht, die bis heute in der deutschbaltischen Geschichtsschreibung umstritten oder wenig erforscht sind: die „Germanisierung der Nationalen“, die Ausbildung lettischer und estnischer Landschullehrer und ihr Einfluß auf die Entwicklung des Nationalbewußtseins ihrer Völker, das Verhältnis zwischen Ritterschaft und russischer Zentralgewalt, die Russifizierung im Schulwesen schlechthin. Viele seiner Mitteilungen sind geeignet, mehr Licht auf die handelnden Personen, ihre Charaktere und Motive zu werfen – so z.B. auf den Seminardirektor Zimse, dessen Einfluß auf die Ausbildung lettischer Lehrer gar nicht hoch genug eingeschätzt werden kann. – Daneben zeigt das Werk die Art und Weise der Arbeit ritterschaftlicher Verwaltungen in den Ostseeprovinzen; mit einem Minimum an bürokratischem Aufwand wurde ein Höchstmaß an Effizienz erreicht, das noch heute beeindrucken kann.

Gulekes Darstellung endet 1887, zu einer Zeit, als klar wurde, daß die zaristische Zentralgewalt auf einer Gleichschaltung auch der bildungspolitischen Bemühungen in den Ostseeprovinzen des Russischen Reiches bestehen würde. Guleke hat diese Entwicklung mit Enttäuschung und Verbitterung zur Kenntnis nehmen müssen. Nur wenige Tage nach Beendigung des Manuskripts ist er am 2. Juni 1889 nach kurzer Krankheit verstorben. Die weitere Entwicklung des livländischen Schulwesens auf dem Höhepunkt der Russifizierung bis zur Revolution von 1905 schildert Alexander von Tobien mehr als 30 Jahre später.[3] Zu dieser Zeit hatten sowohl das Zarentum als auch die deutschbaltische Führungsschicht in Livland jeden Einfluß verloren.

---

3 Alexander von Tobien, Die Livländische Ritterschaft in ihrem Verhältnis zum Zarismus und russischen Nationalismus. Bd. I, Riga 1925, S. 238 ff.; vgl. auch für das Ende der Seminararbeit in Walk: C. Peterson, I. Bach, E. Inselberg, Das ritterschaftliche Parochiallehrer-Seminar in Walk. Riga 1898, S. 102 ff.

Johann Heinrich Guleke[4] (1821–1889) galt als liberal und zwar als Theologe im Gegensatz zur Orthodoxie wie auch als Verwaltungsbeamter bei der Gestaltung der Schulpolitik gegenüber den „schutzbefohlenen“ Letten und Esten. Mit deutlicher Zustimmung zitiert er den Generalsuperintendenten Ferdinand Walter und den Präses der Oberlandschulbehörde, Landrat Friedrich Baron Wolff, die sich beide von dem Bestreben leiten ließen, ein jahrhundertelanges Unrecht, begangen an den Letten und Esten, nach Kräften wieder gut zu machen. Dies haben sichtlich nicht alle in der Ritterschaft so gesehen. – Aufkommende nationalistische Tendenzen bei den Letten und Esten sah Guleke mit Besorgnis, auch wenn er sich eindeutig zugunsten der 1867 eingeführten Landgemeindeordnung und die Befreiung der Bauerngemeinden vom Einfluß der Gutsbesitzer und vor allem für die Einführung der Landpacht und den Hauskauf durch die Bauern einsetzte.[5] Bestrebungen, die „Nationalen“ zu germanisieren, schildert er in seinem hier veröffentlichten Manuskript, ohne dezidiert Stellung zu nehmen. Offenbar war er selbst in dieser ganz wichtigen Frage umschlüssig.

Seine liberale Grundüberzeugung war sicherlich im Elternhaus begründet. Der Vater, Friedrich Guleke, war Pfarrer in Salisburg, der Großvater, nach dem der Schulrat seinen Vornamen Johann Heinrich erhalten hatte, stammte aus Königsberger Handwerkerkreisen und wanderte im 18. Jahrhundert ins Baltikum aus, wo er jahrzehntelang als Pfarrer in Burtneek wirkte. Unser Autor interessierte sich ebenso wie sein Vater frühzeitig für Politik, betrieb vor allem seit den revolutionären Ereignissen des Jahres 1848 eifrig entsprechende Studien, wobei er sich auch mit philosophischen und pädagogischen Fragen beschäftigte. Über die Ergebnisse dieser Studien veröffentlichte er Beiträge in den Kirchenblättern, die jedoch die orthodoxen Lutheraner der Theologischen Fakultät in Dorpat gegen ihn aufbrachten. Insbesondere geriet er in Gegensatz zu dem orthodox eingestellten Pastor Emil Sokolowski in Ronneburg.[6] Die daraus resultierenden Querelen widerten ihn so an,

---

4 Zu Herkunft, Biographie und familiärem Umfeld s. insbesondere Erich Seuberlich, Stammtafeln deutsch-baltischer Geschlechter. Bd. II, 3. Reihe, Leipzig 1931, Sp. 1 ff. (insbes. Sp. 12); Peterson, Bach, Inselberg, Parochiallehrer-Seminar (wie Anm. 3), S. 133 ff.; Deutsch-Baltisches Biographisches Lexikon 1710 bis 1960, hrsg. v. Wilhelm Lenz. Köln/Wien 1970, S. 276; Die evangelischen Prediger Livlands bis 1918, hrsg. v. Martin Ottow u. Wilhelm Lenz. Köln/Wien 1971, Nr. 623.

5 Herrn Victor-Paul Althausen, St. Augustin, danke ich für die Übersetzung eines Artikels aus der lettischen Sonntags-Zeitung „Rits“ vom Jahre 1926, in der dies für Smilten im einzelnen dargestellt wird (Verf.: Kārlis Kundsinš).

6 Vgl. Reinhard Wittram, Liberalismus baltischer Literaten. Riga 1931 (Abhandlungen der Herder-Gesellschaft und des Herder-Instituts zu Riga. Bd. 4, Nr. 9.), S. 72; über Sokolowski vgl. Lexikon (wie Anm. 4), S. 738.

daß er sich für viele Jahre von den Synoden zurückzog und sich neben seinem Pfarramt nur noch dem Ausbau des Schulwesens im Kirchspiel Smilten widmete. Wegen seiner Erfolge in diesem Bereich wurde er 1869 zum geistlichen Schulrevidenten des Walkschen Kreises und 1872 von der Ritterschaft zum livländischen Schulrat gewählt. Über die Umstände dieser Wahl habe ich im Jahrbuch des baltischen Deutschtums anhand von Familienbriefen berichtet.[7] Bis 1878 versah Guleke noch sein Pfarramt in Smilten, allerdings mit Hilfe von Adjunkten; danach stellte ihn die Ritterschaft finanziell so, daß er mit der Familie nach Riga umziehen konnte, wo er in den letzten drei Jahren seines Lebens auch als Religionslehrer an der Stadttöchterschule tätig war.

Die Edition läßt das Manuskript von Johann Heinrich Guleke praktisch unverändert. Es wurden weder Veränderungen in der Orthographie noch in der Interpunktion vorgenommen. Lediglich die numerierten Anmerkungen stammen von mir. Ich habe sie jedoch ebenfalls auf das Notwendigste beschränkt. Zusätzlich empfehle ich, das Personenregister und die dort gegebenen Hinweise zu beachten. Ich hoffe, daß der Leser diese Publikation als eine Bereicherung seines historischen Wissens über das Baltikum empfindet.

7 Detlef Kühn, Die Wahl Heinrich Gulekes zum livländischen Schulrat 1872, in: Jahrbuch des baltischen Deutschtums XXVIII (1981), S. 106 ff.

Die „Geschichte des Livländischen Volksschulwesens" von Johann Heinrich Guleke im Gesamtbild der lettischen Schulgeschichte

von Vija Daukšte

Auf den verwickelten Wegen der lettischen Geschichte hat es viele Persönlichkeiten gegeben, deren Namen für die heutige Gesellschaft unbekannt geblieben sind. Insbesondere betrifft das diejenigen, die bis zur Jahrhundertwende wirkten und aus den damals in Lettland im politischen, wirtschaftlichen und kulturellen Leben führenden deutschbaltischen Kreisen stammten. Nicht nur für Interessierte, sondern auch für Historiker noch immer wenig bekannt ist der Name Johann Heinrich Gulekes (1821–1889), des in der zweiten Hälfte des 19. Jahrhunderts gut bekannten deutschbaltischen Theologen, Schulrates der livländischen Schulen (1872–1889), des Autors der ersten zusammenfassenden Geschichte der livländischen Volksschulen.

Johann Heinrich Guleke hat den größten Teil seines Lebenswerkes der Volksbildung gewidmet, indem er die Volksschulpolitik der Livländischen Ritterschaft verwirklichte. Sein Beitrag ist dem vieldiskutierten, jedoch bis jetzt noch nicht genügend ausgewerteten deutschbaltischen Erbe in der Geschichte Lettlands zuzuordnen.

Die Geschichte dieses Landes ist niemals ausschließlich Geschichte von Letten gewesen. Vom Ende des 12. Jahrhunderts, als hier die Kreuzritter des Heiligen Römischen Reiches einzogen, bis zum ersten geistigen Erwachen der lettischen Nation in der Mitte des 19. Jahrhunderts, war es den Letten nicht vergönnt, Subjekt der Geschichte ihres eigenen Landes zu sein. In der Geschichte Lettlands haben ihre Spuren, jeder auf seine Weise, Polen, Schweden und Russen hinterlassen. Mehrere Jahrhunderte lang – bis zum Ende des 19. Jahrhunderts eigentlich ungestört und teilweise noch bis 1918 – haben gerade die Deutschbalten die politische, wirtschaftliche und kulturelle Geschichte Lettlands geprägt. In den Händen der deutschbaltischen Ritterschaft, der Geistlichkeit und der Bürgermeister befand sich bis zur Mitte der 80er Jahre des 19. Jahrhunderts, als die Zarenadministration die Russifizierung durchzusetzen begann,[1] unbegrenzte Macht in allen wichtigen Lebensbereichen – in Politik, Wirtschaft, Justiz, Finanzen, Bildung und Kultur in Livland und Kurland, damals neben Estland die baltischen Provinzen des zaristischen Rußland. Nachdem im Laufe des 18. Jahrhunderts Livland und Kurland an das russische Imperium angeschlossen worden waren, respektierte der Zarismus die besonderen Rechte der führenden deutschbaltischen Schicht, der Ritterschaft, in der Verwaltung dieser Länder. Es wurde die sogenannte baltische Autonomie geschaffen.[2] Der Selbstverwaltungsapparat von Livland und Kurland – der Landesstaat – wirkte unter vollständiger Aufsicht der Ritterschaften. Sein oberstes Organ war der Landtag der Livländischen und Kurländischen Ritterschaften, welcher sämtliche internen Fragen des gesellschaftlichen Lebens der Provinz entschied. Der Landtag hatte gesetzgebende Rechte. Die Bestätigung des russischen Zaren in bezug auf die vom Landtag verabschiedeten Gesetze war eine reine Formalität.[3]

In der politischen Tätigkeit der deutschbaltischen Ritterschaften gewannen insbesondere ab der zweiten Hälfte des 19. Jahrhunderts die Fragen der Volksbildung besondere Bedeutung. Der deutschbaltische Historiker Alexander Tobien schrieb seinerzeit, die Volksschulpolitik sei neben der Agrarpolitik seit den 40er Jahren zu den wichtigsten politischen Tätigkeitsrichtungen der Ritterschaften geworden. Laut Tobien war die Volksschule einer der lebendigsten Bestandteile des Landesstaates.[4] Die aktive Volksschulpolitik ermöglichte vielen Vertretern der deutschbaltischen Ritterschaften und insbesondere der Geistlichkeit, sich in den Vordergrund zu rücken. Zu diesen zählten der Landrat Karl Axel Bruiningk und der kurländische Baron Alexander Beer, der im Gegensatz zu Bruiningk den konservativen Flügel der Ritterschaft vertrat. Aus den Kreisen der deutschbaltischen Geistlichkeit stammten in der Mitte und der zweiten Hälfte des 19. Jahrhunderts bekannte Persönlichkeiten wie z.B. der Rektor der Universität Dorpat und spätere livländische Schulrat Karl Christian Ulmann, der Pfarrer der Gemeinde Wolmar und

---

1 Vgl. M. Haltzel, Der Abbau der deutschen ständischen Selbstverwaltung in den Ostseeprovinzen Rußlands 1855–1905. Marburg a.d.L. 1977.

2 S. J. Žutis, Ostzeiskij vopros v XVIII veke (Die deutschbaltische Frage im 18. Jahrhundert). Riga 1946; M.M. Duchanov, Ostzeicy. Jav' i vymysel. O roli nemeckich pomeščikov i bjurgerov v istoričeskich sud'bach latyšskogo naroda v seredine XIX veka (Die Deutschbalten. Wahrheit und Dichtung. Zur Rolle der deutschen Gutsbesitzer und Bürger im historischen Schicksal des lettischen Volkes in der Mitte des 19. Jahrhunderts). Riga 1970.

3 Vgl. A. Buchholz, Deutsch-protestantische Kämpfe in den Baltischen Provinzen Russlands. Leipzig 1888; ders., Fünfzig Jahre russischer Verwaltung in den Baltischen Provinzen. Leipzig 1883.

4 A. von Tobien, Die livländische Ritterschaft in ihrem Verhältnis zum Zarismus und russischen Nationalismus. Bd. 1, Riga 1925, S. 242 u. 245.

spätere Superintendent der evangelischen Kirche von Livland, Carl Ferdinand Walter, der kurländische Pfarrer Johann Christoph Wolter, der Pfarrer und, Ulmann folgend, livländische Schulrat Otto Robert v. Klot. Nicht zuletzt ist auch der livländische Schulrat Johann Heinrich Guleke zu erwähnen. In der Mitte des 19. Jahrhunderts kam die erste gebildete Generation der lettischen Volksschullehrer dazu: Adam Terand, Otto Kronwald, Johann Zimse, Georg Neiken, Ernst Alexander Schwech und viele andere. Mit verschiedenen politischen Auffassungen, unterschiedlichem Verständnis von den Aufgaben und dem Ziel der lettischen Volksschule sowie differierenden Vorstellungen über die künftige Entwicklung der lettischen Sprache und Nation, waren die Deutschbalten genauso wie die ersten Generationen der lettischen Volksschullehrer eng mit der Schulpolitik der Ritterschaften verbunden; jede der erwähnten Personen nahm darin ihren bestimmten Platz ein und ging in die Geschichte der Volksschulen in Livland und Kurland ein.

Die Aktivitäten der deutschbaltischen Ritterschaften auf dem Gebiet der Volksschulen begannen bereits in den 20er Jahren des 19. Jahrhunderts.

Die Ereignisse, die Ende des 18. und Anfang des 19. Jahrhunderts Europa erschütterten – die Französische Revolution, die ihr folgenden Kriege und die Restauration – veränderten die innere Ordnung in den baltischen Gouvernements des zaristischen Rußland scheinbar wenig. Ganz im Gegenteil: Die Enttäuschung in der europäischen Gesellschaft und die Bourbon'sche Restauration sowie die Ablehnung des begonnenen Reformkurses schufen eine günstige Atmosphäre für die Festigung der Abgrenzung der baltischen Gouvernements, die sich auf die feudalen Privilegien der herrschenden deutschen Ritterschaften stützte. Und dennoch beeinflußten die Aufklärungsideen des 18. Jahrhunderts, die Geschehnisse in der Politik und die Veränderungen im wirtschaftlichen Leben in Europa wie auch im Russischen Imperium allmählich auch die Denkweise bei den herrschenden deutschbaltischen Kreisen in Livland und Kurland. Mit Beginn des 19. Jahrhunderts, in langen und schwierigen Diskussionen, widerspruchsvoll, aber Schritt für Schritt, befand sich die herrschende Schicht auf der Suche nach Wegen zur Modernisierung der baltischen Provinzen. Gleichzeitig bemühte sie sich, ihre privilegierte Position und den besonderen Status der baltischen Provinzen im zaristischen Imperium nicht zu verlieren. In dieser Situation wurden die Agrarverhältnisse der baltischen Provinzen zum zentralen Problem und dominierten das ganze 19. Jahrhundert.

Die Agrarverhältnisse in Livland und Kurland sind geprägt von einer komplizierten Entwicklung. Im Laufe von etwa 50 Jahren legte das lettische Bauerntum den Weg zurück von der Abschaffung der Leibeigenschaft im Jahre 1817 in Kurland sowie 1819 in Livland bis zum Erwerb der Höfe als eigenes Gut in der zweiten Hälfte des 19. Jahrhunderts; damit begann die Entstehung einer wohlhabenden lettischen Bauernschicht.[5] Damit war nicht nur eine wirtschaftliche, sondern auch eine geistige Emanzipation des lettischen Bauern verbunden. In der Mitte des 19. Jahrhunderts formierte sich die erste akademisch gebildete lettische Generation, die sich – im Gegensatz zu früher – weder germanisieren ließ noch in der deutschen Gesellschaft assimilierte. Es entwickelte sich ein nationales Selbstbewußtsein, und in den 60er Jahren des 19. Jahrhunderts begann das nationale Erwachen der Letten, das von der Bewegung der sogenannten Jungletten geprägt war.[6] Schließlich veränderten all diese Prozesse das Verhältnis zwischen der herrschenden deutschbaltischen Schicht und der lettischen Gesellschaft. Dadurch wurde der privilegierte Status vor allem der Ritterschaft und der Geistlichkeit fragwürdig.

Angesichts dessen, daß sich die wirtschaftliche und politische Macht sowie die Gesetzgebungsinitiative in den baltischen Provinzen das ganze 19. Jahrhundert hindurch ungeteilt in den Händen der deutschbaltischen Ritterschaften befand, wird deutlich, wie kompliziert und widerspruchsvoll die deutschbaltische Politik war. Besonders verwickelt und wenig eindeutig erscheint die Einschätzung der deutschbaltischen Politik unter dem Gesichtspunkt der historischen Entwicklung der lettischen Nation. Die Politik der Bauernschulen und des Bildungswesens der deutschbaltischen Ritterschaft im 19. Jahrhundert verdeutlicht beispielhaft, wie die Deutschbalten nach einem neuen Entwicklungsmodell für die baltischen Provinzen suchten und wie unvorhersehbar die Folgen bisweilen waren.

Die ersten Schritte in der Politik der deutschbaltischen Ritterschaft bezüglich der Angelegenheiten der Bauernschulen zeigten sich bei den Diskussionen über die Freilassung der Bauern aus der Leibeigenschaft. In die Bauerngesetze von Kurland (1817) und Livland (1819) wurden mehrere Paragraphen über Bauernschulen aufgenommen.[7] Besonders detailliert wurden die Bedingungen für die Bauern

---

5 Vgl. A. Mieriņa, Agrārās attiecības un zemnieku stāvoklis Kurzemē XIX gs. 2. pusē (Die Agrarverhältnisse und der Zustand der Bauern in Kurland in der zweiten Hälfte des 19. Jahrhunderts). Rīga 1968; M. Svarāne, Saimnieks un kalps Vidzemē un Kurzemē XIX gs. vidū (Der Bauernwirt und der Knecht in Kurland und Livland in der Mitte des 19. Jahrhunderts). Rīga 1971.

6 Vgl. G. Apals, Jaunlatviešu kustības politiskā orientācija 19. gs. 60. gados pēc „Peterburgas Avīžu" materiāliem (Die politische Orientierung des Junglettentums in den 60er Jahren des 19. Jahrhunderts in den „Petersburger Zeitungen"), in: Latvijas vestures institūta žurnāls (1992), Nr. 2, S. 69-80.

7 Učreždenie o kurljandskich krest'janach (Statut der kurländischen Bauernschaft), S. 60, in: Polnoe sobranie zakonov. Sobranie 1-oe (Gesamte Fassung der Gesetze. Erste Fassung). St.

schulen in Livland ausgearbeitet. Es sei erwähnt, daß die Livländische Ritterschaft auch in den folgenden Jahrzehnten in Sachen Bauernschulen und Bildungswesen merklich aktiver war als die Ritterschaft in Kurland. Die Paragraphen aus den Bauerngesetzen von 1819 definierten drei Sachverhalte: die Bauernschultypen, die Ordnung des Schulbesuchs und den Unterrichtsstoff in groben Zügen; die finanzielle Seite der Einrichtung und Erhaltung der Bauernschulen und schließlich die für die Ritterschaft sehr wichtigen Fragen der Kontrolle und Verwaltung von Bauernschulen.

Das Gesetz sah die Einrichtung von zwei Bauernschularten vor: Gemeindeschulen und Parochialschulen. Erstere waren für die Grundschulbildung der Bauernkinder vorgesehen, dort wurden hauptsächlich Religion und Lesen unterrichtet. Die Parochialschulen waren für die Weiterbildung der wohlhabenden Bauernkinder gedacht, und im Unterrichtsprogramm waren auch die Grundlagen weltlicher Kenntnisse enthalten: Lesen, Schreiben, Rechnen, Naturkunde, Geographie und Geschichte. Dabei wurde vermerkt, daß diese zu den Kenntnissen gehörten, die den Aberglauben ausrotten und zur ehrenhaften und bewußten Erfüllung der Standespflichten anleiten sollten.

Die Einrichtung und Erhaltung der Bauernschulen wurde den Bauern selbst überlassen, die Verantwortung dafür trugen die Gemeinden. Sämtliche Schulverwaltungsangelegenheiten wurden laut Gesetz der Ritterschaft unterstellt. Verwaltung und Kontrolle der Bauernschulen verwirklichte die Ritterschaft über die Oberkirchenvorsteher. Diese stammten aus den Reihen der Großgrundbesitzer und leiteten die Schulkonvente. Die direkte Schulaufsicht hatten die Gemeindepfarrer.

Es muß betont werden, daß die Schulgesetze von 1819 nicht von Grund auf neu entstanden.[8] So gab es in Livland zum Beispiel bereits im 17. Jahrhundert, den sogenannten „schwedischen Zeiten“, ausgeprägte Traditionen in der Bildung der Bauern. Bemerkenswerte Ergebnisse dabei erzielte im 18. Jahrhundert die religiös-gesellschaftliche Herrnhuter Bewegung oder – wie sie in Lettland genannt wurde – die Bewegung der Brüdergemeinen. Aufgrund der Kriege, der politischen Veränderungen und der wirtschaftlichen Krisen des 18. Jahrhunderts hatten die Bauernschulen in Livland, das seit 1710 Teil des Russischen Reiches war, fast aufgehört zu

---

Petersburg 1830, Bd. 34, Nr. 27024; Položenie o lifljandskich krest'janach (Satzung der livländischen Bauernschaft), S. 516, 517, in: Ebenda, Bd. 36, Nr. 27735.

8 Vgl. Tautas izglītība un pedagoģiskā doma Latvijā līdz 1900. gadam (Die Volksbildung und pädagogische Gedanken in Lettland bis in das Jahr 1900). Rīga 1987; A. Vičs, Latviešu skolu vēsture. Vidzeme no 1800–1889 gadam (Die Geschichte der lettischen Schulen. Livland von 1800–1889). Rīga 1926.

bestehen. Hier und da gab es noch Landgutsschulen (laut Bedingungen des Nystader Friedensvertrages wurden diese in Folge der Traditionen aus der schwedischen Zeit von den Landgütern unterhalten) und Kirchspielschulen, doch weder die zaristische Regierung noch die deutschbaltische Ritterschaft schenkten der Bildung der lettischen Bauern genügend Aufmerksamkeit. Diese Situation änderte sich an der Wende vom 18. zum 19. Jahrhundert.

Die Aktivitäten der deutschbaltischen Ritterschaft lassen sich zweifach erklären. Zum ersten brachten die Ereignisse in Europa und darauf folgende Reformen, insbesondere in Preußen, bestimmte Veränderungen in die Vorstellungen über die innere Ordnung des Landes. Gerade die preußische Schulpolitik diente in vielerlei Hinsicht in der ersten Hälfte des 19. Jahrhunderts als Beispiel für die Schulpolitik der Livländischen Ritterschaft.[9] Im Winter 1806/07, nach dem vom Einmarsch der Armee Napoleons verursachten Zusammenbruch Preußens, betonte der deutsche Pädagoge und Junghumanist Heinrich von Süvern in einer seiner Vorlesungen an der Universität Königsberg, in der er die Gründe für den Zusammenbruch und die Erneuerungsmöglichkeiten Preußens analysierte: „Eine bedächtige und planmäßige Betreuung der Menschheit von den moralischen und politischen Übeln, die sie so schwer drücken, beruht aber hauptsächlich auf einer totalen Reformation zweyer Künste, (...) der Politik und der Pädagogik, der Staats- und der Erziehungskunst."[10]

Die Theorie der preußischen Junghumanisten und ihre These vom engsten Zusammenhang zwischen Staatspolitik und Massenbildung waren nicht unbeachtet geblieben. Die liberalen Kreise der Deutschbalten übernahmen die Idee, die in der Gesellschaft heranreifenden Veränderungen seien unter Kontrolle zu bringen. Man war der Auffassung, daß unter anderem auch die Bildung der Bauern zum richtungs- und inhaltsbestimmenden Faktor dieser Veränderungen werden könne. Die in den Schulgesetzen von 1819 enthaltene Absicht, mit den Kenntnissen den Aberglauben auszurotten und die Bauernschicht zum christlichen Pflichtbewußtsein zu erziehen, stimmt mit den Auffassungen von Wilhelm von Humboldt über die Aufgaben der Bildungsreform überein: „Die Nation geneigt zu machen, (...) den Gesetzen zu gehorchen, dem Landesherrn mit unverbrüchlich treuer Liebe anzuhängen."[11]

Obwohl der Einfluß der Aufklärungsphilosophie auf die Konzeption der deutschbaltischen Schulpolitik unbestritten ist, war diese von den Philosophen der Auf-

---

9 Vgl. F. Baumgart, Zwischen Reform und Revolution. Preußische Schulpolitik 1806–1859. Darmstadt 1990.

10 Zit. nach ebenda, S. 36.

11 Ebenda, S. 41.

klärung verkündete Idee von allgemeiner Ausbildung unter Gleichberechtigung aller Schichten scheinbar weniger einflußreich und anwendbar als der Gedanke der deutschen Junghumanisten über eine Ausbildung, die dem sozialen Stand und den Verpflichtungen in einer geordneten Gesellschaft entsprach. Dies zeigen auch die späteren Diskussionen über Ziel und Aufgaben der Bauernschulen, die in der Mitte der 30er Jahre des 19. Jahrhunderts auf den Landtagen der Livländischen Ritterschaft, während der Synoden der evangelisch-lutherischen Kirche und in der deutschbaltischen Presse heftig einsetzten.

Ein weiteres Motiv, das die deutschbaltischen Aktivitäten der ersten Jahrzehnte des 19. Jahrhunderts auf dem Gebiet der Bauernschulen erklären könnte, ist mit dem Beginn des Reformkurses im zaristischen Rußland in Verbindung zu bringen.[12] Die dem russischen Zaren Alexander I. nahestehenden Kreise, die sogenannten Jungfreunde, deklarierten einen Kurs der Staatsmodernisierung mittels liberaler Reformen. Das Reformprojekt betraf auch das Bildungssystem, und es war geplant, diese Reformen auch in den baltischen Provinzen des zaristischen Rußland anzuwenden.[13] Das ganze Imperium wurde in sechs Bildungsgebiete aufgeteilt, eines davon war das Bildungsgebiet Dorpat mit allen drei baltischen Provinzen – Estland, Livland und Kurland. Die Schulen des Bildungsgebietes Dorpat lagen in der Zuständigkeit der Universität Dorpat. Die höchste administrative Macht in einem Bildungsgebiet hatte ein vom Bildungsminister ernannter Kurator. 1805 erschien eine Sonderverordnung über die Einrichtung von Gemeindeschulen im Bildungsgebiet Dorpat.

Aufgrund dieser Entwicklung hielt es die Ritterschaft der baltischen Provinzen für richtig, die Reform noch weiter voranzutreiben, um auf diese Weise die Initiative zu behalten, ganz im Interesse der baltischen Autonomie. Die Livländische Ritterschaft erreichte es zunächst, daß die Universität Dorpat ihren besonderen Status beibehielt und bis zum Ende des 19. Jahrhunderts als deutsche Universität erhalten blieb. Mit dem Gesetz von 1819 wurde geregelt, daß die Bildungs- und Bauernschulangelegenheiten in Livland in voller Verwaltung der deutschbaltischen Ritterschaften blieben. Es wurde eine für die Ritterschaften günstige Unterordnung in bezug auf den

---

12 S. M.M. Safonov, Problema reform v pravitel'stvennoj politike Rossii na rubeze XVIII i XIX vv (Reformprobleme in der Regierungspolitik Rußlands am Übergang vom 18. zum 19. Jahrhundert). Leningrad 1988.

13 Vgl. M. Drīzule, Skolu reformas Baltijas guberņās XIX gs. sākumā (Die Schulreformen in den Baltischen Gouvernements am Anfang des 19. Jahrhunderts), in: Latvijas skolu un pedagoģijas vēstures jautājumi (Fragen der Geschichte der Schulen und Pädagogik in Lettland). Rīga 1975, S. 32-47; A. Salmiņš, Latvijas skolu izveidošanās un attīstība feodālisma posmā (Die Entstehung und Entwicklung der Schulen in Lettland im Zeitraum des Feudalismus). Rīga 1980.

zentralen Machtapparat erreicht. Ebenso wie die inneren Angelegenheiten der baltischen Gouvernements, gerieten auch die Bauernschulen in die Zuständigkeit des Departements für allgemeine Angelegenheiten des Innenministeriums. Auf diese Weise hatte das Bildungsministerium eigentlich keinen Einfluß auf das Volksbildungswesen. Die Schulangelegenheiten in Livland, ähnlich wie in den anderen baltischen Gouvernements, wurden nicht in das Bildungssystem des Imperiums eingegliedert. Die Livländische Ritterschaft betrachtete dies als wichtiges Ergebnis und stützte sich bis zur Mitte der 80er Jahre des 19. Jahrhunderts auf die Schulgesetze von 1819. Es ist verständlich, daß auch Guleke, einer der unmittelbaren Vertreter der ritterschaftlichen Schulpolitik, die Gesetze von 1819 als die ersten ernsthaften Schritte in der Schulpolitik der Livländischen Ritterschaft betrachtete.

Diesen ersten Schritten und Erfolgen bei der Bildung der livländischen Bauern folgten keine Veränderungen, was Guleke auch ehrlich gesteht. Nach der Aufhebung der Leibeigenschaft war die wirtschaftliche Situation der Bauern dermaßen schlecht, daß sie nicht fähig waren, Schulen einzurichten und zu erhalten, wie es das Gesetz vorsah. In Livland sollte auf je 500 männliche Seelen eine Gemeindeschule und auf je 2 000 Seelen beiderlei Geschlechts eine Parochialschule eröffnet werden. Diese Bedingung blieb jedoch noch viele Jahrzehnte unerfüllt. Weder die Schulgesetze von 1819 noch die spätere Gesetzgebung verpflichteten die Ritterschaft zur Einrichtung und Erhaltung der Bauernschulen – die Situation änderte sich erst in der ersten Hälfte der 60er Jahre des 19. Jahrhunderts –, es war und blieb freie Entscheidung und Privatinitiative der Ritterschaft. Guleke schreibt, daß das freigelassene Volk keine Notwendigkeit der Bildung verspürte und keine Schule anstrebte. Dem lettischen Bauern, der in den 20er Jahren des 19. Jahrhunderts ohne Wirtschaftsgrundlage geblieben war (in den baltischen Gouvernements wurden die Bauern ohne Land aus der Leibeigenschaft entlassen), hätte es tatsächlich möglicherweise an der Motivation für die Bildung fehlen können. Eine Volksschule, die von den deutschbaltischen Ritterschaften mit ihren Schulgesetzen bestimmt wurde, mußte besonders wenig vertraut erscheinen.

Auch bei den deutschbaltischen Ritterschaften selbst fehlte es an Motivation für eine konsequente Bauernschul- und Bildungspolitik. Unter den Bauern war noch immer der Hausunterricht stark verbreitet, bei dem lesekundige Bauern den Kindern das Lesen beibrachten. Diese insbesondere in Livland praktizierte Unterrichtsform war so häufig, daß ihr die Ritterschaft in ihrer Schulpolitik einen eigenen Platz in den 40er Jahren zuwies und versuchte, den Hausunterricht unter Kontrolle zu bekommen.

Eine ernsthafte Diskussion in den deutschbaltischen führenden Kreisen über die Bildung des Bauernstandes begann in der Mitte der 30er Jahre des 19. Jahrhunderts. Guleke schenkt den Bemühungen der evangelisch-lutherischen Geistlichkeit um eine ernsthafte Tätigkeit auf dem Gebiet der Bauernbildung große Aufmerksamkeit. Man muß Guleke insofern zustimmen, als der Impuls dafür tatsächlich aus der Geistlichkeit kam, insbesondere in der ersten Hälfte der 30er Jahre. Die evangelisch-lutherische Geistlichkeit in Livland wirkte aufgrund der 1832 herausgegebenen Satzung der evangelisch-lutherischen Kirche Rußlands. Diese verpflichtete die Geistlichkeit zur religiös-sittlichen Erziehung der Kinder zu Hause und in der Schule.[14] Bereits auf der ersten Synode der evangelisch-lutherischen Kirche in Livland 1834 wurden die Fragen der Bauernbildung umfassend erörtert.[15] Die Synode beschloß, einen besonderen Ausschuß zu bilden, der die Angelegenheiten der Bauernschulen in Livland sorgfältig erforschen und einen eingehenden Bericht für die nächste Synode 1835 vorbereiten sollte.[16]

Diese Aktivitäten der Geistlichkeit verursachten eine gewisse Beunruhigung in den führenden Kreisen der Ritterschaft – weniger die Aktivitäten selbst, sondern mehr der Standpunkt, der 1834 bei der Synode geäußert wurde: Zur materiellen Absicherung der Schulen sollten die zentralen Institutionen in St. Petersburg herangezogen werden.[17] Diese Uneinigkeit zwischen der Geistlichkeit und der Ritterschaft sowie, wie Guleke darstellt, die Kränkung der Geistlichkeit, da sie sich von der Gestaltung der Schulpolitik ausgeschlossen fühlte, tritt in der ganzen Arbeit Gulekes zutage. Der Geistlichkeit wurde die Rolle des Ausführenden überlassen. Dieselbe Betrachtung ist auch in der späteren Literatur über die Schulgeschichte zu finden, die am sichtbarsten und umfassendsten von Arnold Vičs vertreten wird.[18] Zur selben Zeit wurde der Plan des bekannten Bischofs Ferdinand Walter über die Einrichtung der Bauernschulen in Livland publik und sein Vorschlag, die zaristische Regierung um eine finanzielle Unterstützung für die Eröffnung eines Lehrerseminars

14 Gesetz für die evangelisch-lutherische Kirche in Russland. St. Petersburg 1832, S. 189.

15 Protokolle der Livländischen Provinzialsynoden in den Jahren 1834–1841. Mitau 1841, S. 1-17.

16 Ebenda, S. 19 f.

17 Ebenda, S. 18.

18 Vgl. A. Vičs, Latviešu skolu vēsture. Kurzeme no 1800–1889 gadam (Die Geschichte der lettischen Schulen. Kurland von 1800–1889). Rīga 1926; ders., Vēsture. Vidzeme (wie Anm. 8).

zu bitten.[19] Walter war schon damals eine recht einflußreiche Persönlichkeit in der deutschbaltischen Gesellschaft, und seine Stimme konnte nicht unbemerkt bleiben.

Die führenden Kreise der Ritterschaft reagierten äußerst negativ. 1835 trat der Landrat von Pernau-Fellin, Alexander Reinhold Rennenkampf, im Livländischen Landtag mit einer leidenschaftlichen Rede auf. Er betonte, die Interessen der anderen Stände (damit meinte er die Geistlichkeit) würden nicht mit denen der Ritterschaft übereinstimmen, besonders in der Frage der Subordination der Volksschulen unter die anderen Autoritäten. Er erinnerte daran, daß der Landtag bereits 1833 die Gründung von Lehrerseminaren „unter vorhandenen Umständen für nicht zweckmässig“ erklärt habe. Der Standpunkt Rennenkampfs war, daß die bisherige Schulgesetzgebung ausreichend wäre und keine Änderungen eintreten dürften, die die Bauern über die „vom Anfang an herauszubildenden Verhältnisse ihres Bauernberufes“ stellen würden. Die Bauern sollten „gemäß ihres Standes und ihrer Sitten“ ausgebildet werden.[20] Der Landtag beschloß, sich an den Innenminister mit dem Ersuchen zu wenden, die bisherige Ordnung nicht ohne Einwilligung der Livländischen Ritterschaft zu ändern.[21]

Dennoch war die Sache ins Rollen gebracht, und die Diskussionen über die Bildung und die Bauernschulen sowie die Einstellung der Geistlichkeit dazu nahmen breiten Raum ein. Man muß Guleke zustimmen, daß der Anstoß hierfür in der Mitte der 30er Jahre von der Geistlichkeit kam.

Die Meinungsunterschiede zwischen den führenden Kreisen der Ritterschaft und der Geistlichkeit, die scheinbar in der ersten Hälfte der 30er Jahre entstanden, waren in Wirklichkeit nicht so gravierend. Nach den Ereignissen von 1834, der Synode des Jahres 1835 und der scharfen Reaktion des Landtages im gleichen Jahr beeilte sich der Generalsuperintendent der livländischen evangelisch-lutherischen Kirche, Gustav Reinhold v. Klot, in der Synode 1836 die Situation zu beruhigen, indem er behauptete, die Geistlichkeit werde in Wirklichkeit keine ernsthaften Reformen angreifen.[22] Die darauf folgende Diskussion in der Gesellschaft und die späteren Reformen der 40er Jahre, die Beruhigung in den 50er Jahren und neue Reformen der 60er Jahre lassen die Reformen in einem anderen Licht erscheinen. Man findet in den späteren Jahrzehnten einen liberalen Flügel bei der reformbereiten Ritterschaft

---

19 Latvijas Valsts vēstures arhīvs (Staatliches historisches Archiv Lettlands) (LVVA), F. 214, Best. 1, A. 898, S. 175-186.

20 LVVA, F. 214, Best. 2, A. 274, S. 103.

21 LVVA, F. 214, Best. 2, A. 274, S. 103.

22 LVVA, F. 214, Best. 2, A. 275, S. 240 f.

genauso wie bei der Geistlichkeit, und es gab Anhänger von konservativer Überzeugung sowohl bei der Ritterschaft als auch in der Geistlichkeit.

Die auf der Synode 1835 geäußerten Ideen und Hoffnungen auf die Einbeziehung von Regierungsgeldern sind nicht einfach zu erklären. Die Begründung der Geistlichkeit, sie sei, nachdem sie keine Unterstützung bei der Ritterschaft gefunden habe, nur aus humanen Überlegungen bereit, die Regierung einzubeziehen, klingt nicht ganz überzeugend. Es mangelt aber auch an Beweisen, es habe sich um eine Vergeltung gehandelt, nachdem die Gesetze des Jahres 1819 die Geistlichkeit von der Verwaltung der Schulangelegenheiten ausgeschlossen hatten. Dennoch waren die Pläne und das Handeln von Walter weitergehend. Guleke schreibt darüber.

Es gibt einen weiteren Umstand, der die Normalisierung der Beziehungen erschwerte, worüber Guleke überhaupt nichts vermerkt. Die Bemühungen Walters um Kontakte mit der zaristischen Regierung und dem Zaren nahen Kreisen, um die finanziellen Fragen bei der Gründung von Lehrerseminaren zu lösen, fielen mit neuen Aktivitäten der Regierung zusammen. Das Ziel hierbei war, die Bauernschulen der baltischen Provinzen in das Bildungssystem des Imperiums einzubeziehen und dem Bildungsministerium unterzuordnen; anders formuliert – all das zu vernichten, was mit den Gesetzen von 1819 erreicht worden war. Das Bildungsministerium des zaristischen Rußland wurde zum damaligen Zeitpunkt von dem überzeugten Anhänger einer Verwaltungszentralisierung, dem Grafen S. Uvarov, geleitet. Er war der Auffassung, die Gesetzgebung des Dorpater Bildungsgebietes müsse überprüft und dem „monarchistischen Einigkeitsgeist" nähergebracht werden.[23] Vorschläge über den Russisch-Unterricht an Schulen und einen allmählichen Übergang zur Unterrichtssprache in Russisch wurden ausgearbeitet. Eine solche Meinung herrschte schon seit dem Jahre 1833 im Bildungsministerium. Es gibt z.Zt. keine Unterlagen, um die Handlungsmotive der livländischen Geistlichkeit zu erklären. Es wäre jedoch naiv, sie nur damit zu erklären, daß die Position der Livländischen Ritterschaft in der Sache stabil gewesen wäre. Wie die Entwicklung bewies, wurden die Ideen Uvarovs erst nach fast 50 Jahren verwirklicht. Die Livländische Ritterschaft leistete außerdem der Politik von Uvarov ernsthaften Widerstand.[24]

---

23 Istoričeskij obzor dejatel'nosti ministerstva narodnogo prosveščenija (Historische Übersicht der Tätigkeiten des Ministeriums für Volksaufklärung). St. Petersburg 1902, S. 321.

24 Vgl. Buchholz, Fünfzig Jahre (wie Anm. 3), S. 31-34; Das Geschlecht von Bruiningk in Livland. Familiengeschichte. Nachrichten von Hermann Baron Bruiningk. Riga 1913, S. 202; G. von Pistohlkors, Ritterschaftliche Reformpolitik zwischen Russifizierung und Revolution. Göttingen 1978, S. 61-66.

Ab Mitte der 30er Jahre wurde in den maßgeblichen Kreisen der Ritterschaft die Unterstützung für eine aktive Politik in den Angelegenheiten der Bauernschulen immer deutlicher ausgesprochen, obwohl der bekannte Vertreter des konservativen Flügels der Ritterschaft, Landrat Heinrich August v. Bock, in der Zeitschrift „Das Inland“ in einer der Ausgaben von 1836 recht deutlich bemerkte, „sämtliches Gerede über die Bauernschulen wäre überflüssig, denn mit den Gesetzen von 1819 ist bereits alles gesagt worden, und der Bauer kann das für ihn Notwendigste am besten erlernen, indem er seine Bauernarbeit tut“.[25] 1836 wurden im Landtag erneut die Fragen der Bauernschulen behandelt. Wie Rennenkampf bemerkte, sollte die hoffnungslose Lage der Bauernschulen damit erklärt werden, daß es an „genau festgelegten Zielen der Volksbildung fehle“.[26] Das wurde zum Diskussionsansatz in der ganzen zweiten Hälfte der 30er Jahre und in den 40er Jahren.

In dieser Zeit wurden die ersten praktischen Schritte getan, um die Volksschulangelegenheiten voranzubringen. 1842 wurde mit Landtagsbeschluß der Livländischen Ritterschaft die Oberlandschulbehörde von Livland gebildet, die später tatsächlich zum Vollstrecker der Schulpolitik der Livländischen Ritterschaft wurde.[27] Zur gleichen Zeit wurden Oberkirchenvorsteherämter gegründet.[28] In die Tätigkeit dieser Behörden wurde die Geistlichkeit einbezogen, und sie wirkte dort sehr aktiv bis zu den Reformen der 80er Jahre. 1844 wurde das Amt des livländischen Schulrates geschaffen, das während seines ganzen Bestehens von Vertretern der livländischen evangelisch-lutherischen Kirche bekleidet wurde.[29] Ein ständiges Mitglied der Oberlandschulbehörde war der Generalsuperintendent der livländischen evangelisch-lutherischen Kirche. In seiner Arbeit betont Guleke mit Recht, wie groß der Einfluß der Schulräte auf die Schulangelegenheiten war. Mit diesen Neueinführungen wurde eine solide Grundlage für die Zusammenarbeit zwischen der Ritterschaft und der Geistlichkeit geschaffen, so daß hier die Worte von Horst Garve zu erwähnen sind, die evangelisch-lutherische Kirche in Livland sei das Einigungselement des sogenannten Landesstaates und die Stütze des Regionalismus gewesen.[30]

25 H.A. Bock, Patriotische Gedanken, in: Das Inland vom 29. April 1836, Sp. 294 f.
26 LVVA, F. 214, Best. 2, A. 275, S. 275.
27 LVVA, F. 214, Best. 2, A. 278, S. 57.
28 Livländische Gouvernements Regierung. Patente. Riga 1840, Befehl 44. P.3.
29 LVVA, F. 214, Best. 1, A. 898, S. 155.
30 H. Garve, Konfession und Nationalität. Ein Beitrag zum Verhältnis von Kirche und Gesellschaft in Livland im 19. Jahrhundert. Marburg a.d.L. 1978, S. 93.

Die Aktivitäten wurden fortgesetzt: Mit Beschluß des Landtages der Livländischen Ritterschaft von 1839 nahm das Lehrerseminar in Wolmar unter Leitung von Walter seine Tätigkeit auf (später als Johann Zimse-Lehrerseminar von Walk bekannt).[31] 1845 erschien das erste Reglement der livländischen Landschulen.[32] Die Reformen der 40er Jahre wurden mit neuen Regeln über Bauernschulen im Rahmen der Bauerngesetze von 1849 abgeschlossen.[33]

Guleke verfolgt detailliert die Geschehnisse jener Zeit und gibt eine ernsthafte Situationsanalyse. Obwohl es keine Quellenangaben gibt, bestätigen die Studien in Archiven und in der Literatur der späteren Zeit die Begründetheit seiner Forschung. Offensichtlich stand Guleke ein großer Teil der Quellen zur Verfügung, die die Grundlage für die Geschichte der lettischen Volksschulen bildeten: die Sitzungsprotokolle der Oberlandschulbehörden, Materialien der Landtagssitzungen, persönlicher Briefwechsel – Quellen, die den Autoren späterer Zeiten nicht immer vollzählig zugänglich waren. Guleke versucht jedoch nicht, die tieferen Motive der Schulpolitik zu erschließen und zu analysieren. Er schildert auch nicht, in welch dramatischen Meinungsverschiedenheiten die Umrisse der Schulpolitik entstanden. Gerade hier sind die Widersprüche enthalten, die in den 60er Jahren, mit dem Beginn des nationalen Erwachens, die führenden deutschbaltischen Kreise an der Richtigkeit ihrer Politik zweifeln ließen.

Die Umstände, die die deutschbaltische Ritterschaft in den 30er und 40er Jahren veranlaßten, sich den Bildungsfragen der Bauern zuzuwenden, waren bei weitem vielschichtiger als nur die Ideen des Humanismus zu verfolgen sowie mit allen Mitteln die Privilegien und die baltische Autonomie, die diese gewährleisteten, zu beschützen. Nach der Aufhebung der Leibeigenschaft änderten sich die wirtschaftlichen und sozialen Verhältnisse, und das sollte man nicht unbeachtet lassen. 1832 endete die sogenannte Übergangsperiode, als die aus der Leibeigenschaft entlassenen Bauern noch keine Bewegungsfreiheit besaßen und keiner wirtschaftlichen Tätigkeit nachgehen durften. 1841 wurde Livland von Bauernunruhen erschüttert, 1845 traten sehr viele Bauern zur Orthodoxie über in der Hoffnung auf Landerwerb von der Krone – Ereignisse, die die deutschbaltische Stabilität ernsthaft gefährdeten.

31 Vgl. K. Peterson, J. Bach (u.a.), Das ritterschaftliche Parochiallehrer-Seminar in Walk, seine Lehrer und Zöglinge 1839–1890. Riga 1898.

32 Instruktion für die Revidenten der Landschulen. 30. März 1845. LVVA, F. 214, Best. 1, A. 898, S. 159-162.

33 Livl'jandskoe krest'janskoe pozemel'noe uloženije 9 ijul'ja 1849 g. (Agrar- und Bauernverordnung vom 9. Juli 1849). Riga 1849, S. 645.

Die liberale, in Dorpat erscheinende Wochenschrift „Das Inland“ schrieb: „Die persönliche Freiheit mit ihren Rechten, Pflichten und Zielen ist ohne Erreichen von bestimmter Stufe der geistigen Ausbildung nicht denkbar.“[34] Einer der bekanntesten Vertreter des liberalen Flügels der Ritterschaft und einer der aktivsten Gestalter der Schulpolitik, Karl Axel v. Bruiningk, schrieb in seinem Aufruf bei der Übernahme des Amtes des Kirchenvorstehers: „Es liegt in unseren politischen und wirtschaftlichen Interessen, den Bauernstand durch zielgerichtete und religiöse Ausbildung selbständiger zu machen.“[35] Nach 1841 wurde die Aufregung noch größer. Davon zeugt die Rede von Paul Emil Schatz, Pfarrer von Tirsen, auf der Synode im Jahre 1842. „Die Existenz der privilegierten deutschbaltischen Kreise“, wie Schatz bemerkte, „hängt davon ab, ob es gelingen wird, die Massen im allgemeinen und in der notwendigen Richtung auszubilden.“[36]

Auch die wirtschaftlichen Umstände bewogen dazu, die Bildung der Bauern voranzutreiben. Nach der Aufhebung der Leibeigenschaft zogen schnell marktwirtschaftliche Verhältnisse in die lettische Landwirtschaft ein. Die Ritterschaft der baltischen Provinzen begann, viel früher als anderswo im russischen Imperium, ihre Wirtschaft nach den neuen Gegebenheiten umzugestalten. Die Marktorientierung forderte eine Modernisierung der Wirtschaft. Die Bauernwirtschaft war eng mit der Wirtschaft der Landgüter verbunden. Nicht umsonst hatte der kurländische Landesbevollmächtigte Otto Johann Mirbach schon 1836 sehr deutlich gesagt, daß „die Verbesserung der materiellen Lage der Bauern im wirtschaftlichen Interesse der Ritterschaft selbst liegt“.[37] Auch Bruiningk hatte in seinem Bericht an den livländischen Gouverneur im Jahre 1839 angemerkt, daß „die Bauernwirtschaften oft schlecht bewirtschaftet werden und daß die Verbesserung der materiellen Lage der Bauern von der Ausbildung abhängt“.[38] Bruiningk ist die Idee der Einrichtung besonderer Musterbauernwirtschaften zuzurechnen, die als Lehreinrichtungen ihrer Art dienen sollten.[39]

Im Livländischen Landtag von 1842 (der erste Landtag nach den Bauerunruhen von 1841) wurde der bekannte Beschluß über die Bauernverhältnisse gefaßt, der aus

34 Über Bauernverhältnisse in den Ostseeprovinzen, in: Das Inland Nr. 20 vom 18. Mai 1838, Sp. 305-311.

35 LVVA, F. 214, Best. 1, A. 898, S. 81.

36 Protokoll der zu Walk im Jahre 1842 abgehaltenen (9) Livländischen Provinzialsynode. Walk 1842, S. 6.

37 Zit. nach Vičs, Vēsture. Kurzeme (wie Anm. 18), S. 66.

38 LVVA, F. 1, Best. 12, A. 734, S. 60.

39 LVVA, F. 1, Best. 12, A. 734, S. 60.

111 Punkten bestand. Damit begann die lange Vorbereitung der Reform von Hamilkar v. Fölkersahm.[40] Wie allgemein bekannt, endete sie mit den Bauerngesetzen von 1849, die die Fronarbeit abschafften und den Einkauf der Bauernwirtschaften auf Gutsland akzeptierten. Der Landtag verabschiedete einen besonderen Beschluß über die Bauernlage unter „moralischem und intellektuellem" Aspekt.[41] Ein allgemeiner Standpunkt war es, durch Bildung eine Veredlung des Bauernstandes zu erreichen. Auch dies wurde in dem Beschluß festgehalten.

So entstand Schritt für Schritt eine Vorstellung über einen bestimmten Bauerntypus, der den neuen Verhältnissen in den baltischen Provinzen entsprechen sollte. Er sollte wirtschaftlich gebildet und fähig, bereit zu pflichtbewußter Erfüllung von Aufgaben seines Bauernstandes sein. Das 1845 erschienene Volksschulreglement besagte, daß die Schulbildung den Bauern für ein Leben innerhalb seines Standes formen sollte.[42] Das Ziel der Bauernbildung war laut Bruiningk, die Bauern zu „würdigen Christen und Bürgern zu erziehen, ohne den Rahmen ihres Standes zu übersteigen".[43] Die liberale Ritterschaft und Geistlichkeit schlossen die Möglichkeit einer weiteren und höheren Bildung einzelner Bauernkinder nicht aus, sahen aber für diese Ausnahmen nur eine Möglichkeit – die Ausbildung in deutschen Schulen. An ein Gymnasium und eine Hochschulbildung in lettischer Sprache für die lettischen Bauernkinder wagten nicht einmal die radikalsten Vertreter während der 30er und 40er Jahre des 19. Jahrhunderts zu denken.

Diese Ideen, gewiß öfters auch von rein humanistischen Erwägungen geleitet, dominierten immer mehr in den führenden deutschbaltischen Kreisen. Unter differierenden historischen Umständen und gelegentlich anders formuliert, stimmten sie dennoch mit dem von Humboldt definierten Ziel der Bildungsreformen überein: „Die Nation geneigt zu machen, (...) den Gesetzen zu gehorchen, dem Landesherrn mit unverbrüchlich treuer Liebe anzuhängen, im Privatleben mäßig, sittlich, religiös, zu Berufsgeschäften thätig zu sein..."[44]

---

40 Vgl. R. Stael-Holstein, Baron Hamilkar von Fölkersahm. Riga 1907; Pistohlkors, Reformpolitik (wie Anm. 24).

41 Auszug aus den Beschlüssen des Landtages 1842 in Betreff der bäuerlichen Verhältnisse in Livland. LVVA, F. 5759, Best. 2, A. 401, S. 16 f.

42 Verordnung über das Schulwesen des Landvolkes. § 1. LVVA, F. 214, Best. 1, A. 898, S. 176.

43 LVVA, F. 214, Best. 1, A. 898, S. 112.

44 Zit. nach Baumgart, Zwischen Reform (wie Anm. 9), S. 41; vgl. auch H. Kemper, Schultheorie und Schulreform. Von der Aufklärung bis zur Gegenwart. Königstein i.Ts. 1985, S. 88-97.

Das Land Preußen übernahm diese Funktion, und die Bildung des Volkes entwikkelte sich aus der privaten Angelegenheit privilegierter Schichten und der Geistlichkeit zum Anliegen des Staates. In den baltischen Provinzen übernahmen die herrschenden Stände – die Ritterschaft und die Geistlichkeit – diese Funktion, indem sie darin einen wichtigen Faktor für die wirtschaftliche und soziale Entwicklung sahen. Dem lettischen Leser wurde das naiv-pathetisch in den von der deutschbaltischen Geistlichkeit herausgegebenen „Lettischen Zeitungen" bekanntgemacht: „Die Vermehrung von Weisheit und Erkennung werden die Wahrheit und den Gott über dem geliebten Vaterland zusammentreffen lassen."[45]

Guleke verfolgt genauso eingehend und gründlich die Schulpolitik der späteren Jahrzehnte und teilt sie in Zeitabschnitte nach der Tätigkeitszeit der jeweiligen Schulräte ein. Das Material, das der Autor für die Erforschung der livländischen Schulgeschichte anbietet, ist wirklich beachtenswert. Der heutige Kenntnisstand läßt allerdings das Verständnis über damalige Ereignisse auch unter anderen Aspekten vertiefen und bietet eine neue Einschätzung an. Wie es scheint, ist während der 50er Jahre weniger die Passivität des neuen Schulrats Otto Robert v. Klot zu beschuldigen, sondern die allgemeine politische Reaktion in den baltischen Gouvernements im Kontext mit den Ereignissen in Europa und im zaristischen Rußland. In der livländischen Volksschulpolitik gewann der konservative Flügel einen um vieles größeren Einfluß. Das äußerte sich anfangs in der Unzufriedenheit über die Tätigkeit des Johann Zimse-Lehrerseminars. Der Unterrichtsinhalt des Seminars sei zu umfangreich, die deutsche Unterrichtssprache im Seminar sei gefährlich, weil sie bei den Seminaristen den Wunsch nach Weiterbildung und Loslösung vom Bauernstand entwickeln könne – so schrieb Schulrat Klot in seinem Brief an Zimse.[46] Ein Schwerpunkt der Bauernbildung war die Anerziehung einer tiefen Religiosität. Auch diese Tendenzen kamen aus Preußen. Wurde in den 40er Jahren die Bildung von den liberalen Auffassungen Bruiningks, Walters, Ulmanns u.a. in großem Maße von den Auffassungen des deutschen Pädagogen Diesterweg beeinflußt, so stützte sich der Konservatismus und die Reaktion auf die sogenannten preußischen Schulregulative. Ihr Autor war der konservative deutsche Pädagoge und Beamte Ferdinand Stiehl. Seine 1854 verfaßten Volksschulregulative waren in konservativem, protestantisch-orthodoxem Geiste geschrieben.[47]

---

45 Latviešu Avīzes Nr. 52 von 1841.

46 Zit. nach Vičs, Vēsture. Vidzeme (wie Anm. 8), S. 320; vgl. auch Peterson, Bach, Seminar (wie Anm. 31).

47 Vgl. Politik und Schule von der Französischen Revolution bis zur Gegenwart. Eine Quellensammlung zum Verhältnis von Gesellschaft, Schule und Staat im 19. und 20. Jahrhundert. Bd.

Diese Periode in der Schulpolitik der Livländischen Ritterschaft dauerte nicht lange. Die „langsame und allmähliche Entwicklung" der Schulangelegenheiten, wie Klot diese Zeit begründete,[48] wurde von einer turbulenten Zeitspanne von zweieinhalb Jahrzehnten abgelöst.

Beinahe zwei Jahrzehnte (1872–1889) dauerte die Schulratstätigkeit von Guleke in Livland. Er leitete die livländische Oberlandschulbehörde und setzte die vom Landtag der Ritterschaft festgelegte Schulpolitik in die Wirklichkeit um. Gulekes Schaffen in bezug auf diese Periode ist eine unersetzliche Quelle für die Schulgeschichte. Besonders detailliert verfolgt der Autor die Tätigkeit des Lehrerseminars von Zimse in Walk. Das Archiv der Lehrerseminare ist nicht im Ganzen erhalten geblieben. Die Unterlagen sind auf unterschiedliche Archive verteilt. Auch die Sitzungsmaterialien der Oberlandschulbehörden aus dieser Zeit sind nicht vollzählig erhalten. Einzigartig sind die Materialien des Dienst- und Privatbriefwechsels, die Guleke zur Verfügung standen. Die Originale sind den heutigen Forschern größtenteils nicht mehr zugänglich.

Wertvoll ist die Zusammenfassung Gulekes über die Versammlungen der livländischen Volks- und Gemeindeschullehrer. Diese fanden regelmäßig jährlich seit 1848 statt. In den 50er Jahren stagnierten sie, später wurden die Lehrerversammlungen fortgesetzt; dies war eine bedeutende Periode im beruflichen Werdegang der ersten lettischen Volkslehrergeneration. In den 60er Jahren bildete sich auf den Lehrerversammlungen ein nationales Selbstbewußtsein, und auf ihrer Basis entstand die erste allgemeine Versammlung der lettischen Volkslehrer, die gleichzeitig mit dem ersten lettischen allgemeinen Sängerfest im Jahre 1873 stattfand. Weder in den Fonds des lettischen Staatsarchivs noch in anderen Quellen gelang es, vollständig erhaltene Protokolle der Lehrerversammlungen zu finden. Auch hier ist die Zusammenfassung von Guleke für weitere Forschungen zu dieser Periode unersetzbar.

Mit den 60er Jahren des 19. Jahrhunderts zeichneten sich rasche Veränderungen der wirtschaftlichen, sozialen und politischen Verhältnisse ab. In der Mitte der 60er Jahre begann in Livland der Landkauf, und schon in den 70er Jahren wurde eine gewisse Besitzvermehrung sichtbar – eine der Voraussetzungen für das verstärkte Interesse der Bauern an Schulen und Bildung. Laut offizieller Statistik dieser Zeit wurden 46,7% der Mittel für die Einrichtung und Erhaltung der Bauernschulen von den Bauern selbst erbracht, genausoviel – 46,7% – kamen von den Gütern und 6,6% aus unterschiedlichen anderen Quellen. Anfang der 80er Jahre deckten die Bauern-

1, hrsg. v. B. Michael u. H.H. Schepp. Frankfurt a.M. 1973, S. 314-317.

48 LVVA, F. 214, Best. 2, A. 7, S. 7.

gemeinden schon 63,6%, die Güter nur noch 19% der Einrichtungs- und Erhaltungskosten der Bauernschulen. 17,4% der Mittel kamen von anderer Seite.[49]

An dem Johann Zimse-Lehrerseminar war die erste lettische Volkslehrergeneration herangewachsen, darunter die von Guleke erwähnten Adam Tēraud, Jakob Pilsātniek, Jakob Svaigsniht (Zvaigznīte) und noch viele andere. Es war hauptsächlich das Verdienst des Cimze-Lehrerseminars, daß die Parochialschulen in Livland gut besucht wurden. 1861 erreichte ihre Zahl fast die vom Gesetz des Jahres 1819 vorgesehene Zahl der Parochialschulen. Im lettischen Teil der livländischen Provinz gab es 72 Parochialschulen, im estnischen Teil 40.[50] Viele vermittelten eine für die damalige Zeit gute weltliche Grundbildung und sicherten die Möglichkeit zur Weiterbildung an den Gymnasien. Das ermöglichte der Deutschunterricht an den Gemeindeschulen.

Weniger populär waren die Gemeindeschulen. Diese waren laut Hauptbedingungen der ritterschaftlichen Schulpolitik für die Masse der Bauernschaft vorgesehen. Bis zur Mitte der 60er Jahre war die Frage des Landkaufs für die Zwecke der Gemeindeschulen nicht gelöst. Sie wurde erst mit einem Beschluß des außerordentlichen Livländischen Landtages von 1865 erledigt.[51] Der Unterrichtsstoff in den Gemeindeschulen war recht begrenzt – Lesen, Schreiben, Rechnen, Singen von Kirchenliedern und Religion. Außerdem wurde auf dem Livländischen Landtag von 1864 der Gedanke geäußert, der gut funktionierende Hausunterricht würde in Livland den Bildungsdrang des Volkes ausreichend zufriedenstellen.[52]

Die Zahl der Schulkinder in Livland stieg in etwas mehr als zehn Jahren von 1858/59 bis 1870/72 auf fast das Dreifache: von 11,3% auf 30,8%.[53] Der deutschbaltische Publizist August Bulmerincq schrieb, das Wort „Bildung" sei in den unteren Schichten der Gesellschaft zum Motiv der damaligen Zeit geworden.[54] Diese Tatsachen könnten als positive Ergebnisse der Schulpolitik der Livländischen Ritterschaft charakterisiert werden. An dieser Stelle muß man die Beurteilung des bekannten deutschbaltischen Publizisten Julius Eckardt über die Reformpolitik der 40er Jahre in Erinnerung rufen. Er charakterisierte treffend die Reformpolitik von

49 Mat'eriali k izučeniju položenija narodnich skol Lifl'jand'iji (Materialien zur Kenntnis der Volksschulen in Livland). Riga 1884, S. 18.

50 LVVA, F. 214, Best. 1, A. 528, S. 264; vgl. auch A. Bulmeringk, Livländische Landvolksschulen, in: Das Inland Nr. 18 von 1862.

51 Vgl. Vičs, Vēsture. Vidzeme (wie Anm. 8), S. 354.

52 LVVA, F. 214, Best. 1, A. 520, S. 265.

53 Vgl. Tautas izglītība (wie Anm. 8), S. 128.

54 A. Bulmeringk, Die Bildung der Nichtgelehrten, in: Baltische Monatsschrift 5 (1862), H. 5, S. 995.

Fölkersahm als einen Versuch, ein wirtschaftlich mächtiges und konservativ denkendes Bauerntum zu schaffen, das zur sozialen Stütze der Ritterschaft werden sollte.[55] Die Schulpolitik war eine der wichtigsten Komponenten zur Verwirklichung dieses Ziels.

Das lettische nationale Erwachen, in den 60er Jahren beginnend und von der ersten Generation der lettischen Intelligenz, dem sogenannten Junglettentum, geleitet und inspiriert, bewies das Gegenteil. Die Idee von einer konservativ denkenden, wohlhabenden lettischen Bauernschicht, auf die sich die deutschbaltischen Gutsbesitzer stützen konnten, erwies sich als Illusion. Die nationalen Gegensätze waren zu kraß. Sie legten dem geplanten sozialen Gesellschaftsmodell bei dem Übergang zur Marktwirtschaft in den baltischen Provinzen Hindernisse in den Weg.

Die Bewegung des Junglettentums rief bei den führenden deutschbaltischen Kreisen eine heftige negative Reaktion hervor. Es wurde auch die Meinung geäußert, die in den 40er Jahren begonnene Schulpolitik sei daran schuld. Sogar die liberale „Baltische Monatsschrift" charakterisierte die Bewegung der Jungletten als „Krankheit der zunehmenden Bildungsentwicklung des Volkes".[56] Wie der deutschbaltische Historiker Heinrich Thimme später schrieb, wurden in den 60er Jahren die unerwarteten Folgen der 1819 in Angriff genommenen Volksbildungsarbeit sichtbar.[57]

Bei Guleke scheinen mehr Verbitterung und Unverständnis zum Ausdruck zu kommen. Das Werk Gulekes hatte ein deutliches Ziel. Es war gegen die in der ersten Hälfte der 80er Jahre durchgeführten zaristischen Schulreformen gerichtet. Guleke wollte mit seiner Arbeit davon überzeugen, daß die Schulangelegenheiten in Livland in sicheren Händen seien und sich erfolgreich entwickelten. Selbstverständlich bemühte sich Guleke, möglichst wenig von den Zweifeln und der Suche in der Schulpolitik zu schreiben, von den Widersprüchen in den regierenden deutschbaltischen Kreisen selbst, was die Ziele, die Realisierung und die erhofften Ergebnisse dieser Politik anbelangte. In dieser Situation erschien es Guleke vernünftiger, den am Anfang der 60er Jahre klar angedeuteten Standpunkt der Germanisierung des vermögenden Teiles der lettischen Bauernschaft mit Hilfe der Volksschulen nicht zu berühren.[58] Einerseits war es die Hoffnung, einen Teil der wohlhabenden

55 Vgl. Duchanov, Ostzejcy (wie Anm. 2), S. 221.

56 Livländische Correspondenz, in: Baltische Monatsschrift 6 (1862), H. 6, S. 590.

57 H. Thimme, Kirche und Nationalität in Livland während der ersten Hälfte des 19. Jahrhunderts. Königsberg 1939, S. 38.

58 Vgl. Vičs, Vēsture. Vidzeme (wie Anm. 8), S. 337 f.; Duchanov, Ostzejcy (wie Anm. 2), S. 357 f.; Bischof Dr. Ferdinand Walter, weil. General-Superintendent von Livland. Seine

Bauernschaft von der nationalen Idee abzulenken, andererseits die, sich den beginnenden Russifizierungstendenzen entgegenzustellen. Zuallerletzt war die Idee der Germanisierung der wohlhabenden Bauernschaft mit dem Gedanken an eine wohlhabende deutsche Mittelschicht von Bauern in der sozialen Struktur einer veränderten Gesellschaft verbunden. Darüber wurde in der Sitzung der livländischen Oberlandschulbehörde im Jahre 1863 diskutiert, und das war auch das Thema der berühmten Predigt des livländischen Generalsuperintendenten Ferdinand Walter im Landtag 1864. Laut diesen Plänen sollte die livländische Parochialschule deutsch geprägt sein. Anfang der 80er Jahre wurde klar, daß diese Idee keine entsprechenden Voraussetzungen besaß, zumindest keine mehr in der Mitte des 19. Jahrhunderts.

In der Mitte der 80er Jahre des 19. Jahrhunderts wurden die Volksschulen der baltischen Provinzen, damit auch in Livland, in das Bildungssystem des zaristischen Rußland einverleibt und damit zur Russifizierung der baltischen Provinzen eingesetzt. Dieser Zeitabschnitt wird von Guleke gründlich und ausführlich behandelt. Dieser Teil seiner Arbeit ist einzigartig, denn es gibt keine fachlichen Forschungen zum Thema der zaristischen Schulreformen in den baltischen Provinzen, weder in der Literatur der deutschen noch der lettischen Geschichte.[59] Das umfangreiche Material Gulekes kann hier als gute Forschungsgrundlage dienen.

Das Werk von Guleke war und ist noch immer eine herausragende Erscheinung in der traditionsreichen deutschbaltischen Historiographie. Es ist bis heute die einzige zusammenfassende Forschung über die deutschbaltische Schulpolitik im 19. Jahrhundert. Das Werk ist einem weiteren Publikum bis jetzt unbekannt geblieben, und sogar Forscher zur Schulgeschichte der jüngeren Zeit haben fast keinen Gebrauch davon gemacht. Gerade in der „Geschichte des livländischen Volksschulwesens“ von Guleke wurde der Grundstein zu der bekannten Konzeption der deutschbaltischen Geschichtsliteratur über die humanistischen Bestrebungen der deutschbaltischen Ritterschaften und Geistlichkeit auf dem Gebiet der Volksbildung im 19. Jahrhundert gelegt. Guleke bewertet nicht, was verständlich ist. Dafür wäre ein längerer Zeitabstand notwendig. Guleke verfolgt den Lauf der Dinge als Augenzeuge und Teilnehmer und hebt die positiven Errungenschaften hervor.

Die Einschätzung der livländischen Schulpolitik ist auch aus heutiger Sicht nicht einfacher, sie zu bewerten ist sogar noch schwieriger geworden. Die regierende

---

Landtagspredigten und sein Lebenslauf. Nach Briefen und Aufzeichnungen, hrsg. v. Julius Walter. Leipzig 1891, S. 362 f.

59 Vgl. Haltzel, Abbau (wie Anm. 1).

deutschbaltische Führung in ihrer Rolle als Landesherr verwirklichte eine Politik, die sich nach ihren Prinzipien, Zielen und Mitteln nur wenig von der Politik der herrschenden Schichten in den anderen europäischen Ländern in der Zeit der großen gesellschaftlichen Veränderungen des 19. Jahrhunderts unterschied. Die Bildung der niedrigen Schichten war das Motiv der Schulpolitik des 19. Jahrhunderts, und „Volksschule" ist ein Begriff des 19. Jahrhunderts, der überall in Europa bekannt ist. Überall blieb diese Politik bei der Idee, den Bauern eine ihrem Bauernstand entsprechende Bildung zu gewähren. Im Unterschied zu anderen Ländern kam die Schulpolitik der Ritterschaft in Livland in Berührung mit scharfen und aus der Geschichte stammenden nationalen Widersprüchen, die sie anfangs nicht wahrnehmen wollte und später, in den 60er Jahren, nicht lösen konnte. Als Ergebnis dieser Politik wurde in Livland die Grundlage für die reiche Tradition der Volkslehrervorbereitung geschaffen. Diese Schulpolitik ermöglichte eine gute Ausbildung in vielen livländischen Parochialschulen. Und schließlich war es ihre Errungenschaft, daß das Niveau der Lesekundigkeit viel höher als in jedem anderen Gouvernement in Rußland war. Am Ende des 19. Jahrhunderts waren Livland und Kurland nach dem Niveau der Lesekundigkeit der Bauern den inneren Gouvernements des Russischen Reiches weit voraus. So waren in den Jahren 1884–1890 unter den einberufenen Rekruten im ganzen Imperium 74,22%, in seinem europäischen Teil 68,66% Analphabeten. Im Gouvernement Livland dagegen zählte man 5,25% und im Gouvernement Kurland 39,66% Analphabeten.[60] Gleichzeitig führten jedoch die Folgen der Schulpolitik der deutschbaltischen Ritterschaft bei dieser selbst zu einer gewissen Enttäuschung.

60 F.A. Brokgauz, I.A. Efron, Ėnciklopedičeskij slovar' (Enzyklopädisches Wörterbuch). Bd. 9, St. Petersburg 1893, S. 548 (N. Rubakin, Gramotnost).

Geschichte

des

Livländischen Volksschulwesens

von

Joh. Heinr. Guleke.

Livl. Schulrath.

Riga.

1889.

Die baltischen Provinzen Russlands sind in dieser Zeit vielfach Gegenstand der Besprechung in den Blättern Deutschlands geworden, und namentlich hat der Curator des Dorpater Lehrbezirks, Geheimrath Kapustin, durch seine das Schulwesen dieser Provinzen russificirenden Massnahmen sich öfter zum Gegenstande solcher Verhandlungen gemacht. Um die ganze Tragweite seiner Massnahmen zu erkennen, erscheint es doch nöthig, einen kurzen Blick auf den bisherigen Entwikkelungsgang dieses Schulwesens zu werfen. Wir beschränken uns hierbei darauf, dieses Mal das Volks- oder Landschulwesen Livlands ins Auge zu fassen, das höhere Schulwesen ganz bei Seite lassend.

Im 12. Jahrhundert besuchten, so viel bekannt, Bremer Kaufleute zum ersten Male die Küste Livlands. Ihnen schlossen sich missionirende Geistliche an, die den Eingeborenen das Evangelium predigten. Wenn nun freilich bald zum Schutze der neuen Pflanzung eine bewaffnete Macht für nöthig erachtet und der Orden der Schwerdtbrüder gestiftet wurde, so dürfen wir doch nicht meinen, dass die Predigt darum vernachlässigt wurde. Der Augustinermönch Meinhard, der erste Bischof in Livland, war, wie der Chronist Heinrich sagt, „lediglich um Christi willen und nur des Predigens halber nach Livland gekommen." Des bekannten Bischofs Albert „Bruder Engelbert begann unter Mitwirkung der Prediger des Evangeliums im Sommer 1202 Christi Namen unter den Heiden auszubreiten." Als 1207 von den Deutschen Selburg erobert wurde, „stiegen der Abt und der Propst mit andern Priestern hinauf zu den Bewohnern, um diese zu vorläufiger Einweihung in den Glauben zu unterweisen." Ebenso verfuhren sie 1211 bei der Eroberung Fellins. Die griechische Kirche nennt derselbe Chronist unfruchtbar und kinderlos, denn die Russen trachteten „nicht aus Hoffnung der Wiedergeburt im Glauben Jesu Christi, sondern aus Hoffnung auf Steuern und Beute die Länder unter ihr Joch zu bringen". Aber als nach solcher Gewohnheit der König Wladimir von Plozk dem Bischof Albert die Taufe der Liven verbieten will, meint dieser, „man müsse Gott mehr gehorchen als den Menschen, mehr dem himmlischen Könige als einem irdischen, nachdem er selbst in seinem Evangelium vorschreibt, wenn er spricht: ‚geht hin in alle Welt und lehrt alle Völker und taufet sie etc.' Und der päpstliche Legat Bischof Wilhelm v. Modena, der 1225 Livland bereiste, gab den Brüdern der Ritterschaft, wie auch den andern Deutschen in andere Landschaften gar fleissig die Verwarnung, dass sie die Liven und Letten und die andern Neubekehrten lehren möchten den christlichen Glauben."

Wenn diese Predigt des Evangeliums sich von dem, was wir darunter verstehen, recht sehr unterschieden haben mag, indem die Anbetung der Maria und der Heiligen, sowie die Forderung von Werken der Busse und milden Gaben zum Besten der Kirche mit unterlief, so war es doch gewiss auch eine Predigt von der in Christo erschienenen Gnade Gottes und wirkte als solche erbauend und belehrend. Freilich ist uns von einem wirklichen Volksunterrichte nichts bekannt. Es entstanden wol Domschulen in Riga 1211, in Dorpat 1250, in Alt-Pernau 1251, in Hapsal 1280, in Reval spätestens 1266. Es mögen auch in den 7 grössern Klöstern seit der Mitte des 13. Jahrhunderts Klosterschulen bestanden haben. Aber diese alle wirkten höchstens indirekt auf das Volk ein, indem sie dessen Geistliche bildeten. Dass man diesem selbst eine grössere Aufmerksamkeit in Hinsicht des Unterrichts zuwandte, zeigt sich uns erst kurz vor der Reformation. Der hochachtbare Bischof Kiewel von Oesel fordert nämlich in seinen 1505 gemachten Synodalordnungen, dass die Priester sich vor allem angelegen sein lassen sollten, das unwissende Volk in den Grundwahrheiten des Christenthums zu belehren. An jedem Sonn- und Feiertag sollen deshalb der Gemeinde in ihrer Sprache das Vater-Unser, das Ave Maria und das Glaubensbekenntniss ausgelegt, die 10 Gebote erklärt und stets darauf hingewiesen werden, wie dieses neu erworbene Wissen für eine wahrhafte Besserung fruchtbar gemacht werden könnte. Ferner sollen „Alle angehalten werden, Kinder und Hausgenossen weiter zu unterrichten.“ Ja im Jahre 1517 legt er der Synode „einen vollkommnen und approbirten Leitfaden zum Unterrichte ihrer Eingepfarrten vor.“

Das war nun freilich Alles nur ein religiöser Unterricht. Wir mögen seinen bildenden Einfluss noch so hoch anschlagen, so war es doch kein Schulunterricht und leistete nicht, was dieser leisten könnte. Aber es wäre unbillig von dem Katholicismus vor der Reformation in Livland mehr zu erwarten. Er hat nirgends mehr geleistet.

Wir betreten jetzt die Zeit der Reformation, die bekanntlich schon früh und ohne bedeutende Hindernisse in diesen Provinzen Eingang fand. Aber auch sie konnte auf dem Gebiete des Volksunterrichts noch keinen Wandel schaffen. War sie doch kaum im Stande, nur die höhern Schulen in den Städten zu erhalten oder gar zu heben. Zwar schrieb der Herrmeister Fürstenberg 1558 eine sogenannte Schulsteuer aus, aber was auch von dieser einkam, musste in der Noth der Zeit zu Kriegszwecken verausgabt werden. An die friedliche Arbeit der Schule war nicht zu denken. Und die Polen mit ihrer Gegenreformation hatten ganz andre Dinge im Auge als die Bildung des Volks. Erst die schwedische Regierung nahm im vollen Bewusstsein ihrer Aufgabe, als einer protestantischen Macht, diese wieder in Angriff.

Nachdem 1625 die Kirchen-Visitations-Artikel Gustav Adolphs schon nach der Bildung des Volkes gefragt hatten, und der General-Gouverneur Skytte bei Errichtung des Gymnasiums zu Dorpat vor geflissentlichter Knechtung der Geister um die Leiber leibeigen zu behalten gewarnt hatte, erfolgte 1650 die erste officielle Anregung von Seiten des Consistoriums: „jede Kirche solle ihren Küster haben." 1668 und 1669 führen die Kirchen Visitations-Protokolle hier und da auch einen Küster auf. 10 Jahre später erbietet sich ein Kirchspiel dem Küster Getreide zu geben, wenn er die Bauerkinder lesen lehre.

Um diese Zeit war General-Superintendent der 1674 aus Deutschland berufene Joh. Fischer, der ein sehr lebhaftes Interesse für die Letten wie Esten bewies. Auf seine Anregung hin scheint der mit ihm aus Deutschland herübergekommene nachherige Propst Glück von Marienburg sich an die Uebersetzung der Bibel in's Lettische gemacht zu haben. Als eifriger Freund des Volks brachte dieser es aber auch zu Stande, 3 Schulen für das Volk in seinem Kirchspiele zu eröffnen und vielleicht auch auf Fischers Anregung erhielt der Candidat Forslius[1] in Dorpat vom Könige die Mittel 160 estnische Jünglinge zu unterrichten. Einige von ihnen konnte er 1686 dem Könige zu Stockholm vorstellen, und einer derselben lebte noch 1734 als Schulmeister in Kamby bei Dorpat. Diese Jünglinge waren also wol dazu bestimmt, Volkslehrer im Estnischen zu werden. Ebenso scheinen die Schulen Glücks diese Bestimmung für Lettland gehabt zu haben, denn er schreibt 1699 an den Gen. Gouverneur: „wie er 1683 drei Schulen in Marienburg (wie er sagt, wol die ersten in Livland) gegründet und 1684 und 1685 ausgelernte Jungen seinen Amtsbrüdern überlassen, welche nach diesem Exemplar das Schulwesen anhuben. So wurde das Land mit Schulmeistern bepflanzet, und wo keine Schulhäuser, nahmen die Pastores selbe in's Haus." In dieser Zeit wurde der sogenannte Frankfurter Katechismus in's Estnische und Lettische übersetzt.

1687 beschloss der Landtag auf des Königs Anordnung, dass jede Kirche einen Küster haben solle, der für den Genuss der Küster-Ländereien und Einkünfte auch die Jugend unterrichten solle, und 1694 verlangte der König, dass jeder Küster für diese Arbeit ¼ Haken Land zugewiesen erhielte. Selbst während des Krieges 1700–1710 sorgte das Consistorium für die Schulen, wie die Berichte der Kirchspiele das beweisen, welche immer noch eingereicht wurden.

---

1 Bengt Gottfried Forselius, Sohn des Pastors zu St. Matthiae/Estl. Johann Forselius, vgl. Alexander von Tobien, Die livländische Ritterschaft in ihrem Verhältnis zum Zarismus und russischen Nationalismus. Bd. I, Riga 1925, S. 239.

Das sind recht erfreuliche Anfänge zu einer ernstlichen Inangriffnahme der Bildung des Landvolks. Aber da brachen die Verheerungen des nordischen Krieges über Livland herein und zerstörten Alles. Die Pastoren wurden weggerafft, die Kirchen und Schulen zerstört. Fast ein Jahrhundert musste vergehn, ehe die Spuren dieser Verwüstungen verwischt wurden. Auf Scheremetjews, des russischen Feldherrn Bericht, dass er Alles verwüstet habe, befahl Peter der Grosse, er solle noch ein Mal Alles verwüsten. Da kann man sich über die Grösse der Verheerungen, die Livland erlitt, wol nicht wundern.

Aber Peter war doch nicht der Mann, der bloss verheerte. Als er die Grösse des angerichteten Schadens übersah, befahl er 1711 durch den General-Gouverneur, die durch Gefangenschaft und Tod der Prediger vernachlässigten Schulen wiederherzustellen und dafür zu sorgen, dass die Bauerkinder sie wieder besuchen, und dass Lehrer angestellt werden, wo sie fehlen. 1730 wird in einem Regierungserlass neben dem schlechten Zustande der Kirchen auf die verfallenen Pastorate und Schulhäuser aufmerksam gemacht und deren Reparatur anbefohlen. 1736 ergeht eine General-Schulvisitation durch das ganze Land. Einige Güter legen ausser den Kirchspielsschulen besondere Schulen an, z.B. Rauge 6. Die Generalin Hallert in Wolmarshof gründet eine Schule mit 4 Lehrern und 100 Kindern und 1737 ein herrnhutisches Seminar unter dem Diakonus Buntebart.[2] Wichtiger aber als diese Vorkommnisse und Verordnungen ist der von der Kaiserlichen Regierung bestätigte Beschluss des Landtages von 1765, der 13 Punkte zur gesetzlichen Ordnung des Landschulwesens festsetzt. Nach diesem wurde der häusliche Unterricht sowie der in den Kirchspiels- und den sogenannten Bauerschulen, von denen auf Gütern von 5 Haken an, eine angelegt werden sollte, geregelt. Die Prediger sollten alle 4 Wochen die Schulen besuchen und die Ober Kirchen Vorsteherämter das Schulwesen beaufsichtigen. Die allgemeine Schulpflicht wurde constatirt. Soweit war man auch in der schwedischen Zeit nicht gekommen. Leider blieb nur wieder Vieles auf dem Papier, besonders die Gründung von den Bauerschulen in einem grossen Theile des Landes. Das änderte auch die allgemeine Schulvisitation von 1785, die gute Schulstuben, tüchtige Schullehrer etc. forderte, nicht.

Damit war das 18. Jahrhundert zu Ende gegangen ohne Durchgreifendes erreicht zu haben. Neue Bewegung kam erst unter der Regierung Alexanders I in die Für-

---

2 Über M.F. Buntebart aus Jena und das Schullehrerseminar in Wolmarshof vgl. Guntram Philipp, Die Wirksamkeit der Herrnhuter Brüdergemeine unter den Esten und Letten zur Zeit der Bauernbefreiung. Köln/Wien 1974, S. 154; über die „Generalin" Magdalene Elisabeth von Hallart (1683–1750) vgl. ebenda, S. 152.

sorge für die Schule. 1803 legte er in einem Erlass der Geistlichkeit die Jugendbildung ans Herz. 1805 beschäftigten sich der Landtag, das Consistorium und die Prediger mit der Schulsache. Besonders wurde sie in Dorpat-Werro durch den sehr tüchtigen Propst Roth-Cannapäh gefördert. In demselben Jahr wurde auf Kaiserlichen Befehl durch das Oberschuldirektorium ein Plan für die Kirchspielsschulen im Territorium der Dörptschen Universität in die Provinz gesandt, in welchem die Nothwendigkeit der Errichtung von 5 Volksschullehrer-Seminarien (1 für Kurland, 2 für Livland, 1 für Estland, 1 für Finnland) anerkannt und für die Salarirung der Lehrer und den Unterhalt der 280 Seminaristen, die nöthig wären, namhafte Summen aus der Reichsschatzkammer verhiessen wurden. Die Verhandlungen dauerten bis 1808, schliefen aber wol wegen der schweren Kriegsjahre ein. Inzwischen wurden nun nach vorgängiger Uebereinkunft zwischen Ritterschaft und Consistorium 1806 mehrere Parochialschulen gegründet, mit der Aufgabe, die fähigsten Kinder der gewöhnlichen Bauerschulen weiter auszubilden. 1811 und 1815 ordnete das Consistorium noch Verbesserungen in der Schulsache an. Aber dass mit dem Allen nichts Genügendes geleistet wurde, geht aus dem einige Jahre später ausgesprochenen Worte des General-Superintendenten Sonntag hervor, der da sagt: „und dennoch ist das ganze Gemälde, insofern es einen seit lange schon blühenden Zustand der livländischen Bauerschulen darzustellen scheint, eine grosse moralisch-optische Täuschung.“ Dann fährt er in demselben Vortrag später fort: „ein Volksbedürfniss muss nicht eher befriedigt werden sollen, als bis es wirklich erwacht ist; dann aber findet es und beut es selbst mit die Hilfsmittel zu seiner Befriedigung, sobald nur nicht hindernd in den Weg getreten wird. Befehle frommen gar nichts, so lange nicht zugleich über deren fortdauernde Befolgung gehalten wird.“ Und darin hatte er recht. Zuerst musste das Volk von der Leibeigenschaft befreit werden, ehe das Bedürfniss nach Bildung erwachen konnte. Aber auch diese Zeit kam endlich.

1819 erschien die die Leibeigenschaft der livländischen Bauern aufhebende Bauerverordnung, die zugleich 2 ausführliche Paragraphen über das für sie einzurichtende Schulwesen enthielt. Jene Aufhebung war nothwendig und durfte gewiss nicht länger aufgeschoben werden. Ob aber die Verordnungen in Betreff des Schulwesens nicht zu früh erlassen waren, erscheint mindestens wahrscheinlich, da die Sache nun 15 Jahre ganz ruhte. Indess wenden wir uns jenen selbst zu. § 516 handelt von den Gemeinden und § 517 von den Parochial- oder Kirchspielsschulen.

Die unterste Volksschule erhielt den Namen einer Gemeindeschule. Solcher sollten auf 500 männliche Seelen wenigstens eine errichtet und einem tüchtigen Lehrer übergeben werden, den der Gutsherr zu wählen hätte unter Beirath des

Pastors, und der die Kinder vom 10. Nov. bis zum 10. März im Lesen, in der Katechismuslehre und im Singen kirchlicher Melodien unterrichten sollte unter Beaufsichtigung des Pastors und des Gutsherrn, wenn letzterer sich darum kümmern wolle. Ueber die Gage des Lehrers wurde nichts festgesetzt. Wol aber ist jedes Kind, das vom Pastor nach seinen Verzeichnissen zum Besuch der Schule designirt wird, gehalten dieselbe zu besuchen. Geschieht das ohne triftigen Grund nicht, dann sind seine Eltern mit einer kleinen Geldstrafe zu belegen. – Die Parochial- oder Kirchspielsschule sollte zur Weiterbildung der bäuerlichen Jugend dienen. Ein jedes Kirchspiel von über 2 000 männlichen Seelen sollte in seinem Küsterate eine solche anlegen; kleinere Kirchspiele könnten sich zusammenthun. In jeder dieser Schulen müssten wenigstens 12 Schüler sein. Kämen die nicht freiwillig zusammen, dann hätte der Convent, unter dem diese Schulen stehen sollten, die nöthige Zahl aus den begabtesten Kindern hiezu auszuwählen. Unterrichtsgegenstände sollten Schreiben, Rechnen, Gesang, Katechismuslehre und alle sonstigen nützlichen, dem Aberglauben wehrenden Lehren sein.

Das waren die ersten das Schulwesen ordnenden Bestimmungen in diesem Jahrhundert. Das Volk war freigelassen, aber verstand die Consequenzen der Freilassung noch nicht zu ziehn, am wenigsten die, dass ein freies Volk auch nach Bildung streben müsse. Die Gutsherren sollten das Baumaterial für die Schulhäuser und Land oder Geld zur Gage für die Lehrer geben. Hatten sie das Gesetz auch beschlossen, so standen sie mit wenigen rühmenswerthen Ausnahmen ihm nicht sympathisch gegenüber. Die Prediger schien es verdrossen zu haben, dass man ohne sie zu Rathe zu ziehen einen sehr ungenügenden Lehrplan, – fehlte doch sogar das Schreiben und Rechnen in dem Plan der Gemeindeschule – festgestellt hatte, dass sie die Aufsicht über diese Schulen neben den Gutsherren führen mussten, dass sie, wie es auch festgesetzt war, wöchentlich 4 Stunden in der Parochialschule ertheilen sollten. So begeistert manche von ihnen die Verordnungen begrüsst hatten, so erlahmte bald ihr Interesse. Es war Niemand befriedigt und die Sache ging nicht vorwärts. Der estnische Distrikt richtete einige Dorfschulen mehr ein, als er schon hatte, that aber so gut wie nichts für Errichtung von Parochialschulen. Im lettischen Distrikte richteten mehrere Kirchspiele zwar diese ein, begnügten sich aber sonst mit ihrem recht guten häuslichen Unterrichte ohne irgend etwas für die Errichtung von Gemeindeschulen zu thun.

Hatte nun die Regierung auch die Beobachtung gemacht, dass die Sache nicht vorwärts ging, was sie aber bei dem Blick auf das innere Russland, wo nichts geschah, nicht gerade hätte beunruhigen sollen, oder war es, was wahrscheinlich ist, nur ein büreaukratisches Interesse, das sie dazu bewog, – genug, sie plante am Ende der zwanziger Jahre das livländische Volksschulwesen direkt unter das Ministerium der Volksaufklärung zu stellen. Ein Kaiserlicher Befehl vom 19. August 1827 ordnet dieses geradezu an. Es blieb aber bei diesem Plan. Die Rücksichten auf die lokalen und historischen Grundlagen der Schule machten, dass sie sich mit einem Berichte über den Gang des Schulwesens an den Minister begnügte.

Indess möchte ich nicht dazu Anlass geben, dass die Vorschriften der Bauer-Verordnung für das ländliche Schulwesen zu gering angeschlagen wurden. Dauerte es auch noch einige Jahre, bis sie zur Ausführung kamen, so haben sie doch die grosse Bedeutung gehabt, für alle spätern Massnahmen zum weitern Ausbau desselben den Rahmen abzugeben, in dem diese sich bewegten. Aber um ihnen Leben einzuflössen, bedurfte es der Mitwirkung noch anderer Faktoren als bisher und die erfolgte endlich.

Die erste livländische Synode und ihre Folgen 1834

1832 erschien das neue Kirchengesetz für die evang.-lutherische Kirche Russlands. Dieses schrieb für die einzelnen Consistorial-Bezirke die Abhaltung von Synoden der Geistlichkeit vor. 1834 versammelte sich in Folge dessen die erste livländische Synode in Walk. Auf dieser war es, wo Pastor Ulmann von Kremon, der nachherige Professor zu Dorpat, dann erster livländischer Schulrath und endlich Bischof und Vicepräses des General-Consistoriums zu Petersburg, einen Vortrag hielt „über das livländische Landschulwesen“, in welchem er den traurigen Zustand desselben darlegte und darauf antrug, dass die Synode ihn zum Gegenstande eingehender Berathungen machen möchte. Die Synode nahm den Antrag an und beschloss ein Comité niederzusetzen, das sich genau über die Schulzustände im ganzen Lande unterrichten und der nächsten Synode die Ergebnisse dieser Enquête sowie seine Vorschläge zur Verbesserung derselben vorlegen sollte. An der Spitze dieses Comités stand Ulmann selbst, der die Sache nun mit grossem Eifer betrieb. Im Januar 1835 versammelte sich das Comité in Dorpat, stellte die Resultate seiner Erfahrungen über den damaligen Zustand des Schulwesens zusammen und einigte sich über die der Synode zu machenden Vorschläge. Diese arbeitete Schilling von Tirsen, der ein Glied des Comités war, aus und sandte sie Ulmann zur allendlichen Redigirung zu, der sie dann auf der Synode 1835 vortrug.

Die Enquête hatte, wenn auch nicht von allen Kirchspielen die Berichte eingeflossen waren, ergeben, dass Livland v. 7.-17. Jahre 127,920 Kinder hatte. Auf den lettischen Distrikt kamen davon 63,450. Von diesen wurden in Kirchspielsschulen c. 700 unterrichtet, in 14 Gemeindeschulen c. 250. Die Uebrigen genossen Alle nur häuslichen Unterricht. Dieser förderte sie im Lesen recht weit, so dass Livland hierin den Vergleich mit andern Ländern wol bestehen konnte. Aber die Mängel desselben sind auch offenbar. Er wird meist mechanisch, gedankenlos, geisttödtend betrieben und ist nie ordentlich zu beaufsichtigen. In den wenigen Gemeindeschulen unterrichteten frühere Parochialschüler. Diese Schulen leisteten wenig und gaben nur Grund zu Klagen über schlechten Besuch, schlechten Lehrergehalt und Nichtbefolgung der Vorschriften der Bauer-Verordnung. Erfreulicher stand es mit den Parochialschulen in diesem Distrikt, deren es 33 gab. Dazu kamen noch ein paar Privatschulen. In 33 Kirchspielen fehlte es ganz an solchen Schulen. Die Küster sind meist zugleich die Parochiallehrer, und diese Verbindung beider Aemter wurde fast überall gebilligt. Mehrere Kirchspiele sind mit ihren Lehrern sehr zufrieden; andere tadeln ihren Religionsunterricht, ihren ungeistlichen Sinn und ihre mangelhaften Kenntnisse.

Auf den estnischen Distrikt kamen c. 64,470 Kinder, von denen 13,450 in Dorfschulen unterrichtet wurden. Von einem häuslichen Unterricht konnte hier nicht viel die Rede sein, da er mit dem in den Schulen auf's Engste verbunden war. Die Anzahl der Schulen genügte, namentlich im Fellinschen und Werroschen Kreise, nicht. Das Kirchspiel Fellin z.B. hatte nur 2 Schulen, und 3 000 Kinder wurden im Hause unterrichtet. Die Lehrer nahmen meist eine geachtete Stellung ein. Die Verpflegung der Schulkinder war aber schlecht. – Parochialschulen gab es hier nur 8 mit 100 Schülern. Armuth und Indolenz des Volkes hindern ihr Aufkommen. In Rauge z.B. gab der Prediger das Lokal, freien Unterricht und freie Beköstigung zur Schule her. Die Eltern verlangten aber auch noch die Bekleidung der Kinder.

Die Resultate werden zusammengefasst in folgenden Punkten:

1., Im Lettischen steht der häusliche Unterricht höher als im Estnischen. Hier aber geben die Dorfschulen einen guten Grund ab, auf dem weiter, wenn auch anders als bisher, gebaut werden muss. Die Parochialschulen im Lettischen geben solch' einen Grund nicht ab.

2., Das Alles genügt aber weder der Kirche, noch dem Staate.

3., Die Prediger sind schwer belastet und in ihrem Amt behindert.

4., Wir bedürfen einer Schulverfassung.

5., Es fehlt uns an Schulen, Schulhäusern und Lehrern.

Die Vorschläge, welche das Comité machte, sind in Kurzem folgende:
Der so naheliegende *häusliche Unterricht* kann trotz aller Pflege von Seiten der Pastore nicht genügen. Daher sind die *Dorf-* oder *Gemeindeschulen* als Volksschulen, die von allen Kindern, auch den Mädchen zu besuchen sind, auszubilden. Unterrichtsgegenstände müssten in ihnen sein: verständiges Lesen, Kenntniss des Katechismus, biblische Geschichte, geistlicher Gesang, Schreiben und Rechnen, sobald es geht. In *einer* Schule müssten höchstens 50 Kinder versammelt werden, im Alter von 12-15 Jahren. Bis zur Einführung einer vollkommneren Schulordnung könnten mit den Gemeindeschulen auch Sonntagsschulen verbunden werden. – Die *Kirchspiels* oder *Parochialschulen* hätten die Aufgabe tüchtige Schullehrer, überhaupt verständige Bauern, unterrichtete Gemeindebeamten zu bilden. Unterrichtsgegenstände müssten in ihnen sein: erweiterter Religionsunterricht, Kenntniss der Muttersprache, Entwickeln der Begriffe im Reden und Schreiben, fertiges und verständiges Rechnen, Vaterlands- und Weltkunde, mehrstimmiges Singen, Obstbaumzucht und Landwirthschaftliches. Die Schulzeit sollte 3 Jahre, die Zahl der Schüler 20-30 betragen. Die Verbindung des Küsteramts mit dem des Parochiallehrers ist nicht rathsam, aber zuzugeben. Parochialschulen für Mädchen wären unter günstigen Verhältnissen zu errichten. – Für alle diese Schulen bedarf man sehr Lehrer-*Seminare*, wenigstens 2, nämlich 1 für das Lettische und 1 für das Estnische. Unterrichtsgegenstände sollten dieselben wie im Dörptschen Seminar sein, nur statt des Russischen mehr Deutsch. – Zur Beaufsichtigung des ganzen Schulwesens bedarf es aber einer obersten Schulverwaltung und mit den Oberkirchen Vorsteherämter zu verbindender Distrikts-Schulverwaltungen.

Um die ganze Reorganisation ein- und durchzuführen müsste man den Staat angehn, die Seminare und die Verwaltungen zu unterhalten, der Adel und die Gemeinden würden die Schulen zu erhalten haben.

Diese Vorschläge nahm die Synode an und beschloss sie zur weitern Förderung der Sache dem Consistorium und dem Adel zuzustellen.

Wir sind hier an einem Wendepunkt in der Geschichte des livländischen Landschulwesens angekommen. Werfen wir daher noch einen Blick rückwärts auf den bis hierher zurückgelegten Weg. Dass die katholische Zeit uns nichts weiter bot, als eine religiöse Bildung in den engen Grenzen, wie die katholische Kirche sie nur gestattet, ist natürlich. Die Folgen der Reformation konnten aber, da die polnische Regierung auch eine katholische war, erst unter der schwedischen zur Geltung kommen. Die hat nun das grosse Verdienst, den häuslichen Unterricht, sowie die Kirchspiels- oder Parochialschulen mit grossem Nachdruck betont zu haben. In ihrer Zeit entstehen auch schon hin und her andere Schulen, d.h. wie wir jetzt sagen, Gemeindeschulen. Diese wurden aber erst während der russischen Zeit bestimmter ins Auge gefasst. Beide Regierungen weisen die Aufsicht über die Schularbeit den Geistlichen zu, vermögen mit ihren Verordnungen aber nicht die Sache in lebendigen Fluss zu bringen. Das geschieht erst als die beiden ihr am nächsten stehenden Kreise der Bevölkerung, der Adel und die Geistlichkeit, sie in die Hand nehmen. Hatte ersterer freilich mit Hintansetzung sachkundiger Berathung, wie das autonomen Körperschaften leicht widerfährt, das Schulwesen zu regeln unternommen und dadurch manches versehen, so hatte er immer 1819 eine gesetzliche Grundlage geschaffen, auf der sich das Schulwesen ferner entwickeln konnte. Die Geistlichkeit aber, die überhaupt erst 1834 zu Worte kam, benutzte die Gelegenheit sofort, um in Betreff desselben ihre Ansichten in ausführlicher Begründung darzulegen. Unter der besonnenen und umsichtigen Leitung Ulmanns war sie einsichtig genug, auf der 1819 gebotenen Grundlage weiter zu bauen und sich den Intentionen des Adels möglichst anzuschliessen. Und fiel auch Manches, was sie plante, wie z.B. die Rechnung auf eine Unterstützung von Seiten des Staates, so sind ihre Vorschläge es im Ganzen doch gewesen, welche die spätere Zeit ausführte. Daher erscheinen die ersten Synoden wie ein Wendepunkt auf unserem Gebiete.

Die Vorschläge der Synode gelangten an den livländischen Landtag von 1836, der nach eingehenden Verhandlungen folgende Beschlüsse fasste.

Es sei auf Veranlassung der Vorstellung der Herren Prediger hauptsächlich die Aufrechterhaltung der Bestimmungen, welche die B.V.[3] vorschreibt, zu desideriren, mithin die darin angeordneten Schuleinrichtungen unweigerlich, wo sie fehlen, zu treffen. Die Herren Ober-Kirchen-Vorsteher seien zu ernstlicher Massnahmung in dieser Hinsicht aufzufordern, und sei für die Dauer von 3 Jahren vom gegenwärtigen Landtag an für jeden Kreis ein Schulinspektor zu wählen, welcher gemeinschaftlich mit einem Prediger, dessen Auswahl die geistliche Oberbehörde vermitteln wolle, sich mit der Revision der einzelnen Volksschulen zu beschäftigen und das Resultat der Untersuchung dem Ober-Kirchen-Vorsteher des Kreises zu etwa erforderlicher Verfügung mitzutheilen und dem Landtage darüber zu berichten haben würde. Was die Errichtung von Bildungsanstalten für Volksschullehrer betrifft, so seien diese als höchst nothwendig festzusetzen und wären dazu dem nächsten Adelsconvente Pläne vorzulegen etc., sowie dem nächsten ordinären Landtag zu berichten.

---

3 B.V. = Bauer-Verordnung; s. oben, S. 39.

Die Geistlichkeit musste zufrieden sein, dass der Landtag sich so zu dieser eben erst angeregten Sache stellte, und hatte nun zu überlegen, wie sie sie weiterschieben sollte. Was sie that, werden wir später sehn. Zur Ruhe kam die Schulsache jedenfalls nicht mehr. Es sah sich der Curator des Dörptschen Lehrbezirks gemüssigt in einem Schreiben vom 19. Juni 1837 an den livl. Civilgouverneur zu verlangen, dass gemäss dem Kaiserlichen Befehl vom 19. Aug. 1827 die Bauerschulen unter den örtlichen Schuldirektor gestellt würden, da auch der Minister der Volksaufklärung das jetzt verlange. Der Gouverneur wendet sich an das Landraths-Collegium und dieses antwortet am 20. August, dass die Bauerschulen nach § 516 und 517 der Bauer-Verordnung unter den Kirchen-Vorstehern und Predigern, in höherer Instanz unter den Oberkirchen-Vorsteher-Aemtern und der Aufsicht des Landtags ständen. Dazu käme, dass die Bauerschulen weit zerstreut lägen und in ihnen in einer den Direktoren fremden Sprache unterrichtet würde, so dass diese sie nicht beaufsichtigen könnten. Auch würde der Adel, wenn man ihm die Oberaufsicht nähme, sich um das ihm verfassungsmässig zustehende Schulwesen nicht mehr kümmern, und es würde verfallen. Der Adel wandte sich ausserdem noch an den Minister der Volksaufklärung, und das Minister-Comité beschloss am 13. Sept. 1838, dass die Bauerschulen in den Ostseeprovinzen unter der bisherigen Verwaltung zu bleiben und die Adelsmarschälle nur jährlich über ihren Fortgang zu berichten hätten. Auf Anordnung des General-Gouverneurs verhandelten dann noch weiter über die Förderung des Schulwesens die Gouvernements-Regierung, das Landraths-Collegium, das Consistorium, die mehrere Conferenzen abhielten, deren Beschlüsse der General-Gouverneur aber nicht bestätigte, ehe die Landgeistlichkeit gehört wäre. Darüber kam der nächste Landtag heran, der die Sache zum Abschluss brachte.

Bemerkenswerth ist hier jedenfalls, wie klar der Adel erkannte, dass er die Oberleitung des Schulwesens nicht aus Händen geben dürfe. Als leitender Stand im Lande, wie als Patron der lutherischen Kirche durfte er sich aus dieser Stellung auch auf dem Gebiete des Schulwesens nicht verdrängen lassen. Die Geistlichkeit hatte vorgeschlagen, den Staat um Tragen der Unkosten für die nöthigen Seminare und Verwaltungebehörden anzugehn. Aber auch das perhorresciren die Vertreter des Adels energisch. Es sei zu gefährlich der andersgläubigen Regierung auch nur den geringsten Grund zur Einmischung zuzugestehn. Jedenfalls zeigen sie darin eine viel grössere politische Einsicht als die Geistlichen.

Während in Folge der ersten Synode die Verwaltungsorgane unseres Landes diese Verhandlungen pflogen, hatte ein anderer Mann, der sehr gut wusste, wie leicht sich diese in die Länge ziehn, ja wie oft sie schliesslich ganz im Sande verlaufen, beschlossen handelnd vorzugehen. Das war Ferdinand Walter, Pastor primarius zu Wolmar, einer der besten Söhne unsrer Heimath. Er hatte schon bei einem frühern Aufenthalte in Deutschland den bekannten hochgeschätzten Seminardirektor Harnisch kennen gelernt und ihm das Versprechen abgenommen, wenn es einmal nöthig werden sollte, auch für Livland einen Lehrer auszubilden. Jetzt sah er den Zeitpunkt nahen, wo er diesen Plan würde ausführen können. Er hatte gleich auf den ersten Synoden unter den Geistlichen Collecten veranstaltet um in den Besitz der, zur Ausbildung eines Lehrers auf einem deutschen Seminar nöthigen Summe zu kommen, und sah sich nun nach einer für diesen Zweck geeigneten Persönlichkeit um. Da fiel sein Blick auf den Schwager und Gehilfen eines Parochiallehrers, einen jungen Letten aus Ronneburg Namens Johann Zimse. Bei dessen grosser Begabung und eisernem Fleisse meinte er in ihm den Mann gefunden zu haben, dessen er bedurfte. Noch im Herbst 1835 scheint er ihn bei Harnisch angemeldet zu haben, denn der schreibt an Walter vom 5. Sept., der Cursus in Weissenfels daure 3 Jahre und würden auch, wenn Zimse ihn in 2 Jahren absolvire, die Kosten sich immer auf 300 Thaler belaufen. – Hier schiebt sich eine Episode ein, die ganz interessant ist. Harnisch benutzte nämlich als früherer Lehrer der damaligen Kaiserin von Russland und durch Walter für die livländischen Schulen ins Interesse gezogen, die Anwesenheit der Kaiserin in Deutschland, um ihre Fürsprache für die Bestrebungen der livländischen Geistlichkeit beim Kaiser zu gewinnen. Sie verspricht es und wünscht einige nähere Angaben, die Harnisch wieder von Walter verlangt. Die von Walter namhaft gemachten Punkte sind:

1., eine Provinzial-Schulverwaltung, bestehend aus dem General-Superintendenten, einem Landrath, einem Regierungsbeamten, einem Schulrath. Distrikts-Schulverwaltungen für beide Distrikte, Gemeinde-Schulverwaltungen. 2 Seminare, Kirchspiels- und Gemeindeschulen.
2., Die Besoldung des Schulraths mit Professorengage von Seiten des Staats.
3., Besoldung oder Unterstützung der Lehrer für die Kleindeutschen auf dem Lande. Befreiung der Lehrer von der Steuer- und Militärpflicht.

Walter hatte von diesem Schritte Harnisch's, Ulmann, der mittlerweile Professor in Dorpat geworden war, Mittheilung gemacht. Dieser schreibt ihm darauf in seiner besonnenen Weise am 29. Dec. 1835: „Ja wol, lieber Walter, ist bei Dir Vieles, was Du erwartest durch Harnisch und ohne ihn, nur ein rechtes Gaukelspiel der Phantasie.“ „Es sieht überhaupt koddrig aus mit unsern Volksschulplänen.“ „Oben in Petersburg ist eher eine Unterdrückung derselben zu erwarten; wie Schilling gesagt, ist von der Ritterschaft blutwenig zu hoffen. Hätten wir lieber die Sache ganz nur für die Synode behalten und ein Privatseminar oder 2 zu errichten gesucht.“ Indess übersendet er ihm den Bericht für die Synode und bittet nur Harnisch Vorsicht zu empfehlen. „Uebrigens, fährt er fort, braucht Zimse's Reise darum nicht zu unterbleiben. Ihm kann die fernere Ausbildung, wenn er kein Hochmuthsnarr wird, nicht schaden, und privatim kann mit Gottes Hilfe etwas geschehn, wenn auch die Synodalwünsche scheitern.“

Von diesem Brief macht Walter dem Direktor Harnisch Mittheilung und schreibt dabei: „meine Meinung stimmt mit der Ulmanns nicht, sondern ich lebe der Ueberzeugung, dass Petersburg namentlich der Volksbildung weit mehr gewogen ist, als ihm's zugetraut wird, und dass solch' Misstrauen immer mehr hindert und verdirbt, als ein vertrauensvolles Nahen zum Kaiser schaden könnte.“ „So viel über den Sinn, in dem ich diese Sache fortzuführen gedenke, – von der ich einmal nicht lasse, da sie gerade in ihrer ersten Anregung ganz mein Eigenthum ist, und von des Herrn Gnade einen freundlichern Anfang erhielt, als ich zu hoffen gewagt etc.“

Diese beiden Briefe durften nicht übergangen werden, da sie für die beiden Männer, die am meisten dazu gethan haben, ein Schulwesen in Livland ins Leben zu rufen, charakteristisch sind. Der eine warnt mit seiner Besonnenheit davor, die Regierung, deren Pläne schon in Dorpat transpirirten, zur Theilnahme heranzuziehn. Der andre meinte, mit Vertrauen auch Vertrauen zu erwerben. Und beide fielen durch dieselbe Regierung, in deren Pläne die Bestrebungen beider nicht passten, und die den Vorsichtigen mit Brutalität, den Vertrauensseligen mit sanftem, aber nicht misszuverstehendem Drucke zu Fall brachte. Sie verfolgt eben schon lange die Pläne, die sie jetzt ausführt.

Harnisch's Schritt bei der Kaiserin scheint weiter keine Folgen gehabt zu haben.

Anfangs des Jahres 1836 oder doch im Laufe desselben hat Zimse die Reise nach Weissenfels wol angetreten, und das Seminar dann in 2 Jahren durchgemacht. Jedenfalls hat er sich durch Fleiss und Begabtheit hervorgethan und Alles, was verlangt wurde, geleistet. Dann hatte er noch eine Reise durch Deutschland gemacht, um Land und Leute und Seminare zu sehn und war zum Schluss in Berlin geblieben, um einige Collegia zu hören, Seminare zu besuchen, mit einem Wort, wie er schreibt, seine grössten Mängel zu decken. Dann kehrte er im Juni 1839 in's Land zurück.

Auf der Reise besuchte er auch Pastor Wolter in Zirau in Kurland, der sich hier bemühte, die Volksschulsache in Gang zu bringen. Dieser schreibt über Zimse's Besuch an Walter: „Die unverhoffte Ankunft des Herrn Zimse, in dem ich einen gründlichen, vielseitig gebildeten, braven Schulmann kennen gelernt habe, auf den

Livland stolz zu sein Ursache hat, ist mir eine dringende Aufforderung, Ihnen meine Freude über die mit diesem hoffnungsvollen, jungen Mann gemachte Bekanntschaft mitzutheilen." – Auch Walter selbst ist zufrieden mit seinem Schützling. Er schreibt im Februar 1838 an einen Kreisdeputirten, wie es scheint Rennenkampff, und äussert, indem er ihn bittet, ihm irgendwie für Zimse die noch fehlenden 170 Rbl. zu schaffen, über diesen: „mein Schullehrer hat meine Hoffnungen nicht betrogen. Denn nach beendetem zweijährigen Cursus hat Harnisch ihn als reif entlassen etc."

Dennoch konnte sich Walter wol Sorgen darüber machen, ob er wirklich den rechten Mann für seinen Zweck an Zimse gefunden hatte. Denn Harnisch schrieb ihm am 19. Febr. 1838: „Mit wehmüthigem Herzen schreibe ich an Sie. Meine Furcht wegen Zimse ist leider nicht ungegründet gewesen. Er ist von dem rechten Pfade abgekommen. Es that mir sehr leid, dass er der Reise so stürmisch zueilte. Ich bot ihm verschiedene Beschäftigungen an, aber es waren ihm alle nicht recht; er wollte reisen. Ich rüstete ihn zur Reise nach Kräften mit Instruktionen und Empfehlungen aus und hoffte, er würde sich ausgelaufen haben und nun ruhig sein. Aber er kam verschlechtert von der Reise zurück. Sein äusserer Aufzug erregte Anstoss, er ging wie ein Tanzmeister, spielte eine Art feinen Herrn, und die Pietat war gewichen." Darauf hatte ihn Harnisch zum Aufenthalt in Berlin mit 60 Thalern ausgerüstet, weil sein Wechsel nicht angekommen war. Als der gekommen, hatte Zimse nicht gezahlt und auf eine Anfrage von Harnisch geschraubt geantwortet, einen Schuldschein geschickt und 5% angeboten. Dazu hatte er geschrieben: „Ob nun Obiges Sie die Gründe der Wirrnisse meiner Wirthschaft in *mir* oder in Verhältnissen und Umständen finden lässt (die sich Männer, die nur ihrem Griechisch und den rheinischen Blättern leben können, ebenso gestattet haben) – das ist mir zuletzt gleich. Oder, ob Sie glauben, die Jugend gedeihe nur, so lange sie unter Zucht und Ordnung und Vormundschaft stehe, das ist mir ebenfalls gleichgiltig." „Aber ob die Liebe hier schweigt, diejenige Liebe, diejenige Liebe, die ununterbrochen 2 Jahre hindurch mich die Heimath in der Fremde vergessen machte, weil ich fand, was meinem Herzen gebrach, ob diese Liebe auch eine Antwort für eine fragliche Minute hat, das kann mir nicht gleich sein. Sie macht nun reich oder arm. Arm, denn es bleibt mir nur Walter. Er nur hatte stets eine Stimme für mich; er wird sie mir erhalten." Harnisch fährt fort: „nun ist die Hauptsache, wie retten wir Zimse? Meine Meinung ist die alte. Lassen Sie Zimse bald zurückkommen und in seine Schule eintreten, damit er sich ernüchtert. Da mag er die 60 Thlr. erarbeiten, die er mir schuldet etc." –

Uebrigens existiren auch von Zimse selbst Briefe, die einen tiefen Einblick in sein Gemüth gewähren. Er schreibt am 13/25 Mai 1838 an Walter: „Sie erwähnen der Demuth als des Hauptmittels für die etwaigen Ausführungen unsrer Pläne. Ich begreife nicht, warum Sie die Demuth nennen; ich würde nach Francke's Beispiel hier unbedingt von Glauben geredet haben. Oder spielen Sie eben nach der Ronneburger Art durch jenen Begriff auf meinen Charakter an, woran ich nicht glauben möchte etc.“ Darauf erzählt er von einer Revision des Seminars durch den Bischof Dräseke, bei der ihn dieser fast allein gefragt und worauf er, Zimse, ihm zuletzt in recht ungehöriger Weise geantwortet hatte.

Anm. „Die Anstalt zu Weissenfels wurde vom Bischof Dräseke revidirt. Mir erging's hier sonderbar. Er fragte mich fast ausschliesslich – statt der ganzen Klasse mich allein, stellte Behauptungen auf, liess Beweise dafür suchen etc. – Ich blieb ihm keine Antwort schuldig. Endlich kam es beim Predigtlesen noch dahin aus, dass er mich fragte: wie ich es machen würde, wenn der Prediger mir eine Predigt zum Vorlesen in der Kirche gegeben hätte? 1., sagte ich, würde ich die Predigt einige Mal durchlesen, um mir die allgemeine Uebersicht zu verschaffen; nachdem würde ich die Einzelheiten aufzufassen suchen, und nachdem ich sie also mit dem Verstande aufgefasst, würde ich mich 2., des gemüthlichen Eindrucks derselben zu versichern suchen. 3., würde ich nun die Predigt laut lesen. „Und was noch?“ Nun, dann würde ich vielleicht noch Gott um Segen bitten. „Vielleicht auch nicht?“ sagte Dräseke. „Herr Bischof, ich kann ja dieses besondere Gebet recht gut mit dem Morgengebet vereinigen. Dräseke antwortet: sagt aber nicht Luther, dass fleissig gebetet sei über die Hälfte studirt? Was Luther hierunter versteht und Paulus unter seinem: ‚betet ohne Unterlass,‘ – das begreife ich unter der Gebetsstimmung, die ich voraussetze und deshalb gab ich nichts auf die besondere äussere, mathematische Form. ‚So, wenn Sie das darunter verstehn‘ etc. und dabei blieb es.“ So schreibt Zimse.

Dann fährt er fort: „nun Herr Pastor nicht wahr Zimse ist jetzt recht eitel geworden? Der Hochmuthsteufel wird ihn bald holen. Hat mein Brief diesen Schein, nun so hat er ihn. Es war meine Absicht nicht; mich vor dieser Klippe zu schützen, noch auf sie zuzusteuern. Ich wollte, ich musste das Leben hier wörtlich wiedergeben etc.“ Charakteristisch für Zimse ist noch ein Brief vom 5. März 1839 an Walter, in dem er ihn bittet, ihm von seinen Eltern oder seinem Freunde B. einen Vorschuss von 60-70 Rbl. zu verschaffen und dann hinzusetzt: „Sie aber bitte ich, Herr Pastor, doch *der* Vorstellung, dass solches materielle Schuldbewusstsein die Freudigkeit meines Amtes nachher lähmte, keinen Raum zu geben. Schuldner der Eltern bleiben

Kinder immer; es fragt sich gerade, ob diese jenen liebevoller in's Auge und in's Leben schauen, wenn sie des Bewusstseins ermangelten. Und was ein solches Verhältniss zu einem Freunde betrifft, so ist es zunächst, indem es auf pekuniäre Abhängigkeit hindeutet, drückend. Aber sein vielseitiges Vorkommen macht es erträglich überhaupt und namentlich denjenigen, der schon Jahre lang fremdes Brod essen muss. – Das Leben macht hart.“

Zimse's Zeugnisse waren noch nicht angekommen. Er meldet ihren Inhalt am 6. Aug. 1839 selbst aus der Wolmarschen Parochialschule an Walter, wie folgt: „Anlage gut, Fleiss ausgezeichnet, Betragen sehr gut, klares Erkenntnissvermögen, zartes und reiches Gemüth. Wie stimmen diese Urtheile zu dem, wie sich Zimse in obigen Briefen zeigt? Kann ein Betragen, das sich dessen rühmt, einen hochgeachteten Mann wie den Bischof Dräseke abgeführt zu haben noch ein sehr gutes genannt werden? Oder ist ein Gemüth zart und reich, welches das Schuldenmachen auf obige Weise sich leicht zu machen sucht? Und doch haben die Seminarlehrer so geurtheilt. Zimse muss als junger Mensch ein liebenswürdiges, einnehmendes Wesen gehabt haben, dass er Leute wie Walter, Wolter, Harnisch in solcher Weise für sich einnahm. Harnisch sah sich hernach getäuscht, und dasselbe wird wol auch bei Walter der Fall gewesen sein. Zum Wenigsten war Wolter, als Zimse mit dem Seminar nach Walk zog, mit ihm schon lange zerfallen. Hochmuth und Eitelkeit thaten seinen grossen Gaben doch viel Abbruch und verleiteten ihn namentlich dazu den schliesslich zu hassen, von dem er Wolthaten empfangen hatte, und wen er einmal hasste, dem wurde er nie wieder gut.

Die Verhandlungen der Landesautoritäten über die Schulsache waren endlich so weit gediehen, dass der Landtag von 1839 einen Schritt vorwärts thun konnte. Er beschloss, dass die Oberkirchenvorsteher-Aemter, verstärkt durch 2 weltliche und 2 geistliche Schulrevidenten, – je 1 für jeden der 2 zu ihnen gehörenden Ordnungsgerichtsbezirke, – als Kreis-Landschulbehörden die Aufsicht über die Landschulen in ihren Bezirken führen sollten. Sie durften arbiträre Strafen bis zu 25 R. verhängen. 2., setzte er eine Ober-Landschulbehörde, bestehend aus den 4 Oberkirchen-Vorstehern und dem General Superintendenten ein. 3., darf keine Schule eingehn ohne specielle Erlaubniss des örtlichen Oberkirchen-Vorsteheramts, und 4., kein Lehrer ohne Zustimmung des Kirchen-Vorstehers und Predigers ein- oder abgesetzt werden. Ausserdem folgen noch einige unwesentliche Bestimmungen.

Indessen hatte Walter auch nicht geruht, war, wie es scheint, beim Landtage mit verschiedenen Propositionen eingekommen, z.B. über Strafschulen und ein Parochiallehrer-Seminar. Letzteres hielt er besonders für nöthig und schlug vor, eine

Parochialschule bei einer kleinen Stadt als solches einzurichten. Wolmar offerire namentlich die seinige dazu, und der Lehrer Zimse habe das nöthige Lehrerexamen eben bestanden. Am 11. Juli 1839 erging aus dem Landraths-Collegium an ihn ein Schreiben, das die Nothwendigkeit eines solchen Seminars anerkannte und ihm für einen Vorschlag dankend, ihn bat, dasselbe in Wolmar einzurichten und dann auch zu beaufsichtigen.

Am 8. Aug. schreibt der General-Superintendent an Walter, er möchte Zimse doch auch zur Revision der lettischen Schulschriften verpflichten und sprach den Wunsch aus, ihn bei Gelegenheit zu sehen. Dieser hatte ihn denn auch aufgesucht, und am 6. Oct. schreibt Klot wieder: „Ihr Zimse hat mir recht wol gefallen. Ich habe ihn sehr bescheiden in seinem äussern Auftreten gefunden und erwarte nun unter Ihrer Beaufsichtigung und Oberleitung gewiss recht viel Gutes von ihm. Mit dem residirenden Landrath sprach ich über das Inserat und es hatte seine volle Billigung."

Walter hatte nämlich für die Annahme seiner Vorschläge dankend, die Inspektion des Seminars übernommen und sofort folgendes Inserat in die öffentlichen Blätter setzen lassen: „Im Auftrage Einer edlen Ritter- und Landschaft des Herzogthums Livland wird den 10. Nov., als am Tage M. Luthers, das auf dem diesjährigen Landtage dekretirte Ritterschaftliche Volksschullehrer-Seminar für das lettische Livland in Wolmar eröffnet werden, und werden Alle, die etwa willens sind, als Schüler in dasselbe aufgenommen zu werden, aufgefordert, sich zeitig zu der dazu nöthigen Prüfung bei Unterzeichnetem zu melden, indem später Hinzukommende als den Cursus störend werden abgewiesen werden. Sollten Esten, die der deutschen Sprache mächtig sind, diese Anstalt nutzen wollen, so steht dem nichts im Wege etc."

Somit glaubte Walter, dass die Seminar-Angelegenheit im besten Gange war. Da bekam er die Nachricht von einem Herrn Krug aus Riga, dass der Zensor Napiersky, der zugleich Schuldirektor war, die Aufnahme seiner Bekanntmachung in die öffentlichen Blätter verweigere. „Wunderlicher Weise", setzt er hinzu, „ist aber Ihr denselben Gegenstand betreffender Aufsatz doch in's ‚Inland' (eine in Dorpat erscheinende Zeitschrift) aufgenommen worden." Walter verfasste darauf am 1. Nov. eine, wie es mir scheint, für das Inland bestimmte „Anzeige und Bitte", in der er auseinandersetzt, wie unrechtmässig der rigasche Zensor, der zufällig zugleich Schuldirektor sei, als Zensor die Rechte des Direktors ausgeübt habe. Uebrigens irre er sich auch als solcher, wenn er dadurch die Eröffnung glaube hindern zu können. Die Bauerschulen und also auch das Seminar, das diesen die Lehrer liefern solle, stünden nur unter der livl. Ritterschaft und nicht dem Ministerium der Volksaufklärung. Er bedauere den durch diese Verweigerung der Imprimatur hervorgerufenen Aufschub und verlege die Aufnahme-Prüfungen vom 1. auf den letzten November, werde aber mit den doch am 1. erschienenen und geprüften Zöglingen den Unterricht am 10. November beginnen.

Am 2. Nov. berichtet er dann dem Landraths-Collegium, dass er die 7 erschienenen Aspiranten geprüft und aufgenommen habe. Zugleich berichtet er und setzt auseinander, wie unrechtmässig Napiersky verfahren sei. Am 9. Nov. erhält er dann durch den Wolmar'schen Kreisschul-Inspektor den officiellen Protest des Schuldirektors. Noch an demselben Tage antwortet er, höflich dankend für die Erinnerung solche Eröffnung nicht ohne Genehmigung der Schulverwaltung vorzunehmen, dass sie allerdings am 10. Nov. vor sich gehen werde, und zwar nicht ohne Genehmigung einer Schulverwaltung, nämlich der der einzig hier zuständigen, d.h. der livländischen Ritterschaft.

Am 10. Nov. berichtet er dann über den ganzen Zwischenfall und seine Stellung zu demselben, an das Landraths-Collegium. Zugleich schreibt er aber auch an den Ritterschafts-Sekretär Baron Budberg und an seinen Freund, den Regierungsrath Schwebs, und bittet sie, sich der Sache in seinem Interesse anzunehmen.

Der Brief an Schwebs ist so charakteristisch für Walter und die ganze Zeit, dass er wol verdient, hier wiedergegeben zu werden. Er schreibt:

„Eben schicke ich einen Bericht an das Landraths-Collegium und einen Brief an Euren Sekretär Budberg ab und kann nicht unterlassen, *Deine* Zeit und Kraft auch zum Kampfe gegen die leidige Büreaukratie, die das Land für – wer weiss was verkauft, aufzurufen, und dazu hast Du ja immer Zeit. Segle denn rüstig in den Dir bekannten Wassern: die Büreaukratie führt immer Sklavenschiffe.

Anm. es war die Zeit, in der Wilberforce den Sklavenhandel bekämpfte.

Der Schuldirektor Napiersky will die Eröffnung des Seminars, die mir das Landraths-Collegium schon 2 Mal anempfohlen, hindern. Ich habe mich freilich nicht stören lassen, – liegt das eben nicht in meiner Natur; – sondern sitze eben noch voll Jubelns vor diesem Briefe. Denn heute weihte ich das Seminar ein und sah vieler Jahre heissen Wunsch erfüllt, und herrlicher für mich, als ich es mir je gedacht. Denn ich durfte selbst das Samenkorn säen oder das Bäumlein pflanzen, davon sich ein ganzes Volk einst stärken, davon es durch Jahrhunderte Segen erndten soll, – sah das deutsche Volk in Livland, unsere Ritterschaft der Geschichte eine grosse Schuld abtragen, dass ihr's immer leichter um's Herz werden dürfte! – etc.“

In dieser ganzen Angelegenheit zeigt sich uns Walter als der muthige, energische Mann, für den er bei uns immer gegolten hat. Der Brief an Schwebs stellt auch in's helle Licht, was für ein edler Menschenfreund und treuer Patriot er immer gewesen. Müssen wir das mit Freuden anerkennen, so dürfen wir noch mit Genugthuung hinzusetzen, dass sein Thun auch unter seinen Zeitgenossen Wiederhall fand. Das Landraths-Collegium wandte sich sofort an den General-Gouverneur und bat um Schutz gegen den Schuldirektor. Der General-Superintendent schreibt Walter eingehend und meldet ihm, dass man sich besonders daran gestossen, dass von einem Seminar die Rede ist, dass ein nicht im Lande examinirter fremder Mann mit als Seminarlehrer unterzeichnet hat, und dass die deutsche Sprache unter den Unterrichtsgegenständen mit aufgeführt wird. Der Ritterschafts-Sekretär Budberg endlich schreibt ihm am 16. Nov.: „Ihre Schreiben an's Landraths-Collegium, Schwebs und mich haben mir so viele Freude gemacht, dass es mir Bedürfniss ist, die officielle Erwiderung mit einigen Zeilen zu begleiten, um Ihnen zu sagen, wie sehr Alle, die an unserer Angelegenheit würdig Theil nehmen, sich mit mir gefreut haben, dass Sie so sicher und mit so wahrer Liebe verfahren sind."

Für's Erste war der Sturm abgeschlagen. Der Rest des Jahres verging in ruhiger Arbeit. Aus Pernau wird zum 3. Januar auch ein Este, leider von 41 Jahren, für das Seminar angemeldet. Wolter aus Zirau schreibt Walter, dass auch in Kurland die Seminarsache vorwärts gehe. Das Seminar erhält dort 2 schöne Gebäude, der Direktor Sadowsky sähe sich noch preussische Seminare an, 2 nationale Lehrer ständen auch bereit. Aber der Unterhalt koste 3000 Rbl. „Wird der Landtag das bewilligen?!" fragt er zweifelnd. –

Kaum hat das neue Jahr 1840 begonnen, da schreibt am 31. Jan. Schwebs an Walter: „Es zieht wieder ein Gewitter heran. Auf Instigation (vielleicht Napiersky's) lässt der Minister des Innern Dein Seminar schliessen. Kommt die Sache an Dich, so erkläre, Du müsstest zwar gehorchen, erlaubtest Dir indessen Deine Protestation dagegen zu verlautbaren, indem Du durchaus nichts Widergesetzliches unternommen hättest. Du würdest das Seminar schliessen und nur die Gemeinden- und Parochialschulen des Kirchspiels fortbestehen lassen. Dann setze die Sache als Parochialschule fort nach weiser Berathung mit den Kirchen-Vorstehern. Sapienti sat[4]." –

Am 5. Febr. kam denn auch vom Landraths-Collegium der Befehl des Ministers des Innern an, das Seminar zu schliessen. Walter antwortet am 19. ej, dass dasselbe

---

4 Lat.: Dem Wissenden ist das genug!

geschehn sein, dass er aber mit Bewilligung des Kirchspiels die Seminaristen in die oberste Klasse der Parochialschule aufgenommen habe. Letzteres konnte er um so ruhiger thun, da der Landrath Bruiningk ihm schon am 5. ej. geschrieben, dass er dem Minister des Innern geschrieben, Wolmar wäre zur Haltung einer Parochialschule nicht nur verpflichtet, sondern auch berechtigt und der Adel dürfe doch ebenso gut wie Jedermann eine solche mit Geld unterstützen. Am 10. Mai sah sich Walter veranlasst, die Schliessung auch in den öffentlichen Blättern bekannt zu machen.

Die Erfahrungen Livlands belehrten Kurland, und es bezeichnete sein Seminar nur als eine Schule für die Ritterschaftsgüter, in der aber auch 33 Schüler aus dem übrigen Kurland aufgenommen würden, wie Wolter am 1. April schreibt.

Am 29. April theilt das Landraths-Collegium Walter noch die Gründe mit, welche den Minister der Volksaufklärung bestimmten, die Schliessung des Seminars zu verlangen. Dasselbe sei weder eine Gebiets- noch Parochialschule, sondern wolle für letztere Lehrer ausbilden, die deutsche Sprache in diesen Schulen für lettische Zöglinge einführen und setze einen besondern Lehrplan für die besondern pädagogischen Zwecke voraus. Daher erfordere ein solches Seminar die strengste Aufsicht in Bezug auf Sittlichkeit und Lehre und müsse unter der Aufsicht der Schulobrigkeit stehn.

Dass es dem Herrn Minister nicht um Sittlichkeit, Lehrplan und Lehre zu thun war, sondern wol hauptsächlich darum, die Verbreitung der deutschen Sprache unter den Nationalen zu hindern, können wir nach den späteren Erlebnissen Ulmanns mit diesem Minister wol sicher behaupten. Genug, – die Sache war damit abgethan. Das Seminar blieb geschlossen, und die Wolmarsche Parochialschule war um eine Selekta erweitert worden.

Am 8. Aug. 1840 berichtet Walter an das Landraths-Collegium über das erste Schuljahr des ehemaligen Seminars:

„Zimse hat mit ganz seltenem Fleisse seinem Beruf obgelegen und in den Lehrgegenständen des Unterrichts mit den Schülern mehr geleistet, als ich selbst für möglich erachtet, so dass ich ihm also nur das beste Zeugniss geben kann.“ 2 Schüler mussten, weil sie nicht zu Lehrern taugten, entlassen werden. Der eine von ihnen, der Este aus dem Pernauschen, war ein guter folgsamer Mensch; das Lernen wurde ihm aber bei seinen Jahren schwer. Von den übrigen 7 Schülern waren 4 aus Wolmar, je einer aus Ronneburg, Allendorf und Rodenpois her.

Am 19. August besuchte Landrath Baron von Bruiningk die Anstalt und schreibt in seinem Bericht an den Convent über Zimse: „Seine Persönlichkeit kündigt einen klaren, tüchtigen, bestimmten und milden Mann an. Wenn man diesen Mann, reich begabt, in seinem Berufe wirken sieht, so muss man ihm die höchste Achtung widmen. 11 Parochialschüler von 18-20 Jahren mit offenem Gesicht und freiem Wesen, die die höhere Weihe des Geistes empfangen haben, die den Menschen über die niederen Zwecke des Lebens erhebt."

Den Bericht sendet er auch Walter zu und schreibt dann an diesen, dass er sich seiner segensreichen Wirksamkeit sehr gefreut habe; die Dörptsche Kreislandschulbehörde wolle jetzt bei Ringen gleichfalls eine solche Schule gründen.

Am 20. Sept. 1841 berichtet Walter über das 2. Schuljahr: „Ueber den Fleiss und die Tüchtigkeit des Lehrers kann ich auch dieses Mal nur das beste Zeugniss geben." Dann folgen Urtheile über die einzelnen Fächer. 6 Schüler haben auch schon in der eigentlichen Parochialschule unterrichtet. Schliesslich die Bemerkung: „Diese Generation ist weiter geführt worden, als blossen Schulmeistern noth thut, um einmal Hilfslehrer und Lehrer für das Seminar aus ihrer Mitte nehmen zu können."

Das Landraths-Collegium dankt Walter am 20. October für seine Mühewaltung und bittet ihn vor dem im nächsten Februar abzuhaltenden Landtage zu berichten, unter welchen Bedingungen er die Leitung und Aufsicht über das Seminar noch behalten würde.

Walter berichtet darauf am 19. Jan. über das Seminar und seine Schicksale von der Eröffnung an und stellt die Frage, ob diese Schule noch ferner fortbestehen solle? Er meint die Frage müsse namentlich im Hinblick auf die Bewegung von 1841, wo die Leute in grossen Schaaren ins warme Land ziehen wollten,[5] bejaht werden, da diese doch nur durch die mangelhafte Bildung und den Unverstand der Leute so grosse Dimensionen annehmen könnte. Für das Bleiben der Anstalt in Wolmar aber spricht er sich nicht gerade aus. Irgend eine andere kleine Stadt Livlands könnte sie auch beherbergen, meinte er in einer Unterlegung an das Riga-Wolmarsche Oberkirchen-Vorsteher-Amt vom 7. Febr., zumal da ihm die Zeit zu eingehender Inspektion mangele.

Neben andern Vorschlägen an den Landtag verlangte aber er jetzt einen Gehilfen für Zimse und im Ganzen an 900-1 000 Rbl. für das Seminar.

---

5 1841 kam das Gerücht auf, daß „warmes Land" erhalte, wer den (orthodoxen) Glauben des Kaisers von Rußland annehme; vgl. Gert von Pistohlkors, Baltische Länder. Berlin 1994 (Deutsche Geschichte im Osten Europas), S. 350. Über die Hintergründe dieses Gerüchts s. Gert Kroeger, Die evangelisch-lutherische Landeskirche und das griechisch-orthodoxe Staatskirchentum in den Ostseeprovinzen 1840–1918, in: Baltische Kirchengeschichte, hrsg. v. Reinhard Wittram. Göttingen 1956, S. 183 f.

Am 14. Oct. 1841 war auch endlich die Ober Landschulbehörde zusammengetreten und hatte beschlossen ihre erste ordentliche Sitzung während des deliberirenden Convents abzuhalten. Es waren, da 2 Landräthe fehlten, erschienen: Landrath v. Rennenkampff, Landrath Baron Bruiningk, General-Superintendent v. Klot. Die eingegangenen Berichte der Kreis Landschulbehörden wurden berathen und die nöthigen Beschlüsse gefasst. Da der Dorpat-Werrosche Bericht aber eigentlich Vorschläge zur nähern Organisirung des Schulwesens enthielt, wurde beschlossen ihn dem Landtage vorzulegen. Uebrigens fasste die 2. am 13. Febr. abgehaltene und von allen 5 Gliedern, auch Landräthen v. Wulf und v. Bock, besuchte Sitzung noch einen vollständigen Bericht an den Landtag ab.

Wir sahn zum 1. Male die Behörde regelrecht funktioniren. Der Bericht an den Landtag hebt hervor, dass für's Erste noch von keinen Erfolgen der Wirksamkeit der Behörden die Rede sein könne, sondern dass sie nur erst auf die der Entwickelung des Schulwesens entgegenstehenden Hindernisse aufmerksam machen müsse. Solche wären:

1., die Gleichgültigkeit, ja der Widerwille des Bauernstandes gegen alle Bildung.
2., der Mangel an Lehrern, der bei dem Widerstande der Regierung gegen die Gründung von Seminaren es wol nothwendig machen würde, 2 Parochialschulen, 1 im lettischen und 1 im estnischen Distrikt zur Bildung von Lehrern einzurichten.
3., die Mangelhaftigkeit des häuslichen Unterrichts, der freilich hier und da auf verschiedene Weise durch Ambulanten, Prüfer, Zwangsschulen unterstützt werde, aber jedenfalls der Controle der Pastoren anempfohlen bleiben müsse. Wenn er namentlich im Estnischen in den Dorfschulen unterstützt werde, so sei das gut. Aber die Behörde glaubt, wenn die Schulen bisher auch nicht genügt hätten, noch nicht eingreifen zu dürfen. Es fehle dazu an Lehrern und einer zweckmässigen Methode. Dagegen beantrage sie, das Consistorium zu ersuchen, den Predigern die Bitte des Adels um ihre fortdauernde Theilnahme für das Landvolkschulwesen an's Herz zu legen.
4., Der Mangel von rechten Instruktionen an die Schulbehörden. Es liege hier bei ein Plan zur Organisation derselben und ihrer Thätigkeit von der Dorpat-Werroschen Kreislandschulbehörde, aber die Oberlandschulbehörde glaube noch keine festen Bestimmungen vorschlagen zu dürfen.

Am 27. Febr. hielt dann die Behörde noch eine Sitzung ab um über die Stellung der Revidenten in den Kreislandschulbehörden dem Landtage Vorschläge zu machen. Sie ersuchte den Landtag, sie dazu zu autorisiren, die allgemeinsten Umrisse zu fixiren, und die nähern Bestimmungen dann mit den Kreislandschulbehörden zu berathen und festzusetzen.

Der Landtag beschloss, Walter für die Leitung des Seminars zu danken und ihn zu bitten, dieses weiter fortzuführen, jedoch ohne Anstellung eines russischen Lehrers. „Ferner noch wurde beschlossen zur Erhaltung der nach dem Muster der Walterschen Anstalt in Wolmar zu errichtenden Schule im estnischen Distrikte Livlands sollen aus der Ritterkasse jährlich 500 R. S. bis zum nächsten Landtage gezahlt werden und die Oberschulbehörde autorisirt sein, Pläne und Vorschläge dem Ritterschafts-Convente vorzulegen, welcher alsdann nach vorgängiger Prüfung und Bestätigung die Kosten zu bewilligen haben würde. Derselbe wird auch ermächtigt, Pläne und Vorschläge zu Ackerbauschulen, die etwa mit Volkslehrer-Schulen zu verbinden wären, entgegen zu nehmen. Im Uebrigen überlässt der Landtag den Schulbehörden die Organisation des Schulwesens und die Ausführung alles dessen, was zu seiner Beförderung nöthig ist.

Der Landtag hatte der Oberlandschulbehörde also freie Hand gegeben. Sie konnte jetzt handeln. Und doch war die Zeit nach den Bauerunruhen eine so trübe, dass sie wol wusste, wie behutsam sie nur vorgehen durfte.

Bruiningk macht am 27. April 1842 im Amtsblatt bekannt, dass alle Mittheilungen und Vorstellungen an die Oberlandschulbehörde an das geschäftsführende Mitglied Landrath v. Rennenkampff zu adressiren sei. Rath Schlichting wird Schriftführer der Behörde.

Am 18. Juni trägt Bruiningk in derselben einen Plan der Dörptschen Kreislandschulbehörde vor, für den estnischen Distrikt eine Schullehrer-Schule, verbunden mit einer Ackerbauschule und Musterwirthschaft zu errichten. Es wurde beschlossen zuzustimmen, das Kirita-Gesinde in Erbpacht zu übernehmen und Alles dem Adelsconvente zu unterlegen. Bruiningk kündigt auch am 24. Juli Zimse einen gewissen Pödder an, der zuerst bei ihm hospitiren und dann nach Weissenfels geschickt werden soll. Dieser Plan des estnischen Distrikts ist ganz gerechtfertigt, da die Wolmarsche Schule doch speciell für den lettischen Distrikt gestiftet war.

Uebrigens klagt Bruiningk in einem Briefe an Walter vom 22. Sept. seine Noth, die er mit der Schulsache habe, und bittet ihn, die Schülerzahl auf 20 zu erhöhen und den Umfang der Unterrichtsgegenstände herabzustimmen, „damit man nicht und vielleicht mit Recht Ihr Institut tadele.“ Offenbar war das schon geschehn.

Walter berichtet am 4. Oct. über das 3. Jahr des Seminars und kündigt zu Ostern 1843 die Entlassung der ersten Zöglinge an, wozu er die Behörde ein Glied abzudelegiren bittet. Aber am 2. Dec. muss er dem Landraths-Collegium schon anzeigen, dass er Mitglied des General-Consistoriums geworden sei, und bitten Jemand anders mit der Inspektion des Seminars zu betrauen.

Den Gehilfen für Zimse hatte der im December 1842 abgehaltene Landtag noch nicht zugestanden, weil Walters Bericht zu spät eingetroffen war. Das meldet ihm Bruiningk. Die Vorschläge zur Gründung einer Schullehrer- und Ackerbauschule für den estnischen Distrikt sind vertagt. Daher ist auch Pödders Absendung nach Weissenfels unterblieben. Bruiningk hat das so verstimmt, dass er schreibt: „von mir soll der Landtag wenigstens nicht mehr mit Vorschlägen belästigt werden.“ Auch Aug. v. Löwis schreibt am 24. Dec. an Walter, dass das Oberlandschul-Collegium bei diesem Landtage von aller Unterstützung verlassen war. Das war wol der Rückschlag in Folge der Unruhen von 1841. Für eine unzufriedene und revoltirende Bauerschaft wollte die Ritterschaft nichts mehr thun. Und wenn Walter auch, um ihr die Ausgaben für das Schulwesen zu erleichtern, vorschlug für das Seminar jede Seele in Lettland mit 5/6 Kop. zu besteuern, so waren die Führer des Adels einsichtig genug darauf nicht einzugehen. Nur so konnten sie das Schulwesen ganz in der Hand behalten.

Leider war Walter gezwungen, gleich wieder mit neuen Forderungen an die Ritterschaft heranzutreten. Die Wolmarsche Parochialschule war am 25. März 1843 niedergebrannt. Er schlug vor, die Schule nach Trikaten, wo die Ritterschaft mehrere Güter besitzt, zu verlegen. Da würde ihr ein Neubau am billigsten zu stehn kommen. In Wolmar müsste bei dem Neubau ein zweiter Stock für die ritterschaftliche Schule aufgebaut werden. Das würde theuer sein, und da würde eine Vereinbarung mit dem übrigens gern dazu bereiten Wolmarschen Kirchspiel nöthig sein. Walter schlug auch vor, während der Bauzeit den Unterricht einzustellen und Zimse lettische Schulbücher schreiben zu lassen, die Ulmann, der im Jahre vorher abgesetzt und aus Dorpat verwiesen war, durchsehen könnte. Er selbst habe keine Zeit dazu.

Das Landraths-Collegium meinte aber, diese nützliche Anstalt dürfe keine Unterbrechung erfahren, Walter möchte Vorschläge machen, wie man ihre Fortdauer sichern könnte. – Es lässt sich denken, wie diesen eine solche patriotische Gesinnung erfreut haben muss. Wie richtig hatte er in der ganzen Sache gerechnet. Stand erst einmal das Seminar mit seiner Arbeit vor den Augen der Menschen da, so mussten sie seine Nützlichkeit und Nothwendigkeit zugeben.

Am 17. Juni hält die Oberlandschulbehörde eine Sitzung, auf der sie sich genöthigt sieht, die beiden Glieder, Landrath Rennenkampff und den General-Superintendenten darum zu ersuchen, dass sie die Berichte der verschiedenen Kreislandschulbehörden zusammenstellen und dann referiren möchten. Es war sonst Niemand dazu da.

Das Landraths-Collegium hatte die beiden Kreisdeputirten von Nummers und von Löwis beauftragt, an Ort und Stelle zu prüfen, ob die ritterschaftliche Anstalt mit der Wolmarschen Parochialschule verbunden oder separat ein neues Lokal dort oder in Trikaten erbaut werden sollte. Sie berichten am 11. Oct., dass sie sich dafür entschieden hätten, die Schule lieber in Lipskaln, wo sich schon die Wiesen-Bewässerungsschule befünde, aufzuführen. Walter macht dagegen geltend, dass dort aber auch für eine Parochialschule, die als Uebungsschule zu dienen hätte, gesorgt werden müsse.

Am 30. Oct. 1843 berichtet Walter, dass von den 8 Zöglingen von denen 6 mit vollständigen Wahlfähigkeits-Zeugnissen entlassen wurden und 2 en, die ½ Jahr nach begonnenem Cursus erst eingetreten, solches vorenthalten worden, bis sie das Versäumte in deutschen und lettischen Stilübungen nachgeholt haben würden, bereits 5 als Parochiallehrer angestellt seien. Einer habe sich nach Ubbenorm gemeldet, wünsche aber eine Aufbesserung der Stelle, so dass er wenigstens 100 Rbl. Gage bei freiem Leben habe. Walter tritt für diese Forderung lebhaft ein: „Die Ritterschaft habe doch nicht denjenigen Schulen, welche so schlecht salarirt sind, dass kein ordentlicher Unterrichter, oft kein ehrlicher Mensch sich da freiwillig anstellen lässt, erzwungene Lehrer bieten wollen." Er habe die eben entlassenen Zöglinge dazu verpflichtet, bei solcher Gage 3 Jahre für die Ausbildung, die das Seminar geboten, zu dienen. Eine solche Gage aber käme ihnen billiger Weise zu, da sie im Seminar nur den Unterricht frei gehabt, und Kost, Kleidung, Bücher etc. selbst bestritten hätten. Die Behörde ist damit zufrieden, meint aber freies Essen und freie Bedienung könnte bei solcher Gage auch wegfallen. 1844 am 13. März schreibt die Behörde an Walter, es solle die Schule in Wolmar in einem eigenen Gebäude eingerichtet werden, das im Frühling 1845 aus Balken aus den Ritterschaftsforsten errichtet werden solle.

Walter berichtet an den Landtag 1844 am 1. Sept.: Am 10. Nov. a.pr. seien 12 neue Schüler in das Seminar getreten. Zimse wolle auch ohne Gehilfen weiter arbeiten, wenn er anstatt 300 Rbl. 500 Rbl. Gage erhielte. Ein Hilfslehrer müsse aber 150-200 Rbl. Gage erhalten. Zimse bäte auch um bleibende Anstellung und Pensionsberechtigung. Vor Allem thue aber die Anstellung eines Schulraths noth, wozu er Ulmann vorschlage. Zugleich meldet er die Stiftung von 2 Stipendien beim Seminar an. (Fr. von Medem und H. v. Löwenstern). Schon am 22. Aug. hatte Walter an Landrath Bruiningk wegen der Anstellung Ulmanns geschrieben. Dieser antwortet ihm am 4. Sept.: „Als unser vortrefflicher Ulmann mich neulich besuchte, sprach ich mit ihm über diese Angelegenheit. Ich ward innigst gerührt, als er mit so uneigennütziger Liebe seine Willigkeit bezeugte, für den in Rede stehenden Zweck zu wirken. Dennoch wagte ich es nicht über diese Angelegenheit zu sprechen. Als nun aber heute bei der Verhandlung über den anzustellenden Flottprediger eine sehr günstige, wohlwollende Stimmung sich äusserte, bekam ich den Muth von Ihrem Vorschlage wegen Ulmann zu sprechen. Ich war sehr überrascht, als die Landräthe, bei welchen Sie und Ulmann in so hoher Achtung stehen, den Wunsch aussprachen, dass die Oberlandschulbehörde diese Sache nur beim Landtage beantragen möge. Ich werde es also thun, ohne mir grosse Hoffnungen zu machen."

So war der edle Mann seinem Vorsatze, nie mehr etwas beim Landtage zu beantragen, schon so bald untreu geworden.

Nachzutragen sind noch die Sentiments der Landräthe in Betreff eines Entwurfs zu einem Schulreglement, den Landrath Rennenkampff auf Grund von Eingaben der Kreislandschulbehörden und ihrer Revidenten abgefasst hatte. Bruiningk hält es den 26. Mai 1844 für verfrüht. Bock schreibt d. 6. Juli 1844: „Durch Einführung der Schulbehörden ist für das Schulwesen genug geschehen. Die Sache muss sich selbst entwickeln in dem Maasse, als das Volk erwacht. Die Hauptfrage bleibt immer die, ob die angemessene Bildung der Gemeinden segensreich gedeiht." Er erklärt sich auf das Bestimmteste gegen alles Centralisiren über die bisherigen Grenzen hinaus. Er will Parochialschulen nur eine für jeden Kirchspielsgerichtsbezirk. Transehe stimmt Bock zu und hält Gemeindeschulen bei der Vortrefflichkeit des häuslichen Unterrichts für unnütz.

Dorpat-Werro dringt noch auf Regelung der Begründung von Schulen auf Kronsgütern.

Der Landtag beschloss:

1, Den Minister der Reichsdomänen um die Verfügung zu ersuchen dass die Kronsgüter sich in Betreff des Schulwesens die B. V. von 1819 zur Richtschnur nehmen.

2, „Der im Febr. 1842 beliebte Landtagsbeschluss, eine estnische Schullehrerschule zu stiften, fällt.

3, Dem gemeinschaftlichen Vorschlage der Oberlandschulbehörde wie des Herrn Pastors Walter gemäss ist dem Herrn Collegienrath Dr. Ulmann, als erfahrenem Volksschulmanne, eine Stellung bei der Oberlandschulbehörde als Schulrath für Wahrnehmung der wesentlich pädagogischen Fragen einzuräumen. Die Oberlandschulbehörde wird demnach mit dem Herrn Collegienrath die nöthige

Rücksprache zu nehmen haben und das Resultat derselben dem nächsten Adelsconvent zur Beprüfung und Bestätigung vortragen."

4, Die ritterschaftliche Schule braucht, da Walter für sie keine Zeit mehr hat, nicht mehr in Wolmar zu sein. Daher ist sie in Trikaten, auf dem Boden der Ritterschaft, anzulegen. Der Unterricht in ihr soll künftig nur in lettischer Sprache ertheilt werden. Die ganze Organisation und Leitung der Anstalt ist Ulmann zu übergeben.

Einen Augenblick sei es uns gestattet, hier inne zu halten und auf den Weg zu blicken, den die Schulsache von der ersten Synode an bis hierher zurückgelegt hat. Damals trat diese mit einer strengen Kritik des bisherigen Zustandes und einer Menge von Verbesserungsvorschlägen auf. Der Adel erkannte das Reformbedürfniss und verhielt sich nicht ablehnend, wenn auch mit kühler Besonnenheit gegenüber allen den gemachten Vorschlägen. Jedenfalls bewies er, dass er die Sache nicht aus der Hand geben wollte, auf auf präcisere Vorlagen warte. Ohne Rücksicht darauf, wie die Sache von hier aus angefasst wurde, ging Walter in Betreff der Gründung eines Seminars seinen eigenen Weg, auf den er übrigens den Adel auch bald nachzuziehen verstand. Rückte die Organisation des Schulwesens allmälig so weit vor, dass die Behörden dastanden, und dass die Organe, durch welche sie in das Leben der einzelnen Kirchspiele und Gemeinden eingriffen, nämlich die Inspektoren oder Revidenten bestellt waren, so war er mittlerweile mit dem Seminar auch so weit gekommen, dass es seine ersten Zöglinge entlassen hatte und als ein nothwendiges Institut, das nicht mehr fallen durfte, dastand. Es galt nun, die beiden unabhängig von einander und doch neben einander sich entwickelnden Ströme zu vereinigen und ihre Wasser in ein gemeinsames Bette einem gemeinsamen Ziele zuströmen zu lassen. Das konnte nur geschehen, wenn die *eine* Oberbehörde in *einem* Manne die Aufsicht über beide Zweige ihrer Thätigkeit ausübte. Insofern bezeichnet dieser Landtag von 1844 einen Wendepunkt in unserer Geschichte. Er ernannte Ulmann zum Berichterstatter über das ganze Schulwesen und zugleich zum Inspektor des Seminars und gab diesem durch den Beschluss eines eigenen Heims eine feste Begründung.

Darum schliessen wir hier den ersten vorbereitenden Abschnitt, der seit 1834 verflossen war, und wenden uns einem neuen zu.

Ulmanns Organisationen

Ulmann hatte die Stellung als Schulrath nur mit der Bedingung übernommen, dass sie nicht als eine Versorgung für ihn angesehen würde. Einer solchen bedürfe er nicht; daher genüge es, wenn ihm nur seine Reisen vergütet würden. Der Adel schien wol jene intendirt zu haben, ging aber auch auf diese Bedingung ein. Und so ergriff denn Ulmann mit seiner ganzen Kraft die ihm gestellte Aufgabe. Seine in den verschiedenen Stellungen als Pastor, Professor und Rektor gewonnenen Erfahrungen machten, dass er mit grosser Umsicht seine Arbeit auffasste.

Vor Allem bedurfte es einer Regelung seiner Stellung in der Oberlandschulbehörde. Daher ist seine erste Organisation

I, *Eine Geschäftsordnung für diese in 10 Paragraphen.* 2 Tage vor dem Zusammentritt der Adelsconvente sollte immer die Behörde zusammentreten. Das waren ihre regulären Sitzungen, in denen alle grösseren Sachen vorkamen. Ausserdem konnten die gerade in Riga anwesenden Glieder auf kleineren Sitzungen laufende Sachen abmachen. – Die Behörde ertheilt a, Vorschriften und Bestimmungen und erwirkt b, durch den Adel neue Verordnungen im Landschulwesen c, nimmt von seinem Zustande durch die Berichte der Kreislandschulbehörden Kenntniss, d, leitet durch diese die Schulen des Landes und direkt die Küsterschule. e, Sie giebt jenen sowie den Revidenten Instruktionen und entscheidet etwaige Anfragen dieser oder gegen sie erhobene Klagen. Diese Paragraphen durften aber nicht todte Buchstaben bleiben. Darum war es vor Allem nöthig, einen lebendigen Wechselverkehr mit den unteren Verwaltungsinstanzen des Schulwesens einzuleiten. Dazu mussten die schon bisher üblichen *Berichte* besser ausgenützt werden, als früher. Es waren bisher 2 Berichte von den Lokal-Schulverwaltungen verlangt worden, einer im Frühling nach dem Schluss der Schule, der andere im Herbst vor dem Beginn derselben. Dieser war gewöhnlich sehr unerheblich. Am 16. Sept. 1846 wurde beschlossen, ihn, wenn nichts Besonderes zu berichten wäre, ganz wegfallen zu lassen. Natürlich geschah das bald allgemein. Der andere Bericht im Frühing sollte aber stets eingesandt werden und Genaueres über den Fortgang des Schulwesens im Winter enthalten. Zugleich sollte ihm eine Tabelle beigefügt werden über die männliche Seelenzahl jeder Landgemeinde, über die Anzahl der Kinder vom 7. Jahre bis zur Confirmation, nach Geschlechtern gesondert, dann die Zahl der unfertig, fertig und mit Verständniss Lesenden, derjenigen, welche den Katechismus bloss auswendig oder auch mit Verständniss hersagen konnten, derjenigen, welche kirchliche Melodien sängen, welche rechnen, welche schreiben lernten. Diese

Tabelle namentlich, die nur von den Pastoren ausgefüllt werden konnte, hat bei diesen viel böses Blut gemacht, blieb oft aus oder wurde mangelhaft ausgefüllt und veranlasste Mahnungen und Zurechtstellungen.

Die Berichte wurden den Kreislandschulbehörden zugestellt, von den geistlichen Revidenten für diese bearbeitet und zusammengestellt, und dann der Oberlandschulbehörde zugesandt, in welcher Ulmann sie als Schulrath für das ganze Land verarbeitete und aus ihnen seinen Bericht über ganz Livland abfasste. Dieser wurde dann der Ritterschaft zugestellt, welche daraus den Jahresbericht für den Minister des Innern herauszog.

An diese Berichte knüpfte Ulmann nun in der Behörde Bemerkungen und Anträge, in Folge deren dann Anerkennung, ja Dank einzelnen Personen, wie ganzen Verwaltungen, andernfalls Mahnungen und Rügen ausgesprochen wurden; oder es erfolgten Anfragen, um durch genauere Angaben vorhandene Unklarheiten zu beseitigen, oder Anordnungen, die durch eingetretene Umstände erheischt wurden. Es sei mir gestattet, das Alles durch Anführung einzelner Fälle zu belegen. Das wird zugleich einen Einblick in das Werden unsers Schulwesens geben.

Dorpat-Werro war der Kreis, in welchem das Schulwesen schon früher die am besten geordnete Gestalt erhalten hatte. Wenn ich nicht irre, war das die Folge von dem umsichtigen und energischen Wirken des tüchtigen Propstes Roth, Pastors in Cannapäh v. 1780–1818, der dort eine Parochialschule verbunden mit einer Industrieschule begründete und im ganzen Kreise das Schulwesen förderte. Dadurch kam es, dass hier die Kreislandschulbehörde von Anfang an ihre Wirksamkeit richtiger auffasste und erfolgreicher betrieb, weshalb ihre Darlegungen schon 1842 als eine Organisation des Schulwesens enthaltend dem Landtage mitgetheilt wurden, – dass ihr aber auch die Anordnungen der Oberlandschulbehörde leicht unbequem erschienen. 1845 berichtet sie, dass ihr der Anfang zur Beaufsichtigung des häuslichen Unterrichts mit dem 7. Jahre zu früh angesetzt erscheine. Auf Antrag Ulmanns antwortete die Oberlandschulbehörde; dieser Anfangstermin sei doch wünschenswerth weil der häusliche Unterricht ohne Aufsicht leicht vernachlässigt werde und das dann der Schule schade. Den Predigern mache er wol mehr Arbeit; es sei ihnen aber auch völlig freigegeben, sich durch Schulmeister, Kirchenvormünder etc. helfen zu lassen. Ebenso zögert Dorpat-Werro mit der Versendung von Exemplaren der Instruktion für die Kreislandschulbehörden und Revidenten an die einzelnen Schulverwaltungen und muss sich im September 1846 daran mahnen lassen. Aber 1847 wird nach Ulmanns summarischem Bericht über das Schulwesen auch verfügt, Dorpat-Werro speciell Dank und Anerkennung dafür zu sagen, dass es als einzige Kreislandschulbehörde die Protokolle und Berichte verarbeitet in einem Generalbericht übersandt habe. Das war also bis dahin noch nicht üblich gewesen. Pernau-Fellin wird 1845 daran gemahnt, dass die Rubriken in den Tabellen von den Pastoren summirt werden möchten, damit die Summen für das ganze Kirchspiel vorlägen, und dass es ernstlicher auf Einrichtung der Parochialschulen bestände, da solche Ausreden, wie die, dass noch kein tüchtiger Lehrer gefunden sei, doch nicht stichhaltig wären. Aber 1849 haben die Fellinschen Revidenten so energisch revidirt, dass sie den ganzen Sprengel durchgenommen, und so umsichtig, dass der Bericht darüber Pernau und Dorpat-Werro zur Beachtung mitgetheilt und zur etwaigen Benutzung, wenn auch nicht zu sofortiger Einführung, empfohlen wird. Ulmann selbst setzt an der Weise Hörschelmanns zu revidiren, noch manches aus. Es müsse mehr katechisirt und nach dem Verständniss des Katechismus geforscht werden; es wäre besser nicht alle Schüler vorzurufen, sondern die im Laufes des Jahres zum ersten Mal zur Schule ausgeschriebenen, dann die 13 und 14 jährigen und die, welche zur Confirmation bestimmt sind etc. Pernau-Fellin äussert 1848 in seinem Bericht den Wunsch, die Erlasse und allgemeinen Berichte der Oberlandschulbehörde gedruckt zu erhalten. Sie waren also bisher wol als Circuläre von der Kreislandschulbehörde mitgetheilt worden. Ulmann hält das nur für allgemein gehaltene Erlasse für thunlich. Specielles und manches Andere, z.B. die immer mehr und dringender zu erwünschende Verallgemeinerung des Unterrichts in der deutschen Sprache in den Parochialschulen, dürfe nur schriftlich mitgetheilt werden.

In Wenden-Walk werden die Revisionen der Revidenten und ihre Berichte sehr anerkannt. Die Ambulanten oder wandernden Katecheten, die in Ermes eingeführt sind, werden allen Kirchspielen, die noch keine Gemeindeschulen haben, zur Nachahmung empfohlen 1848, aber sie genügten nicht. Dagegen wird 1850 dieser Kreislandschulbehörde sowie Pernau-Fellin, streng untersagt, Gemeindeschulen auf Kosten der Parochialschule zu begründen, wie solches in Marienburg beabsichtigt worden war, wo man bei Aufhebung dieser Schule 6 Gemeindeschulen begründen wollte. Dagegen wird Riga-Wolmar 1851 gewarnt, in den Parochialschulen nicht zu weit zu gehen, wie z.B. Wolmar, das in der seinigen auch Russisch treibe. 1850 werden Pernau-Fellin gegenüber den in Tarwast eingeführten von dem Pastor mit den Lehrern seines Kirchspiels abgehaltenen Conferenzen anerkannt und weiter empfohlen, namentlich Dorpat-Werro. Letzteren wird geschrieben, die Verpflichtungen der Prediger und Kirchspielschullehrer zum Vistiren der Gemeindeschulen lassen sich nicht befehlen, sondern es sei nur dazu zu mahnen. So vorsichtig verfuhr die Behörde den Pastoren gegenüber. Hatte doch der General-Superintendent schon 1845 beim Erlass von Ulmanns Instruktionen an den Stellen wo von dem Eintreten des Pastors ein „kann und soll“ gebraucht war, bemerkt, es möchte besser sein zu sagen: „in dieser Hinsicht steht zu erwarten, dass Pastor l. vorzugsweise eintreten werde.“ Trotzdem verweigerten die Pastoren von Wenden-Walk ihre Betheiligung am Schulwesen, bis der Landtag von 1851 ihnen Sitz und Stimme auf dem Convente zugestand. Ja der Pastor von Marienburg war ungeachtet aller von Alters her bestehenden Einrichtungen in Livland im Begriff, für Gemeinde-Schulen die Parochialschule eingehen zu lassen, als das strikte untersagt wird, und der von Schlock führt das aus, indem er 4 Gemeindeschulen begründet, sie alle Parochialschulen benennt und ihnen angeblich einen Parochialschul-Lehrplan giebt. Das Resultat ist gewesen, dass sie bald auf das niedrigste Niveau von Gemeindeschulen herabsanken und die Parochialschule als Elementarschule des Städtchens Schlock unter die Regierungsautoritäten kam, ausser aller Verbindung mit dem Landschulwesen. Diese beiden Pastoren[6] waren freilich Kurländer, die kein Verständniss für unsere Parochialschulen und deren Bedeutung für unser Schulwesen aus Kurland mitbrachten.

Alle Kreislandschulbehörden erhalten zu Zeiten Rügen wegen mangelhafter Berichte oder Tabellen. Zuweilen werden in dieser Hinsicht einzelne Kirchspiele namhaft gemacht, wie 1856 Sunzel und Peterskapelle im Rigaschen Sprengel. Oefter fallen auch Revisionen aus, z.B. in Dorpat-Werro 1851 und 1852, Pernau-Fellin 1853, Walk-Wenden 1853, 1854 und 1855. Neue Schemata zu den Tabellen werden 1849 erlassen. 1850 werden alle Erlasse der Behörde nochmals gedruckt, weil sie noch nicht bekannt oder in Vergessenheit gekommen sind.

In dem estnischen Distrikt mit seinen vielen Schulen wird die Frage, wie es ferner mit den Lehrer-Prüfungen gehalten werden solle, aufgeworfen. Bisher hatte man den von den Gemeinden aufgestellten Candidaten erst bei Besetzung der vakanten Stelle von der Schulverwaltung prüfen lassen. Das erkennt Pernau-Fellin 1851 als ungenügend und schlägt vor, die Lehrer von den betreffenden Schulrevidenten prüfen zu lassen. Ulmann tadelt gleichfalls jenen bisherigen Modus, fragt aber vorsichtiger Weise 1852 bei den Kreislandschulbehörden an, ob die Revidenten sich auch solchem Prüfen würden unterziehen können? Es erschien ihm die dadurch verursachte Arbeit zu gross. Und 1853 erklärt die Oberlandschulbehörde den

---

6 Pastor von Marienburg war Gustav Kupffer (1814–1897), Pastor von Schlock Gotthard Vierhuff (1828–1907); vgl. Die evangelischen Prediger Livlands bis 1918, hrsg. v. Martin Ottow u. Wilhelm Lenz. Köln/Wien 1977, Nr. 993 u. 1960.

Kreislandschulbehörden, es genüge, wenn die einzelnen Schulverwaltungen die Prüfungen anstellten. 1854 berichtet dann Dorpat-Werro, es habe zu den Lehrer-Prüfungen litographirte Schemata an die Schulverwaltungen versandt. Das billigt die Behörde und schreibt dasselbe den andern Kreislandschulbehörden vor. Die bei einer Prüfung ausgefüllten Schemata seien dann der betr. Kreislandschulbehörde zuzusenden, die das betreffende Attestat auszustellen habe. – Wenn die Behörde hier unter Ulmanns Einfluss die später doch mit den Lehrer-Prüfungen betraute Revidenten noch schonte, so hat sie daran vielleicht sehr weise gethan. Denn diese haben sich später als sehr wichtige Glieder unseres Schulorganismus erwiesen und bekamen mit der Zeit viele Arbeit zu leisten. Es war gut sie anfangs, wo ihre Bedeutung noch weniger erkannt und ihnen die schuldige Rücksicht noch oft versagt wurde, zu schonen. Auch in einer andern Beziehung suchte er einer schädlichen Entwickelung unserer Lehrer-Verhältnisse vorzubeugen. Roop hatte 1852 seine Lehrer auf mit ihnen vereinbarte Contrakte angestellt. Das sei falsch, ein Vertrauen-Verhältniss in ein willkürlich lösbares umgestalten zu wollen. Wenn ein Lehrer nichts tauge, habe die Kreislandschulbehörde ihn zu entfernen. Ebenso weist er Wenden-Walk mit seinem Verlangen, einen Lehrplan für Parochialschulen aufzustellen zurück, weil diese noch auf einem zu verschiedenartigen Standpunkte ständen, und man abwarten müsste, was sich mit der Zeit als zweckmässig herausstellen würde. 1852 aber erkennt die Behörde wieder mit Dank an, dass die Wenden-Walkschen Revidenten die einzelnen Schulverwaltungen persönlich installirt haben. Hoffentlich werde dadurch ein andrer Geist in diese kommen.

Bis zu seinem Abgange hat Ulmann dann noch mit den Unregelmässigkeiten in Abfassung und Einsendung der Berichte und Tabellen zu kämpfen. Unsere livländische Ungebundenheit fügt sich nicht eben gern in eine feste Ordnung.

II Die dringendere Aufgabe war dann offenbar die, *der Küster-Schule, welche die Lehrer bilden sollte, eine bestimmte feste Gestalt zu geben*; die Organisation des ganzen Schulwesens konnte noch etwas hinausgeschoben werden! Um nun in Betreff jener klar zu sehen, hatte er, wie er auf einer Conferenz mit den Gliedern der Oberlandschulbehörde erklärt hatte, beschlossen die Verhältnisse in Trikaten persönlich in Augenschein zu nehmen und sich das kurländische Seminar in Irmlau näher anzusehen. Beides führte er aus und berichtete darüber am 18. Nov. an die Behörde.

In Irmlau fand er ein stattliches, geräumiges Gebäude an dem fruchtbaren Ufer der sich lieblich durch die Ebene des Gottesländchens hinschlängelnden Abau. 33 Zöglinge besuchten die Seminarklasse, von denen jeder jährlich 65 R. zu zahlen hatte. Leider wurden sie ohne viele Berücksichtigung des Alters und der Vorkenntnisse aufgenommen, so wie sie sich gerade meldeten. Der Andrang war also wol zuerst kein grosser und es scheint anfangs die Hauptsache gewesen zu sein, zu bewirken, dass die Zahl recht gross wurde. Irmlau ist ein Gut der kurländischen Ritterschaft, die dort mehrere derselben besitzt. Im Winter besuchten dann 70-80 Kinder der Gemeinden dieser auch die Schule und wurden in einer niedern Klasse unterrichtet. Diejenigen von ihnen, die auch im Sommer da blieben, damals 40, wurden dann deutsch unterrichtet und ihr Schulgeld kam den Lehrern zu. Der Oberlehrer Sadoffsky hatte 7 Zimmer für sich bekommen. Ausserdem waren für die Schule 3 Klassen und 2 grosse Schlafzimmer da. Einen Stundenplan giebt Ulm. nicht an; er führt nur an, dass die Schüler von 5-7 Uhr im Garten arbeiteten u. sonst keine praktischen Uebungen hatten. Vielleicht ging es ihm aber so, wie Schreiber dieses 30 Jahre später. Er bekam, da die Schule anfangs unbestätigt war, und nur als Schule für die Ritterschaftsgüter galt, keinen Stundenplan der Seminarklasse zu sehn. Ein solcher wurde auch später nicht gezeigt, um ihren Seminar-Charakter nicht zu verrathen.

Interessant sind die 1844 in Irmlau eingeführten Gagenverhältnisse. Der Oberlehrer bekam 500 Rbl. Gehalt und 5 Rubel pr. Seminaristen, jeder der beiden Unterlehrer 75 R. und einen Zuschuss vom Sommerschulgeld bei freier Kost und Wohnung, der Musiklehrer 40 R. Gehalt und ein Deputat von 45 R., der Oekonom 100 R. und ein Deputat von 80. R. Für die Beleuchtung der Räumlichkeiten waren 100 R. angesetzt. Das Deputat wurde zu festgesetzten Preisen von den Ritterschaftsgütern geliefert. Die Anstalt hatte, abgesehen vom Musiklehrer, ein Budget von 2 490 Rbl. Die Seminaristen zahlten 2 145 Rbl. Folglich zahlte die Ritterschaft 345 Rbl. zu, von den Ausgaben für die Gebäude und die Einrichtung abgesehen.

Das ist nach Ulmanns Urtheil die glänzende Seite der Anstalt. Aber sonst flösst ihm dieselbe folgende Bedenken ein.

1., Die Schule erzog Lehrer, und Kurland hatte noch keine Verwendung für sie. 2 Seminaristen wurden nach vierjährigem Besuch der Anstalt entlassen, und die Herren, die sie für ihre Schulen hatten bilden lassen, hatten diese nicht gegründet. Anderswo gab es auch keine. Die Leute mussten zusehen, wo sie Verwendung fanden. Dieser Uebelstand ist nun mit der Zeit geschwunden. Aber dass er der Anstalt anfangs geschadet hat, möchte doch wol richtig sein, obwol sich Ulmanns Befürchtung, dass ihr bald Pensionäre fehlen könnten, nicht gerade bewahrheitet hat. Es wurde für nichts Bestimmtes, für keinen bestimmten, greifbaren Zweck gearbeitet. „Da giebt es Schein statt des Seins, Flunkerei hiermit und damit.“ Und dass das richtig geurtheilt war, möchte Schreiber dieses wol glauben. Noch 30 Jahre später musste er sich bei einem Besuch von Irmlau mit einer ganz hübschen Ausführung des pythagoreischen Lehrsatzes und einer vokal-instrumentalen musikalischen Aufführung abspeisen lassen. Beides waren offenbar zu solchen Zwecken eingeübte Paradestücke; aber tiefer sollte man nicht hineinschauen.

2., Im Sommer wird Alles deutsch getrieben, im Winter lettisch. Aber Zimse's Schüler haben in einem Jahre mehr deutsch gelernt, als diese hier während ihres ganzen Cursus. Dabei kennen sie kein lettisches Schulbuch, nicht einmal die termini technici im Rechnen; wie werden sie unterrichten? Ulmann hatte hierin wol ein Urtheil, da er mehrere lettische Schulbücher verfasst hatte. Was er aber sonst über das Germanisiren sagt: „uns scheint dieser Weg, absichtlich von Menschen eingeschlagen, ein höchst bedenklicher, wenn nicht geradezu gefährlicher und bedenklicher,“ – so hat er wol zu streng geurtheilt. Wir sehen ihn sehr bald denselben Weg für Livland einschlagen. Wer hier im Lande, wo die Intelligenz deutsch ist, wirklich bilden will, muss deutsch unterrichten. Es bleibt eben immer das Einfachste und Kürzeste sich an das, was man vorfindet, anzuschliessen.

3., Ulmann tadelt, dass die Schule nicht eine vom Staate anerkannte, ihm daher immer verdächtige ist und in steter Gefahr schwebe, geschlossen zu werden. Das befürchtete der Oberlehrer wenigstens immer und deshalb fehlte auch, wie oben gesagt, ein Stundenplan für die Seminarklasse. –

Aus diesen Ausstellungen ergiebt sich schon, was Ulmann bei seinen Vorschlägen vermeiden und was er anstreben will.

Vermeiden will er ein unbestimmtes Ziel. Da die Wolmarsche Schule besonders von Letten besucht wurde, und im lettischen Theile Livlands meist nur Parochialschulen existirten, so musste er diesen zuerst Lehrer schaffen. Vermeiden wollte er damals noch eine Art von Germanisiren, und jedenfalls die Bestätigung der Wolmarschen Schule erstreben. Er sagt: „Zimse ist ein ausgezeichneter Lehrer.“ Wird von ihm allerdings die Seite des Wissens stark hervorgehoben, so wird die religiöse Bildung doch auch nicht vernachlässigt. Dazu kommt eine ernste Pflege des Lettischen. Aber gerade weil wirklich etwas geleistet wurde, musste die Bestätigung der Schule erwirkt werden.

Schon dieses, ebenso freilich auch die Loslösung der Anstalt von der Wolmarschen Parochialschule, brachte ihn noch zu einer andern Erwägung. Welchen Namen sollte die livländische Schule erhalten. Das hatte die Regierung schon gezeigt, dass sie ein Seminar nicht gern zugestehen wollte. Konnte nicht eine andre Aufgabe, als die Lehrerbildung in den Vordergrund geschoben werden. In Livland war wie in den meisten protestantischen Ländern das Lehrer-Amt mit dem der Küster verbunden. Letzteres versahen meistens Leute, die ihrer Aufgabe gar nicht gewachsen waren. Nur wo die Pastore sie sich zu diesem Amte erzogen und abgerichtet hatten, genügten sie einigermassen. Die Bildung von Küstern war also eine Nothwendigkeit. Dieser Aufgabe für ganz Livland sollte die Schule besonders nachkommen. Das hatte der Landtag wohl gemeint, wenn er für diese Schule das Lettische und Estnische vorschrieb. Daher schreibt Ulmann zum Schluss seiner Erwägung: „ich möchte die Schule Küsterschule nennen.“

Zu Lehrern sollten die Zöglinge freilich auch ausgebildet werden, und die Küster brauchen nicht gerade immer zugleich Schullehrer zu sein. Aber sie sind es sehr oft und bedürfen als Küster doch auch einer Vorbildung. Denn sie sollten des Pastors Gehilfen beim Gottesdienste, bei der Beaufsichtigung des häuslichen Unterrichts, bei dem der Confirmanden, bei amtlichen Schreibereien, vielleicht selbst bei der Seelsorge sein. Endlich sind sie auf dem Lande auch die Organisten. Daher bedürfen sie schon als Küster einer tüchtigeren Ausbildung. Es muss eine solche Schule von der Regierung zugestanden werden, die die Befriedigung unsrer kirchlichen Bedürfnisse uns nicht versagen kann.

Der Name Küsterschule nützt uns aber sonst noch. Denn

1., erhält die Schule dadurch ein festes Ziel und eine feste kirchliche, wie provincielle Basis.
2., ist sie dann eine Kirchen-Schule, wenigstens eine kirchliche Anstalt, die als solche unter dem Ministerium des Innern stehen muss, und zugleich bleibt sie eine Landschule unter der provinciellen Verwaltung von Adel und Geistlichkeit. Die Bestätigung der Regierung muss aber durchaus errungen werden; sonst ist Alles unsicher.
3., Als Küsterschule bedarf sie, da auf dem Lande auch Deutsche wohnen, des Deutschen als Unterrichtssprache und kann dann von Esten und Letten zugleich besucht werden. Dazu kommt, dass der estnische Distrikt gerade guter Parochiallehrer sehr bedarf. Freilich müsste dann der Hilfslehrer im Seminar womöglich ein Este sein. Für Lettland allein würde der Aufwand für eine solche Schule auch ein zu grosser sein. Nur ganz Livland kann ihn sich erlauben.
4., Durch solche deutsch gebildete Lehrer würden auch vielleicht Sommerschulen für die Kinder der Deutschen auf dem Lande gewonnen werden. Und das war damals eine erste Sorge der Patrioten im Lande.

Weiter erwägt Ulmann den Bedarf des Landes an Küstern, den die Schulen zu decken haben würde. Es giebt in ihm c. 125 Küsterstellen, die jährlich c. 5 Vakanzen aufweisen würden. Da nun immer einige Schüler abfallen, so wären bei einem dreijährigen Cursus, da der Bedarf ja wol steigen würde, c. 24 Zöglinge d.h. 8 pr. Jahr auszubilden. Später würde freilich das Klassensystem eingeführt werden müssen, da sonst leicht die nöthige Zahl von Aspiranten fehlen könnte. Jedenfalls aber müsse Zimse einen Gehilfen bekommen, der die Oekonomie führte, da jener dazu keine Zeit hätte. Natürlich wären 2 Lehrerwohnungen zu beschaffen.

Mit welcher Umsicht ist hier Alles erwogen, die Aufgabe, der Name, die Einrichtung der Schule! Wenn Ulmann sich darin geirrt hat, dass er die Oekonomie dem Gehilfen zuwies, während Zimse sie später immer selbst geführt hat, so war das vielleicht gerade ein Unglück für Zimse, wie für die Anstalt, dass hierin Ulmanns Ansicht nicht befolgt wurde. Sonst aber hat er selbst das später eingeführte Klassensystem vorausgesehen.

Mit derselben Umsicht und dabei einer mangelhaften Offenheit verfuhr er bei seiner Entscheidung in Betreff des Ortes, an dem die neue Schule gegründet werden sollte. Der Landtag hatte hierfür Trikaten bestimmt. Der Platz war schon ausgewählt und Landrath Transehe, der in diesem Kirchspiel wohnte, hatte versprochen den Bau zu leiten. Landrath Bruiningk ist aber mit den ausgewählten 80 Lofstellen, einem freilich cultivirbaren, aber bis jetzt wüsten, unfreundlich gelegenen, mit Haidekraut und Wachholder bestandenen Stück Landes unzufrieden und schlägt in seiner für höhere Zwecke stets opferbereiten Weise vor, das 2 Werst von der Parochialschule entfernte Kuggur-Gesinde hinzuzuschlagen. Jene 80 Loftstellen könnten der Schule als Weideland verbleiben. Dieses Opfer sei, meint er, so gering, dass es gar nicht in Anschlag zu bringen sei. Obgleich nun Bruiningk die Seele der Behörde wie der ganzen Agitation für die Schule war, und daher durchaus ernste Berücksichtigung verdiente, so tritt ihm Ulmann doch entgegen. Die Entfernung von der Parochialschule ist ihm ein zu ernstes Hinderniss, um übersehn zu werden. Ferner würden die Anlagekosten bedeutend sein. Die Anlage einer Musterwirthschaft, welche Viele unter dem Adel mit der Schule zu verbinden wünschten, erscheint ihm ohne den bestimmten, dazu fähigen Mann bedenklich. Endlich gebe es ohne estnische Kinder in Trikaten keine Möglichkeit für die Esten unter den Seminaristen eine estnische Uebungsschule einzurichten.

Er greift daher wieder auf Wolmar zurück. Hier gäbe es Esten, wenn auch freilich nur unter der Bevölkerung *eines* Gutes, in der Nähe der Stadt mache die Oekonomie keine Besorgniss; von 2 Predigern würde sich doch einer für die Schule interessiren und den Religionsunterricht geben; und für die Schüler gäben die 3 Gottesdienste in den 3 Landessprachen Gelegenheit zu Uebungen auf der Orgel. – Das Alles bewog ihn dazu folgende Anträge bei der Behörde zu stellen.

1., Das Consistorium zu ersuchen, dass es bei seiner Oberbehörde die Concessionirung der Küsterschule erwirke.

2., Dem nächsten Convente vorzustellen, dass die Schule auch nicht definitiv organisirt werden könnte, und daher die Ausgaben für Miethe, Schulmittel, Lehrergagen etc. wie bisher nöthig wären.

3., Dem Convente muss dargelegt werden, weshalb es bedenklich wäre, die Schule in Trikaten zu begründen.

4., Für die Schule sind als Hauptzüge folgende zu bezeichnen: a, Sie hat für den lettischen, wie estnischen Distrikt Lehrer zu beschaffen.

b, Sie muss c. 24 oder etwas mehr Schüler haben.

c, Aufzunehmen sind bloss solche, die schon confirmirt und genügend vorgebildet sind. Untüchtige Zöglinge sind zu entlassen.

d, Die Schüler zahlen 50 Rbl. jährlich.

e, Sie erhalten beim Abgang Zeugnisse und sind von der Rekrutirung zu befreien.

f, Sie müssen dem Lande dienen. Die mit No. 1 Abgegangenen können einen Gehilfendienst ausschlagen, die mit No. 3 müssen damit anfangen.

g, Der Unterricht findet in deutscher Sprache statt.

h, Bei 3 Klassen werden einst 3 Lehrer nöthig sein. Dann folgen Gagen etc.

Diese Vorschläge Ulmanns mussten, da sie nur auf einer kleinen Sitzung, die aus den in Riga anwesenden Gliedern bestand, vorgetragen waren, den abwesenden Gliedern der Behörde zugestellt werden. Bruiningk schreibt aus Dorpat am 9. Dec.: Da die Vorschläge des Herrn Dr. Ulmann ganz von den Landtagsbeschlüssen abweichen, und er dafür stimmt, dass die Schule auch ferner in Wolmar bleiben soll, so folgt daraus, dass die Angelegenheit bis zum nächsten Landtag ajournirt werden muss. Im Uebrigen habe ich mich von der Zweckmässigkeit der Vorschäge überzeugt und pflichte ihm bei.“ Auch Landrath Bock-Kersel stimmt am 28. Dec. ihnen bei und dankt Ulmann für die Uebernahme dieser mühsamen Arbeit. Der General-Superintendent Klot dankt Ulmann zwar auch für die umsichtigen Bemerkungen und Vorschläge, meint aber doch nicht auf sie eingehen zu können, weil der Convent Landtagsbeschlüsse nicht abändern könne, und die Sache bei Annahme von Ulmanns Vorschlägen daher bis zum nächsten Landtage verzögert würde, was nicht wünschenswerth sei. Auch meint er, dass die Vereinigung von Esten und Letten wegen der Sprache Schwierigkeiten machen würde. Es würde schwer sein, die nöthigen Lehrer zu beschaffen und die Esten würden ihrer Nation entfremden. Die Behörde müsse aber wegen des Landtagsbeschlusses Alles für Trikaten einrichten!

Die Behörde einigt sich darauf zu folgender Vorstellung an den Adelsconvent d. 27. Febr. 1845.

1, Die Behörde ist damit einverstanden, dass die Ritterschafts-Schule nur als Küsterschule gedeihen und Segen bringen kann. Als solche bedarf sie freilich der deutschen Sprache, aber die nationalen Sprachen brauchen darunter nicht zu leiden. Ulmann ist der Ueberzeugung, dass bei den zur Zeit vorhandenen Hilfsmitteln ein nur in den Nationalsprachen zu gebender Unterricht zur Unmöglichkeit gehört. Als Küsterschule würde diese Schule auch dem Ministerium der Volksaufklärung entnommen sein und die deutsche Sprache im Unterricht haben können.

2, Die Behörde ist dafür, in dieser Schule auch für den estnischen Distrikt zu sorgen und veranschlagt die Kosten auf jährlich 850 Rbl. Gegen diese Vereinigung von Esten und Letten spricht freilich die nationale Verschiedenheit beider Völker, und dass dem Deutschen leicht zu viel Raum gegeben werden könnte, um in der Schule Gemeinschaftlichkeit und Einheit aufrecht zu halten. Aber dieselbe ist doch nothwendig, weil dann auch bald der estnische Distrikt durch gute Parochiallehrer sich gute Dorfschullehrer würde bilden können, weil die Kosten bei 2 Küsterschulen fast doppelt so gross und weil durch die Vereinigung die Einheit in der Ausbildung, Verwaltung und Aufsicht sehr erleichtert würden! – Endlich müsse bis zur künftigen Gestaltung der Schule ein Provisorium eintreten, weil beim gegenwärtigen und wol auch dem nächsten Cursus von 1846–1849 nicht gut etwas Neues eingeführt werden könne.

Der Convent beschliesst darauf im März 1845; „Da die vom letzten Landtage in Bauerschul-Angelegenheiten getroffenen Bestimmungen die völlige Annahme der Anträge Ulmanns nicht gestatten, dennoch aber anerkannt werden muss, dass dieselben viel Nützliches und Zweckmässiges enthalten, so wird die Oberlandschulbehörde ermächtigt, vom Jahre 1845 ab, bis wohin die seitherige Einrichtung beizubehalten ist, den Unterricht in der Art einzuleiten, wie solches Ulmann vorschlägt, jedoch mit völliger Ausschliessung des Unterrichtens in deutscher Sprache. – Zu diesem Zweck ist die Anstalt in Wolmar zu lassen, da die in Trikaten ermittelten Bauplätze ohnehin nicht angemessen erscheinen etc.“

Mit dieser Zustimmung des Convents hatten die Pläne Ulmanns einen bedeutenden Schritt vorwärts zu ihrer Verwirklichung gethan. Nur der deutsche Unterricht wird untersagt. Ist das bloss das Missbehagen der Conservativen bei dem Gedanken, dass Kinder der Bauern künftig an der deutschen Sprache und Bildung Theil haben sollten? oder sahen die Weitsichtigeren schon, wie gefährdet unsere Lage durch Ausdehnung des Deutschthums auf das Landvolk werden könnte? Genug, – dieser Punkt erregt immer wieder ernste Bedenken. Ulmann selbst hat sich ja auch nur durch die Noth gezwungen gesehen, ihn aufzunehmen.

Zur Organisation der Schule gehörte aber auch, dass die Rechte und Pflichten der aus ihr hervorgehenden Schüler festgestellt wurden. Zumal da die Schule nun schon einige Jahre bestand, trat diese Nothwendigkeit an die Leitung derselben heran. In der Sitzung vom 14. Sept. 1845 beschloss die Behörde, da die Regierung die beantragte Eximirung der mit dem Zeugnisse der Tüchtigkeit für den Dienst als Schulmeister entlassenen Zöglinge von der Wehrpflicht abgeschlagen hatte, weil die Bauerschulsachen zuerst vor den Landtag zu kommen hätten, sich an den nächsten Landtag mit der Vorstellung zu wenden, die Eximirung derselben zu bewirken. Zugleich aber wurde auch beschlossen, die Zöglinge, die mit dem Zeugniss der Reife entlassen wurden, dazu zu verpflichten, die ihnen zugetheilten Küster- oder Schulmeisterstellen anzunehmen. Falls sich aber solche nicht gleich fänden, sollten sie nur 6 Jahre an jene Verpflichtung gebunden bleiben; später wären sie frei. Dass diesen Bemühungen Ulmanns das Land wenigstens theilweise entgegenkam, beweisen folgende Beschlüsse der Riga-Wolmarschen Kreislandschulbehörde v. 1. Nov. d.J.: 1, darauf zu sehen, dass die Küsterstellen mit examinirten Parochiallehrern besetzt würden und dass die Küster in grossen Gemeinden examinirte Gehilfen bekämen. 2, dass die Küster-Schulmeister nur mit Bewilligung der Schulverwaltung Gehilfen anstellen dürften.

Die verschiedenen Anträge Ulmanns und Massnahmen der Behörde, um die Schule in Wolmar mit Quartier, Holz etc. zu versorgen, übergehe ich. Wichtiger aber erscheint mir Ulmanns Antrag in der Behörde vom 6. Dec. 1845: Diese wolle an die Ritterschaft mit dem Antrage gehn, bei der Erledigung der beiden Poststationen Neuermühlen und Hilchensfähr die Gebäude der einen derselben für die Küsterschule zu reserviren, wodurch alle Kosten für Neubauten erspart würden. – Die Prediger bedürfen tüchtiger Gehilfen. Das sind verfassungsmässig die Küster-Schulmeister. Aber die Küsterschule lässt sich als oberste Klasse der Wolmarschen Parochialschule nicht halten! Eine berechtigte, vom Staat erlaubte Küsterschule ist nothwendig. Daher müsste das Consistorium sich beim General-Consistorium die Berechtigung eine solche zu halten, holen. Dann könnte die Wolmarsche ritterschaftliche Anstalt in eine der Poststationen übergeführt und für eine Küsterschule erklärt werden. Hierbei ist interessant, dass Ulmann, wenn er auch noch auf der Concessionirung der Anstalt besteht, doch das Verbleiben derselben in einer Stadt und die Ausdehnung ihrer Aufgabe auch auf den estnischen Distrikt fallen zu lassen scheint. Offenbar ist er durch die lange ausbleibende Entscheidung in Betreff dieser Punkte mürbe geworden.

Der Convent beschloss aber noch im December 1845 dass hinsichtlich der Küsterschule, wie ihrer Unterkunft in einer jener beiden Stationen Alles dem nächsten Landtag zu überlassen sei. –

Das für die evangelisch-lutherische Kirche Livlands so unheilvolle Jahr 1845[7] übte seine üblen Nachwirkungen auch auf die Vorsorge für die Küsterschule aus. Alle dazu gehörigen Fragen, wie die Zöglinge vor der Rekrutirung sicher zu stellen seien, ob mit ihr eine Küsterschule für den estnischen Distrikt zu verbinden, ob sie in einer der leer werdenden Poststationen einzurichten sei, – Alles das rückte während des Jahres 1846 keinen Schritt vorwärts, sondern wurde zum Landtag vertagt. Die Ereignisse von 1845 hatten offenbar die Thatkraft und die Lust der Freunde der Schule zu wirken gelähmt. –

Im Jahre 1847 richtete die Synode unter dem 16. August eine Unterlegung an den Landtag, in der sie unter anderen Dingen auch darauf antrug, für das estnische Livland durch Errichtung einer Küsterschule in ähnlicher Weise, wie eine solche für Lettland schon besteht, zu sorgen, damit tüchtige Subjekte zu Küstern und Parochiallehrern herangebildet werden können. Die Oberlandschulbehörde, die im Allgemeinen jene Unterlegung unterstützte, fügte aber zu diesem Punkte hinzu: an guten Lehrern würde es nicht fehlen, wenn die Küsterschule aus beiden Distrikten Zöglinge aufnehmen würde. Für jeden Distrikt eine Küsterschule zu gründen ist unnütz, weil der Bedarf an Küstern nicht gross genug ist.

Am 27. Sept. wurde der Behörde ein Schreiben des Landraths-Collegiums vorgelegt, das ihr anzeigte, es sei zur Entscheidung in den die Errichtung der Küsterschule betreffenden Fragen vom Landtag 1847 eine Commission aus den Herren Dr. Rennenkampff, Anrep, Tiesenhausen, Campenhausen bestehend, niedergesetzt worden unter dem Vorsitz des Landraths v. Bruiningk. Zugleich seien 2 000-2 500 Rbl. jährlich zum Unterhalt des Schulwesens und für die Küsterschule Holz aus dem Ritterschaftswalde angewiesen. Auch sei nachgesucht worden um die Befreiung der entlassenen Küsterschüler von der Rekrutirung.

7 Vgl. hierzu Kroeger, Landeskirche (wie Anm. 5), S. 185 ff.

Die Commission einigte sich nach Ulmanns Vorschlägen darauf, dass in die Küsterschule alle 3 Jahre 30 Zöglinge aufzunehmen seien, dass die Unterrichtssprache die deutsche sein solle, dass Walk der geeigneteste Punkt für sie sei, dass sie auf Luhdeschem Grunde erbaut würde, und dass bei einer Aufnahme von Esten 2 500 Rbl. jährlich für sie erforderlich wären.

Am 13. Dec. wurde dann von der Behörde beschlossen, Zimse in seinem frühern Zöglinge G. Neiken einen Hilfslehrer zu geben mit einer Gage von 250 Rbl. Walter hatte diesem das Zeugniss ausgestellt, „dass nicht nur seine sittliche und religiöse Stellung eine ganz erfreuliche sei, sondern dass er auch als Lehrer eine Tüchtigkeit, Treue und Selbstständigkeit entwickelt habe, die hoffen liesse, dass das Seminar in seiner Anstellung eine reiche Acquisition machen werde." Daraufhin erfolgte am 16. Dec. die Vokation an ihn, die er am 24. Jan. 1848 annahm, indem er an Ulmann ein langes Schreiben richtete, welches seine tiefe Frömmigkeit innig darlegt und den Entschluss ausspricht, sich „dem Dienste des lettischen Volkes hinzugeben." Aber der Mann, der diesen Dienst mit dem an der lutherischen Kirche später so würdig und schön zu vereinigen verstand, deutet damals nicht mit einem Worte darauf hin, dass er mit der Uebernahme der Stelle am Seminar auch in den Dienst an dieser trat. Seine Gewissenhaftigkeit bewährte übrigens Neiken sehr bald, indem er am 1. Mai d.J. schon gegen die von Ulmann gewünschte Aufnahme eines 30jährigen Menschen mit zu geringen Vorkenntnissen bescheiden aber energisch protestirte. –

Da jetzt eine feste Summe für das Schulwesen der Behörde überwiesen war, so legte Ulmann ihr ein ausgearbeitetes Reglement zur Verwaltung derselben vor. Ein Dokumentenkasten soll angeschafft und in der Ritterschafts-Rentei verwahrt werden. 2 in Riga wohnende Glieder sollen seine Schlüssel verwahren etc. Auch das wurde genau organisirt.

Am 20. Jan. 1848 schreibt Probst Hellmann von Luhde in einem launigen Briefe an Ulmann, dass Wrangell ihm, da er um des Gartenbaues willen den sandigen Platz bei der Kirche nicht haben wolle, einen gegenüber dem Pastorate Luhde anbiete.

Am 3. April berichtet Ulmann, dass Bau und Kostenanschläge für die Küsterschule, wenn auch Alles mit Wrangell und Hellmann besprochen sei, nicht angefertigt werden könnten, weil die Bestätigung derselben noch nicht in Petersburg erwirkt sei.

Mittlerweile hatte der Landrath Graf v. Stackelberg von mehreren Häusern in Walk gehört, die man kaufen oder miethen könnte, und Ulmann davon Nachricht gegeben, um so den theuren Neubau zu umgehen. Baron Wrangell und Propst Hellmann erklären sich ganz dagegen und bleiben bei ihren ersten Vorschlägen.

Ebenso erhält Ulmann diese nach einer lokalen Besichtigung aufrecht. Wrangell will den Platz zur Schule unentgeltlich geben und ein Baumeister hat den Bau auf 3 000 Rbl. veranschlagt. Wrangell wird gebeten, einen genauen Voranschlag mit dem Baumeister aufzusetzen. Das geschieht, und dieser wird am 12. Nov. der Behörde vorgelegt, um ihn dem Landtage zu übergeben.

Auf diesem hat man, wie der Antrag des Landraths Baron v. Fölkersahm beweist, wieder auf den alten Plan, eine der leer werdenden Poststationen zur Küsterschule zu benutzen, zurückgegriffen und, nur wenn innerhalb von 3 Jahren keine frei würde, den Neubau beschlossen. Da reisst Ulmann die Geduld. In einem Exposé vom 24. Nov. weist er auf Kurland hin, das mit einem Kostenaufwande von 8 000 Rbl. sich schon seit Jahren eine Ritterschafts-Schule errichtet habe. Landtage, Convente und Commissionen hätten sich in Livland wiederholt mit dieser Sache beschäftigt; der Zweck der Schule, der angemessenste Ort für dieselbe – kurz Alles sei hinlänglich erörtert, und jetzt lässt man Alles das unbeachtet und kommt wieder auf etwa leer werdende Stationen zurück. Die Vertagung der Sache wäre für diese selbst schädlich, abgesehen davon, dass sich eine passende Station nie finden würde. Kurz, wolle man sich nicht selbst widersprechen, frühere wol erwogene Beschlüsse aufheben, alles bisher in Schulsachen Gebaute, das seinen Grund und Boden sowie seinen Stützpunkt in der Küsterschule findet, wankend machen, so müsse man sich aufraffen zu einem letzten Beschlusse: „Oder soll Bruiningk's Schatten mahnend in die Versammlung treten!?"

Einstweilen beschliesst die Behörde am 23. Dec. in Folge der Landtagsbeschlüsse die Schule noch in Wolmar zu belassen. Aber doch war dieser Landtag von entscheidender Bedeutung für die Küsterschule geworden. Denn auf ihm kam eine neue Agrar und Bauer Verordnung zu Stande, die auch das Landschulwesen regelte und 3 wichtige Paragraphen in Betreff der Küsterschule enthielt:

§ 655: „Die livl. Ritterschaft errichtet, um einem wesentlichen Bedürfnisse abzuhelfen; eine Anstalt zur Ausbildung guter Küster für die evangelisch-lutherische Landeskirche, derren Unterricht der Art einzurichten ist, dass selbige auch als Organisten und Lehrer der Kirchspielsschulen verwandt werden können."

§ 656: „Der Livl. Ritterschaft ist die Bestimmung über die von ihr zur Einrichtung und Unterhaltung von Schulen ein Mal oder dauernd herzugebenden Mittel, sowie die Einforderung von Berichten über die Küsterschule, sowie über das gesammte evang.-luth. Landvolk-Schulwesen vorbehalten."

§ 657: „Die Organisation, Leitung und Beaufsichtigung der Küster Schule competirt unter Mitberathung des Livl. Provinzial-Consistorii der Oberlandschulbehörde, welche auch die Lehrer an selbiger anstellt oder von selbiger entlässt."

Damit war ein fester Boden gewonnen für die Errichtung, Unterhaltung, Leitung und Beaufsichtigung der Schule. Am 9. Juli 1849 erhielt diese Agrar-Verordnung die Kaiserliche Bestätigung und am 9. Nov. ej.a. erschien sie als ein Senats-Ukas. –

Einstweilen aber, bis zur Bestätigung der Agrar-Verordnung und bis zur allendlichen Entscheidung über den Platz der neu einzurichtenden Küsterschule, drängte sich Ulmann ein neuer Gedanke auf. Es gab im Lande viele alte Parochiallehrer, die den jetzigen Ansprüchen nicht mehr genügten, die man aber nicht absetzen konnte, weil sie immer so viel verstanden, als man bei ihrer Anstellung verlangte. Was sollte mit ihnen geschehn? Es ging im Sommer 1849 ein Kursus ab. Walk musste voraussichtlich der Platz für die Küsterschule werden. Sollte man nicht das nächste Halbjahr für den Umzug dahin, sowie die Neueinrichtung dort benutzen und dann das 1. Halbjahr 1850 einen Hilfscursus für diese Lehrer abhalten? Ulmann schlug das am 7. Mai der Behörde vor. Es wurde der Vorschlag angenommen und am 31. Mai erging ein denselben betreffendes Circulär an alle Schulverwaltungen Livlands.

Die Ungewissheit über jene Entscheidung in Betreff des künftigen Verbleibs der Küsterschule scheint aber doch endlich der Oberlandschulbehörde unerträglich geworden zu sein. Sie wendet sich am 2. Juni an's Landraths-Collegium mit einem Schreiben folgenden Inhalts: Der Landtag vom September 1847 hatte die Commission niedergesetzt, die den Bau der Küsterschule zusammen mit der Oberlandschulbehörde berathen sollte. Sie hatte festgesetzt, dass eine Küsterschule mit 30 Zöglingen aus dem Lettischen wie Estnischen zu errichten sei, und zwar in Walk, sowie dass ein Neubau ausgeführt würde, wenn hier kein geeignetes Gebäude gefunden würde. Darauf wurden dem Landtage vom Dec. 1848 Kostenanschlag und Plan vorgelegt. Ganz unerwartet wurde auf diesem auf eine etwa frei werdende Poststation hingewiesen, und nur für den Fall, daß in 3 Jahren keine frei würde, die Vollmacht zum Neubau ertheilt. – Die Oberlandschulbehörde müsse annehmen, dass sich keine geeignete Poststation gefunden, denn keine liegt so wie Walk auf der Grenze beider Distrikte, keine derselben hat Kirche und Schule in der Nähe, keine liegt in der Nähe einer Stadt, keine ist ohne grossen Umbau zu benutzen. Daher eigne sich gewiss keine für die Küsterschule und die Nothwendigkeit des Neubaues bei Walk ist unbestritten. Derselbe ist aber auch dringlich, denn die Küsterschule ist ein Glied im Schulwesen Livlands. Das Ganze leidet durch die

Unsicherheit in Betreff des Fortbestandes der Küsterschule. Ihr selbst kann unter solchen Umständen keine gedeihliche Organisation und Wirksamkeit gegeben werden. Der sehr tüchtige und verdiente Oberlehrer hat schon öfters weggehen wollen. Die Schule hat sich in Lettland Anerkennung und Freunde erworben; sie kann es im Estnischen nicht, bis sie ihm nähergerückt ist. Daher trägt die Behörde darauf an, die Anschläge und den Plan zu bestätigen, die Beschaffung der Materialien bis zum nächsten Frühling und den Bau im Laufe des nächsten Jahres anzuordnen.

Der residirende Landrath theilt darauf am 9. Juni der Behörde mit, der Convent habe, da die Chaussee erst 1852 eröffnet werden solle, beschlossen, den Bau sofort in Walk zu beginnen. Kostet ein Steinbau über 5 000 Rbl., dann wäre die Schule aus Holz zu erbauen.

Nun entstand eine lange Correspondenz zwischen Baron Wrangell von Schloss-Luhde, der Oberlandschulbehörde und dem Landraths-Collegium über die Ausführung des Baues. Endlich gesteht der Convent den Steinbau für 5 000 Rbl., die nöthigen Balken und deren Anfuhr zu. Das meldet die Behörde dem Baron Wrangell noch am 31. Dec. 1849 und ermächtigt ihn zum Abschluss des Contrakts, den er darauf mit dem lettischen Baumeister Libbert aus Wenden vollzieht, weil der erste Baumeister Kappner 5 300 Rbl. verlangte. Zugleich wird Baron Wrangell die Zusicherung ertheilt, dass der von Schloss Luhde angewiesene Platz nur für die von der Ritterschaft zu errichtende lutherische Küsterschule benutzt werde soll, und dass Schloss Luhde bei einem etwaigen Verkauf das Näherrecht habe. Privatim schreibt Ulmann noch an Wrangell, dass der Ritterschafts Sekretär Budberg Weitläufigkeiten befürchte, weil die Küsterschule an der Heerstrasse zu liegen komme. Zum Wenigsten rathe er, den Garten an der Strasse anzulegen und das Haus nach hinten zu zu erbauen. Das Misstrauen gegen die Regierung und ihre Beamten war schon damals so gross, dass in jeder Hinsicht, sei es in der Hergabe des Platzes, sei es in der Stellung des Hauses auf ihm die äusserste Vorsicht beobachtet wurde.

Zimse wurden in Anerkennung seiner 10jährigen Verdienste um die Volkslehrerbildung 200 Rbl. zum Umzuge nach Walk und, da Neiken als Hilfslehrer abtrat und Zimse dessen Arbeit mitübernahm, auch dessen Gehaltsquote bewilligt. Der Bau des Hauptgebäudes der Küsterschule kann 1850 nicht beendet werden, weil nicht genug Feldsteine zum Fundament angeführt waren. Das Consistorium wird aufgefordert, auch seinerseits die Schule inspiciren zu lassen. Es beauftragt damit den General-Superintendenten. Der Hilfs-Cursus wurde von 32 alten Lehrer besucht, deren Interesse für den Unterricht und geistige Regsamkeit im Allgemeinen gelobt wird. Ulmann reiste für den Sommer ins Ausland und erwirkt bei der Behörde, dass ihm einstweilen Pastor Sokolowski von Luhde vertreten darf. Den neuen Cursus besuchen 21 Zöglinge, die natürlich bis zur Vollendung des Baues in der Stadt Walk eingemiethet werden müssen. Unter ihnen befindet sich Tehraud, der nachherige Lehrer des Gemeindelehrer-Seminars, der wegen Mittellosigkeit das Seminar auf Kosten der Behörde besucht. Im Seminar gab die Stunden, die Zimse nicht geben konnte, der Lehrer Grünberg aus Walk. 1851 am 7. Nov. referirt Ulmann in der Behörde, dass der Kursus im Seminar ein vielversprechender sei, dass er aber noch keinen estnischen Hilfslehrer gefunden habe; der ihm vorgeschlagene Stramm habe abgeschrieben. Die für das Seminar nöthige Orgel habe er bei Kessler in Dorpat bestellt für 543 Rbl. –

1852 am 27. Nov. ist es dem Landraths-Collegium endlich gelungen, bei der Gouvernements-Regierung auszuwirken, dass die Zöglinge der Küsterschule für die Zeit des Schulcursus und 3 Jahre nachher von der Wehrpflicht und der Leibesstrafe frei sind. Ihre Abgaben müssten aber die Gemeinden für sie bezahlen.

Sokolowski hatte Ulmann am 12. Jan. 1850 geschrieben in Betreff der von ihm selbst zu übernehmenden Stunden, am liebsten würde er 2 Stunden Glaubenslehre geben, Landesen sein Candidat könne die Geschichte des Reiches Gottes, Zimse die Bibelerklärung übernehmen. Dann fährt er fort: „mit Zimse und mir wird's, so Gott will, gehen, denn die Sache ist des Herrn, der sich nicht leugnen kann. Gott helfe ihm nur zu frischerem, fröhlicherem Glauben, denn unter allen Naturen ist wol die Letten-Natur ohne Glauben am meisten ein Fisch ohne Wasser.“ Am 5. Nov. 1852 schreibt er freilich schon an Ulmann: „Gott gebe Dir Geduld wegen Zimse. Er ist ein armer kranker Mensch und – ein Lette (juhsu scheh lastiba)[8], – das ist die Pistole, die ja die ganze Nation Einem immer auf die Brust setzt. Jedenfalls scheint mir Dein Plan mit dem Rechnungsablegen für den Anfang ein guter.“ Am schwersten hielt es, die estnischen Stunden zu besetzen. Nachdem Ulmann wiederholt mit einem Candidaten Robst deshalb verhandelt, gelang es ihm endlich doch den schon früher genannten Stramm als Seminarlehrer zu gewinnen. Am 17. Juli 1853 schrieb dieser ihm von Reval aus, und äussert dabei, früher sei er von allgemein wissenschaftlichen Bestrebungen geleitet worden; jetzt habe sich bei ihm das religiöse Interesse entwickelt. Er erkenne in Ulmanns Aufforderung des Ruf Gottes und nehme sie an.

8 Lett.: Euer Gnaden (wohl als Anrede für Hochgestellte zu verstehen).

Im Frühling 1853 wurde endlich der Bau der Küsterschule vollendet. Die Behörde setzte die Abnahme des Baues auf den 16. Juni und die Einweihung auf den 19. d. M. an. Die Ritterschaft delegirte dazu als ihren Vertreter den Herrn Ordnungsrichter Baron F. von Wolff, den nachmaligen Landrath. Die Behörde forderte alle ihre Glieder auf, dabei anwesend zu sein, nämlich die Landräthe v. Rennenkampff, v. Transehe, v. Sivers und v. Stryk, den General-Superintendenten v. Klot, den Schulrath Dr. Ulmann. Ferner lud sie ein alle 8 Schulrevidenten des Landes: Baron Schoultz-Ascheraden und Pastor v. Klot für den Rigaschen Kreis; H. v. Sivers und Pastor Knieriem für den Wolmarschen; Dr. v. Berg und Pastor Pohrt für den Walkschen; Baron v. Meyendorff und Pastor Keussler für den Wendenschen; Baron v. Bruiningk und Pastor Jannau für den Dörptschen; H v. Samson und Pastor Gutglück für den Werroschen; H. von Pilar und Pastor Paul für den Pernauschen; H. v. Anrep und Pastor Maurach für den Fellinschen Kreis. Ausserdem wurden als der Schule nahestehend eingeladen: Pastor prim. F. Walter, Pastor Sokolowski, Candidat Landesen, Pastor A. Walter, Pastor Otto, Baron v. Wrangell. Ueber die Einweihung selbst habe ich nichts weiter gefunden. Ulmann berichtet nur der Behörde auf der Sitzung v. 26. Aug. 1853: er habe am 18. Juni die Küsterschule zusammen mit Baron Wolff von Wrangell empfangen und am 19. die Einweihung gehalten, wobei er und Zimse Reden gehalten hätten. Darauf hätte die öffentliche Prüfung und Entlassung der 17 alten, sowie die Aufnahme 27 neuer Zöglinge stattgefunden.

Am 26. Nov. übersendet Wrangell die letzten Rechnungen über den Bau. Er hat der Ritterschaft 7 471 Rbl. 49 Cop. gekostet. Die Einrichtung kam auf 1 100 Rbl. zu stehn.

1854 trat Stramm schon wieder als Seminarlehrer ab. Er schreibt von Reval aus am 3. Juni an Ulmann: „ich hatte mich der von Zimse vorgespiegelten Hoffnung hingegeben, dass ich eine sonnige, gesunde Wohnung bekommen könnte. Die jetzige hat in Jahresfrist einen verderblichen Einfluss ausgeübt. Da ich keine andere bekomme, gehe ich.“ Ulmann antwortete ihm am 5. Juni: „Ihre Stellung war eine ebenso erspriessliche für Sie, wie für die Anstalt. Sie werden es bedauern, sie aufgegeben zu haben. Zimse hat Ihnen übrigens in meiner Gegenwart gesagt, dass Sie erst in Jahren eine andere Wohnung bekommen könnten.“ Im Namen der Behörde fügt er dann noch Dank und gute Wünsche hinzu. Grünberg gab wieder die estnischen Stunden. Jetzt war die Küsterschule eine fest begründete Anstalt geworden. Sie war staatlich bestätigt, hatte ein eigenes Heim bekommen und arbeitete unter Zimse's tüchtiger Leitung weiter. Ausser einigen Correspondenzen mit entlassenen Zöglingen, denen Ulmann auf geschehene Anfragen Rath und Weisungen ertheilt, finden wir kein näheres Eingreifen seinerseits in die Angelegenheiten der Schule bis zu seinem Aufgeben des Schulrathsamtes 1856. Dass er das unterliess, weil er die Schule für ausreichend organisirt erachtet hätte, können wir nicht annehmen. Er hatte z.B. selbst des Oeftern hervorgehoben, sie bedürfe eigentlich jährlicher Aufnahmen und Entlassungen, und damit auch mehrerer Jahresklassen. Es war vielmehr eine weise Mässigung, dass er sich mit dem begnügte, was er erreichen konnte und erreichte. Grosse Körperschaften, wie die livländische Ritterschaft, kann man nur in Ausnahmefällen zu grossen Ausgaben bewegen. Da ist es richtiger, die im Laufe der Zeit herantretenden Bedürfnisse allmälig zu befriedigen. Dazu kommt, dass die Schulen am gesundesten dastehen, die sich aus kleinen Anfängen zu grossen Anstalten herauswachsen, nicht aber die, die gleich gross anfangen und grosse Mittel aufwenden und verschwenden, ehe die Anforderungen das erheischen. Das Einzige, was bei der Organisation vielleicht zu vermissen wäre, war, dass bei dem Bau des Hauses das einstige Erforderniss nach mehreren Klassenräumen nicht Berücksichtigung fand. Ein einziges grosses Klassenzimmer, das anfangs freilich genügte, weil alle Zöglinge in einer Klasse vereinigt waren, konnte auf die Dauer nicht ausreichen.

III Die Organisation des ganzen Landschulwesens

Die Landräthe in der Oberlandschulbehörde hatten vor dem Landtage 1844 den Erlass eines allgemeinen Schulgesetzes für verfrüht erklärt. Auch die Kreislandschulbehörden des estnischen Distrikts freuen sich der guten Wirkungen der neu eingeführten Schulrevisionen und die von Wenden-Walk speciell ihres guten häuslichen Unterrichts und erwähnen nicht der Nothwendigkeit eines neuen Schulgesetzes. Der Wolmarsche Revident Guleke-Salisburg[9] verlangt Schulen in allen Gemeinden und genauere Vorschriften für die Parochialschulen und der Rigasche Walter-Rodenpois will vor Allem, dass ein Schulreglement erlassen und eigends für das Revidiren angestellte Personen beschafft würden. Es that sich also das Verlangen nach einer Organisation des Schulwesens doch immer wieder kund und liess sich nicht unterdrücken.

So scheint auch Ulmann die Sache angesehen zu haben und legte unter Hinweis auf den von Landrath v. Rennenkampff ausgearbeiteten Entwurf einen von ihm

---

9 Friedrich Ernst Guleke, der Vater des Autors; vgl. Prediger (wie Anm. 6), Nr. 621.

selbst verfassten am 28. Febr. 1845 der Behörde vor. Diese erkannte an, dass in ihm leitende Vorschriften für die Kreislandschulbehörden, die Revidenten und die Parochial- wie Gemeindeschulen enthalten seien, und dass sie daher gedruckt werden müssten, nachdem einige von Rennenkampff und Klot veranlasste Emendationen gemacht wären. Diese führte Ulmann aus und legte sie dann als *Instruktion für die Kreislandschulbehörden und Instruktion für die Revidenten* am 22. März 1845 der Oberlandschulbehörde vor.

Die Instruktion für die Kreislandschulbehörden leitet Ulmann damit ein, dass er den Wunsch der Behörde darlegt durch ein Reglement mehr Ordnung und Einheit in das Schulwesen zu bringen. Aber die Bemerkungen mancher Kreislandschulbehörden und Revidenten hätten ihr gezeigt, dass das noch nicht an der Zeit sei. Daher habe sie geglaubt für's Erste nur diese beiden Instruktionen erlassen zu sollen, die dazu dienen sollten, das Schulwesen je nach den lokalen Eigenthümlichkeiten und vorhandenen Bedingungen dem eigentlichen Ziele zu nähern und festere gesetzliche Bestimmungen vorzubereiten. Vor Allem erachte diese Behörde für nothwendig, bei der Entwickelung des Schulwesens, die kirchliche, nationale und historisch-staatliche Basis festzuhalten, um einen tüchtigen, menschlich und christlich gebildeten Bauerstand zu erhalten. Dann habe sie für Lehrer und gute Schulbücher zu sorgen. Erstere würden bis zur Bildung von Lehrerschulen noch von Kreis- und Parochialschulen her zu nehmen sein, wobei die Prediger nachhelfen würden. Letztere, die Bücher nämlich, liessen sich weder durch eine Commission, noch durch blosse Uebersetzungen aus dem Deutschen beschaffen; daher erbitte sich die Behörde Vorschläge von Sachkundigen in dieser Hinsicht durch Vermittelung der Kreislandschulbehörden. Vorläufig sei dem lettischen Distrikt Schatz' pirma lassischanas grahmata[10] zu empfehlen. – Für ihre eigene Thätigkeit habe die Behörde die schon oben erwähnte Geschäfts-Ordnung erlassen. Darauf folgen die 10 §§ derselben.

Als das, was alle Schulautoritäten zu fördern hätte, möchte anerkannt werden: die Hebung des häuslichen Unterrichts, die Umwandlung der bisherigen Dorf- und Strafschulen in wirkliche Gemeindeschulen, die Errichtung solcher im Lettischen und, wo sie noch fehlen, auch im Estnischen, die Errichtung und zweckmässige Einrichtung der noch nöthigen Parochialschulen, die Sicherung der Schullehrer-Besoldungen und die Bestimmung eines Minimums derselben, die Anstellung

---

10 Lett.: Das erste Lesebuch. Dieses Lesebuch für Anfänger, herausgegeben von dem Pastor P.E. Schatz, erschien 1844 in erster Auflage in Riga, in zweiter Auflage 1847 in Mitau. Karl Christian (v.) Ulmann hat dazu Gedichte beigesteuert; vgl. J.F. von Recke, C.E. Napiersky, Allgemeines Schriftsteller- und Gelehrten-Lexikon der Provinzen Livland, Ehstland und Kurland. Zweiter Band (Nachträge L-Z), bearb. v. Theodor Beise. Mitau 1861, S. 252.

geprüfter Lehrer, die Verbesserung der Schulgebäude. – Hier zeigt sich sofort Ulmann's weiter Blick und grosse Umsicht. Er hat das ganze Programm der sich entwickelnden Schularbeit bis auf unsre Zeit herab hiermit festgestellt. Vielleicht aber wäre es praktischer gewesen, nur das Nöthigste herauszugreifen und zuerst als erstrebenswerth hinzustellen. So erregte das reiche Programm fast überall Kopfschütteln und wurde gern bei Seite gelegt. –

Um obige Zwecke zu fördern empfiehlt die Behörde dann weiter, dass

1, die Kreislandschulbehörden 2 regelmässige Plenar-Versammlungen halten, auf denen sie die Berichte der Revidenten und die der Schulverwaltungen entgegenzunehmen und zu prüfen hätten, sowie die nächsten Revisionen bestimmten. Alle 3 Jahre sei jedes Kirchspiel zu revidiren.

2, die Sitzungen seien der Oberlandschulbehörde anzuzeigen, damit diese den Schulrath dazu deputiren könne.

3, Sofortige Berichte seien an die Oberlandschulbehörde einzusenden.

4, Es sei darauf zu achten, dass kein Lehrer ohne Zeugniss über seine Anstellungsfähigkeit angestellt würde.

5, In dieser Hinsicht sei folgendes zu beachten:

A. Vom *Gemeindelehrer* muss verlangt werden verständiges Lesen (Buchstabiren) Katechismus, Kenntniss und Abfragen seines Wortverstandes, Erzählen der biblischen Geschichte ohne Beihilfe eines Buches, Kenntniss der gewöhnlichen Kirchenmelodien, die Fähigkeit im Schreiben und im Rechnen der 4 Species zu unterrichten. In den beiden letzten Fächern kann im estnischen Distrikt, wo sie nur selten getrieben worden sind, auch eine bedingte Anstellungsfähigkeit auf 3 Jahre, bei geringer oder gar keiner Kenntniss ausgesprochen werden. Die Lokal-Schulverwaltungen haben die Prüfung anzustellen und über sie der Kreislandschubehörde unter Beilegung eines Sittenzeugnisses zu berichten. Diese habe dann ein überall giltiges Zeugniss auszustellen.

B. Vom *Parochiallehrer* muss verlangt werden:

a, Lesen und methodisches Unterrichten darin;

b, Ebenso im Kathechismus und in der biblischen Geschichte, wie in der des Reiches Gottes;

c, Kirchengesang und Fertigkeit im Orgelspiel;

d, Gute Handschrift, Fähigkeit einen fehlerfreien Aufsatz abzufassen; Kenntniss der Muttersprache;

e, Bürgerliche Rechnungsarten und methodisches Unterrichten darin;

f, Allgemeine Kenntniss in der Geographie.

g, Vaterlandskunde.
h, Die allgemeinsten Begriffe aus der Naturkunde;
i, Einige Kenntnisse der allgemeinen Geschichte, sofern sie mit der Religions- und Vaterlandsgeschichte zusammenhängen.
k, Kenntniss der vorhandenen betreffenden Schulbücher.

Auch hier ermahnt Ulmann wieder nicht zu streng zu verfahren und giebt an, in welchen Punkten Nachsicht geübt werden könnte. Die Prüfung sollen die Kreislandschulbehörden durch die geistlichen Revidenten abhalten und dann Zeugnisse ausstellen lassen.

6, Das Minimum der Besoldung für einen Gemeindeschullehrer soll *ein* Tagsland (6-7 Thlr.) betragen.
7, Die Parochiallehrerstellen sind de regula mit den kirchlichen Küsterstellen zu verbinden. In grossen Gemeinden sind ihnen Gehilfen zu geben. Diese erhalten bei freier Station wenigstens 30 R. Gehalt.
8, Rekapitulation dessen, worauf zu achten ist a-d.
e, Auf den bei den Revisionen abzuhaltenden Conventen haben alle Zugehörigen bei Strafe zu erscheinen und die Revidenten das Protokoll zu führen.

Die andere *Instruktion an die Revidenten der Landschulen* ist noch viel umfassender und geht bei jedem Punkte in minutiöse Details ein. Sie ist in Wahrheit eine Einführung in die wichtige Aufgabe derselben; nur finde ich, dass sie so umfassend und ausführlich ist, dass die Uebersichtlichkeit darunter leidet und sie daher vielfach ausser Acht gelassen wurde.

Zuerst heisst es da, es hänge ungemein viel von dem treuen freundlichen Eifer und der wol berechneten Thätigkeit der Herren Revidenten ab. Sie werden im Ganzen gewiss am meisten dadurch erreichen, dass sie Eingepfarrte und Gemeinden durch gütliche Vorstellungen für Schulbesserungen und neue Einrichtungen gewinnen. Sie sind aber doch auch, so wenig sie von sich aus Anordnungen oder gar Strafbestimmungen treffen können, auf Grund der Gesetze und der erhaltenen Vorschriften zu Erinnerungen und zum Aussprechen bestimmter Desiderien berechtigt und werden von den Kreislandschulbehörden kräftigst unterstützt werden.

I Häuslicher Unterricht

Was hier durch treue Seelsorger in unserem Lande schon erreicht ist, ist wahrlich nichts Geringes, so dass ein Eingreifen von Seiten der Schulbehörden bedenklich erscheint. Daher ist dieser Unterricht nur in der Hinsicht zu controlieren, ob den Bemühungen des Pastors die gehörige Hilfe geleistet wird. Indess werden die Revidenten sich auch von dem Zustande dieses Unterrichts zu überzeugen haben. Von ihm wird gefordert fertiges Lesen, das Auswendiglernen des Katechismus, Singen der bekanntesten Kirchen-Melodien; wo er höher steht, der Wortverstand des Katechismus, Kenntniss der biblischen Geschichte. Der Pastor ist zu ersuchen, die Kinder seines besten und schlechtesten Bezirks zur Prüfung zu bestellen. – Dann folgen Fragen nach den Ueberhörungen, Strafschulen, Unterstützung durch Kirchen-Vormünder oder Schulältesten, Sonntagsschulen, in der Gemeinde vorhandenen Büchern.

II Dorf- oder Gemeindeschulen

Die Gemeindeschule, richtig gefasst, ist die eigentliche allgemeine Volksschule und es wäre ein grosser Verdienst, wenn die Revidenten in Lettland, wo sie fast ganz fehlt, jede Gelegenheit benutzten, um sie ins Leben zu rufen. Und so schwer könnte das nicht sein, da bei einem guten häuslichen Unterricht, wie er hier oft zu finden ist, 2 Jahre in der Gemeindeschule genügen würden und bei der durch die guten Parochialschulen leicht ermöglichten Beschaffung von Lehrern auch diese Schwierigkeit zu überwinden wäre. Im estnischen Distrikte hat man zwar an den Dorfschulen den nöthigen Stamm der Volksschule, aber die Kinder werden zu Hause nicht unterrichtet, lernen erst spät in der Schule das Lesen und den Kathechismus; die Lehrer verstehen nichts und werden schlecht besoldet. Es sind eigentlich blosse Strafschulen. Pastor Hörschelmann von Oberpahlen hat dem abzuhelfen gesucht, indem er nur gute Leser in die Schule aufnimmt. Das Beispiel wird zur Nachahmung empfohlen. Besonders aber sollen die Revidenten verlangen, dass die Kinder nicht erst vom 10., sondern schon vom 7. Jahre an unterrichtet und der Unterricht controlirt wird.

Dann sollen sie sich in Betreff der Schule erkundigen nach ihrer Anzahl, Lage, Anzahl der jeder Schule gehörigen Kinder, nach dem Schul-Local, den Schülern, der Beköstigung der Kinder, Holz und Licht, Schulzeit, Tagesordnung in der Schule, dem Unterricht selbst, der Disciplin, den Lehrmitteln, den Lehrern, ihrer Besoldung, Beaufsichtigung der gegenwärtigen und der entlassenen Schüler.

III Die Parochialschulen

Um den Zweck dieser Schulen, fähigeren Bauerkindern eine etwas höhere Bildung zu geben und sie dadurch zu tüchtigen Beamten und Lehrern auszubilden, wirklich zu erreichen, ist es nöthig, die religiöse Grundlage und die Anwendbarkeit ihrer Bildung auf ihre Verhältnisse im Auge zu behalten. Im lettischen Distrikt giebt es mehr Parochialschulen als im estnischen, aber manche leisten wenig, andere versteigen sich zu hoch. Indess auch im Lettischen fehlen noch viele. Sobald ein tüchtiger Lehrer da ist, müssen sie sofort eingerichtet werden. – Bei der Revision ist zu achten auf die Schulgebäude, die Schüler, darauf, wer sie bestimmt und auswählt, auf wessen Kosten sie erhalten werden, in welchem Alter sie aufgenommen werden, ob der Schulbesuch regelmässig ist, und was geschehe, um ihn regelmässig zu erhalten, die Beköstigung der Kinder, Holz, Licht, Schulzeit, Unterricht, Ordnung, Reinlichkeit, Tagesordnung, Disciplin, Lehrmittel, Lehrer-Anstellung und Besoldung, Beaufsichtigung der Kinder.

Schon die Aufzählung der Punkte zeugt von Ulmanns Umsicht und genauer Kenntniss der Verhältnisse im Lande. Nun aber wird jeder derselben noch durch Bemerkungen und zu stellende eingehende Fragen erläutert. Darin lag ein Schatz von Rathschlägen für jeden Revidenten, der es ernstlich mit seinem Amte meinte. –

Dass man sich aber an solchen, gute Rathschläge und Anweisungen, gebenden Instruktionen nicht konnte genügen lassen, darüber war man sich in, wie ausserhalb der Behörde klar. Man bedurfte durchaus einer festen Schulordnung, eines Schulgesetzes. Das beweist der Antrag, den der für die Volksschule Livlands wahrhaft väterlich sorgende Landrath von Bruiningk am 30. Nov. 1846 in der Behörde stellte: der Commission zur Verbesserung der bäuerlichen Verhältnisse Livlands in Betreff des Volksschulwesens, als eines wesentlichen Theils der agrarischen Gesetzgebung, bestimmte Disideria, die er verlas, zu übermitteln. Der Antrag wurde angenommen und Ulmann die genauere Auseinandersetzung und Formulirung derselben übertragen. Am 18. Februar 1847 verlas er sie in der Behörde und am 22. ej.m. gehen sie an die Commisssion ab.

Diese Desideria oder Vorschläge enthalten die Grundzüge der später erlassenen Instruktion. Mir ist aus ihnen interessant gewesen § 14: „Ob seiner Zeit auch eine oder zwei Gemeindelehrer-Schulen in Verbindung mit einer Musterwirthschaft zu errichten sind, wie dieses schon früher beschlossen und dafür am 6. Aug. 1842 ein Plan der Ritterschaft eingereicht war, – bleibt künftiger Erwägung anheimgestellt.“ Also schon die Begründer unseres Schulwesens haben die Nothwendigkeit von

Gemeinde-Schullehrer-Seminaren, wie sie später begründet wurden, vorausgesehen. Diese Idee tritt aber noch verquickt mit der einer Musterwirthschaft auf, als ob man nicht genug damit zu thun haben würde, zuerst nur lebensfähige Lehrer-Seminare ins Dasein zu rufen.

§ 18,2 handelt dann von der Errichtung von Strafschulen auf Requisition des Pastors, Einsetzung ihrer Lehrer, Bestimmung ihrer Emolumente, ihrer Beaufsichtigung etc. Die Erkenntniss von der Nothwendigkeit solcher Schulen zieht sich dann wie ein rother Faden durch die ganze Entwickelung uneres Schulwesens hindurch und immer wird keine rechte Form für sie gefunden. Erst in den letzten Jahren scheint sich als die beste die zu erweisen, welche im Rigaschen Kreise aufkam, dass alle in's schulfähige Alter tretenden schlecht unterrichteten Kinder einen Monat vor Beginn der Schule zu einem Nachhilfe-Cursus von den Lehrern gegen eine Extra Vergütung versammelt werden. Das machte, dass die Eltern sorgfältiger unterrichteten.

§ 26 schlägt vor, dass die Grundbesitzer eines Schulbezirks (der eigentliche Gutsbesitzer nicht ausgenommen) Steine und Balken zum Bau und zur Erhaltung einer Schule stelle, sowie das Brennholz hergeben sollten. Die Geldmittel sollten, – so lange die Frohndienste dauern, – zur Hälfte von den Gutsbesitzern, zur Hälfte von den Bauern hergegeben werden; sobald diese aberzur Erbpacht und zum Grundbesitz übergegangen sind, von diesen allein etc. Also die Herren, welche die Frohn conserviren wollten, werden nicht geschont. Das war damals sehr wichtig.

Aber auch ausserhalb der Behörde beschäftigte man sich ernstlich mit einer festeren Consolidirung des Schulwesens.

Die Synode vom 16. Aug. 1847 wandte sich, wie früher erwähnt, mit einer Eingabe an den Landtag, in welcher sie dankend anerkannte, was der Adel in den letzten Jahren für das Schulwesen gethan und dann noch folgende Bitten aussprach: 1, auch im lettischen Distrikt Gemeindeschulen und zwar, wo möglich, auf Land zu fundiren, damit sie unabhängig blieben von den Strömungen im Volk; 2, überall die gesetzlich vorgeschriebenen Parochialschulen zu errichten, 3, für den estnischen Distrikt eine Küsterschule zu gründen.

Endlich zuletzt bittet sie durch Bildung eines von der Oberlandschulbehörde zu verwaltenden Schulcapitals für die Fälle besonderer Noth vorzusorgen.

Der Landtag übersandte die Eingabe am 27. Sept. 1847 der Behörde, die durch ein von Ulmann aufgesetztes Exposé, sie nach seinen Vorschlägen unterstützen, aber auch theilweise zurechtstellen sollte.

Es heisst hier: die Oberlandschulbehörde hat das Alles schon früher bei der Ritterschaft zur Sprache gebracht, unterstützt es daher jetzt auch. Die allgemeine tüchtige Bildung des Bauerstandes ist allerdings nicht durch Parochialschulen allein zu erreichen. Daher müssen im Estnischen die Dorfschulen aufhören blosse Strafschulen zu sein und wirkliche Schulen werden. Im Lettischen sind dazu wirkliche Gemeindeschulen nöthig. Das Volk muss sie aber gern errichten, nicht wie im Estnischen, gezwungen. Die üblen Folgen davon haben sich 1845 gezeigt. Daher muss ihm entgegengekommen werden durch Abtretung von Schulland etc., sei es gesetzlich oder durch freie Uebereinkunft. Allerdings muss dabei vorgesehen werden, dass solche Fundationen nicht an die griechische Kirche übergehn. – In Lettland würde es nicht an den nöthigen Lehrern fehlen, wol aber im Estnischen. Daher sind hier die Parochialschulen zu heben. Die freiwilligen Schüler werden sich finden, wenn in ihnen das Deutsche betrieben wird, nicht um zu germanisiren, sondern weil im Volke danach ein Bedürfniss ist. An guten Lehrern für die Parochialschulen würde es nicht fehlen, wenn die Küsterschule aus beiden Distrikten Zöglinge aufnehmen würde. Für jeden Distrikt eine solche zu gründen ist unnütz, weil der Bedarf an Küstern nicht gross genug ist. –

Hier ist es interessant zu sehen, wie Ulmann, der zuerst das Deutsche von den Landschulen ganz ferne halten wollte, jetzt es schon für so nothwendig hält, dass er die Frequenz der Parochialschulen dadurch sicher meint hervorbringen zu können. Die Behörde nahm aber das Exposé nicht an, da die Sache schon erledigt war. –

Die Wünsche nach einer festern, gesetzlichen Consolidirung des Schulwesens waren sehr begründet. Denn schon traten die üblen Folgen jeden Mangels einer gesetzlichen Grundlage hervor. Die Wenden-Walksche Kreislandschulbehörde sieht sich veranlasst, die Oberlandschulbehörde bei Uebersendung der oben aufgeführten Instruktionen zu bitten, sie möge das Consistorium ersuchen, „den Pastoren die Beobachtung derselben, so weit sie solche in ihrer Amtspflicht bei Beaufsichtigung und Leitung des Schulwesens ihrer Kirchspiele tangiren, dringend anzuempfehlen." Das Consistorium will Näheres über die Veranlassung zu diesem Antrage erfahren. Die betreffenden Revidenten verweigern aber um ihres amtsbrüderlichen Verhältnisses willen Näheres anzugeben.

Auf dem Landtage von 1848 ist darauf eine Verordnung über das Schulwesen des Landvolks berathen worden. Ob diese von der obengenannten Commission vorgelegt worden ist, weiss ich nicht genau, vermuthe es aber. Zu dieser hat der Landtag einige Aenderungen beschlossen: ad 25: Der Gutsherr muss wenigstens einen Hausplatz von einer Lofstelle unentgeldlich einräumen, und die Gemeinde muss, wenn jener nicht freiwillig 7 Thlr. Land für die Schule giebt, dem Lehrer ...0 Rbl.[11] und Deputat für 2 Menschen geben. Den pct. 27 projektirten Beitrag aus der Magazin Bath und die pct. 37 vorgeschlagene Steuer von 1 Kop. pr. Seele hat der Landtag gestrichen, weil ihre Nothwendigkeit nicht nachgewiesen sei, und es dem künftigen Landtage immer vorbehalten bliebe, aus der Ritterkasse einen Beitrag zu Schulzwecken zu bewillen.

Die Nothwendigkeit von Geldspenden für sie wäre wol unschwer nachzuweisen gewesen; aber klug war es vom Adel, die Steuer den Leuten nicht aufzulegen; dadurch behielt er das Schulwesen in seiner Hand.

Sehr auffallend war endlich die Bestimmung, die Oberlandschubehörde soll dahin Anordnungen treffen, dass auch die Kenntniss der Rechtsverhältnisse in den Schulen gelehrt, namentlich dazu ein Lehrbuch angefertigt werden. Das hat später unnütze Weiterungen veranlasst.

Viel wichtiger für das Schulwesen ist der Landtag von 1848 durch die Creirung der Agrar-Verordnung, welche die von der Schule handelnden Paragraphen der Bauer-Verordnung von 1819 neu, den Zeitverhältnissen gemäss umgestaltet. § 645-657 derselben handeln von dem Landvolkschulwesen. Die Errichtung und Erhaltung wird, wie 1819, für Obliegenheit der Bauergemeinde erklärt, nur ist dabei zwischen Lutheranern und den orthodoxen Griechen zu unterscheiden. Die Glieder jeder Confession haben nur für die Schulen dieser zu sorgen. Die bisherigen Gemeindeschulen evangelisch-lutherischer Confession sind Schulen kirchlicher Institutionen und der Verwaltung kirchlicher Behörden untergeben und bleiben in ihrem Besitze. Die Parochialschulen sind Angelegenheit der Kirchengemeinde; auch ihr Besitz bleibt unverändert. Die Beaufsichtigung der bisherigen Schulen, sowie die Errichtung neuer unterliegt in höchster Instanz der Oberlandschulbehörde. Der Bestand und die Competenzen dieser. Sie erlässt die nöthigen Instruktionen, führt die Schulbücher, entscheidet Beschwerdesachen in letzter Instanz. Für jeden Kreis besteht eine Kreislandschulbehörde durch Zutritt von je 2 adligen und 2 geistlichen Revidenten zum Ober Kirchen Vorsteheramte. Sie kann arbiträre Strafen bis zu 25 Rbl. verhängen. In jedem Kirchspiele werden Kirchspiels Schulverwaltungen eingesetzt, die unter dem Vorsitz des Kirchenvorstehers aus dem Pastor, dem Kirchspiels Schullehrer und dem Kirchspiels Schulältesten bestehen. Diese beaufsichtigen und fördern das Schulwesen.

Die Bestimmungen über die Küsterschule folgen weiter unten.

11 In der dieser Veröffentlichung zugrunde liegenden Kopie nicht zu entziffern; vielleicht 20 Rubel (?).

Mittlerweile wurde das Bedürfniss nach einer Schulordnung so gross, dass man aus dem Lande selbst mit Vorschlägen kam. Pernau-Fellin sendet eine solche von Pastor Hörschelmann aus Oberpahlen ein. Ulmann stimmt ihr im Ganzen zu und sendet sie zur Begutachtung an die Kreislandschulbehörden. Von der lettischen kommt keine solche vor, wol aber von den Revidenten des estnischen Distrikts. Sie haben wie Ulmann einige Ausstellungen, sind indess eigentlich nicht gegen ihre Einführung, aber Schwartz-Poelwe fügt doch warnend hinzu: „es ist nicht gut, wenn einzelne für das Volkswohl begeisterte Männer für das ganze Land Vorschläge machen. Vieles ist in der letzten Zeit befohlen worden, und man gewöhnt sich daran nichts auszuführen, so dass die Landschulbehörden keine Autorität mehr haben. Daher schlägt er vor, diese Sache zuerst an die Sprengelssynode zu bringen. Dagegen erklärt sich wieder Propst Assmuth, weil das die ganze hochwichtige Sache verschleppe. Ulmann referirt darüber und die Behörde beschliesst am 1. Dec. 1849, von den schon gedruckten Exemplaren Dorpat-Werro 325 und Pernau-Fellin 50 mit der Bemerkung zuzusenden, in allen Schulen, in welchen keine feste Ordnung besteht, diese einzuführen. Es war nämlich in ihr ein etwas ausführlicherer Stundenplan mit einigen Anweisungen an die Lehrer enthalten. So sollten sie z.B. am 1. Donnerstag im Monat die kleinen Kinder in den Häusern aufsuchen. An den übrigen Donnerstagen sollten sich die grössern Kinder zu Repetitionen in den Schulen versammeln und Sonntags in der Kirche zum Gesange.

Am 6. Mai 1850 beantragt dann Ulmann die Publicirung der (von ihm aufgesetzten) Landschulordnung. Die Behörde beschloss noch abzuwarten bis die Agrar-Verordnung publicirt wäre, da jene sich auf diese stütze. Am 1. Dec. ej.a. wiederholt er seinen Antrag und legt zur Einführung zugleich eine Instruktion vor. Die Einführungs-Commission verweigert die Promulgation der Landschulordnung, da der Landtag sie beschlossen habe und sie als ein Beschluss desselben der Bestätigung bedürfe am 19. Februar 1851.

Da schreibt das Landraths-Collegium am 12. März, dem die Behörde das mitgetheilt, es verspreche sich nichts davon, die Landschulordnung zur Bestätigung vorzulegen und rathe dazu, sie als Instruktion an die Kreislandschulbehörden zu erlassen. Das ist der Fluch der Büreaukratie in einem monarchischen Staat, dass sie selbst nirgends organische Entwickelung fördert, und sie wo sie von anderer Seite angestrebt wird, hemmt.

Ulmann legte darauf der Behörde am 24. März die „Instruktion für Einrichtung und Verwaltung der livländischen Landschulen evang.-luth. Confession“ vor. Sie wurde genehmigt, und es wurde verfügt sie drucken zu lassen und den Kreislandschulbehörden zuzuschicken zur Einführung in ihre Kirchspiele und zur Installirung der neuen Schulverwaltungen. Die Instruktion selbst enthält Folgendes: Nach Feststellung des Zweckes der Landschulen wird die Bedeutung des häuslichen Unterrichts besprochen, der durch Strafschulen, Sonntagsschulen und wandernde Katecheten gefördert werden könne. Die eigentliche Volksschule aber ist die Gemeindeschule; deren Unterrichtsgegenstände sind Lesen, Katechismus, biblische Geschichte, Kirchengesang, Schreiben, Rechnen, Bekanntschaft mit den das Landvolk betreffenden gesetzlichen Bestimmungen und rechtlichen Verhältnissen. Die Zeit des Schulbesuchs soll auf 6 Monate verlängert werden. Dann wird die Aufgabe der Kirchspiels- oder Parochialschulen besprochen; die Küsterschule und die Verpflichtungen ihrer Zöglinge. Der häusliche Unterricht stehe unter der Inspektion des Pastors. Der Bestand der Kirchspiels-Schulverwaltung, ihre Competenzen, wie Einrichtung von Straf- und Gemeindeschulen, und deren Inspektion. Der Pastor giebt den Schulkindern auf, die Schulverwaltung beaufsichtigt die Disciplin in den Schulen, sorgt für Einrichtung von Parochialschulen, verwaltet die Schulkasse. – er Bestand der Kreislandschulbehörden; sie sind die erste Appellations-Instanz, haben 2 regelmässige Plenar-Sitzungen, entscheiden streitige Schulsachen, beaufsichtigen das Schulwesen durch Einforderung von Berichten und jährliche Revisionen, lassen die ausserhalb der Küsterschule gebildeten Lehrer prüfen, bestätigen und emendiren die Pläne neu zu errichtender Schulen. – Der Bestand und die Competenzen der Oberlandschulbehörde. Diese sind die Errichtung und Einrichtung der Küsterschule, die Entscheidung bei Beschwerdeführungen, die Prüfung und Einführung von Schulbüchern, Verwaltung der Gelder der Ritterschaft für die Schulsache. – Bei den Kirchspiels-Schulklassen wird gesagt, dass in sie alle Schulstrafgelder und freiwillige Geschenke zur Zeit der Ernte etc. fliessen.

Man sieht, dass hier Ulmann's bekannte Gedanken zusammengefasst sind, wie sie sich über den ganzen Umfang des Schulwesens verbreiten.

Im April 1851 wurde die Instruktion dann mit folgendem Circulär versandt: Verhindert die Landschulordnung zur Bestätigung und Publikation zu bringen, hat die Behörde das Wichtigste in diese Instruktion zusammengefasst nach § 651 der Agrar-Verordnung. Die Einführung und namentlich die Installation der Lokal-Schulverwaltung hat möglichst feierlich zu geschehn, bei persönlicher Anwesenheit eines Gliedes der Kreislandschulbehörde. Diese habe einen Convent zu berufen, auf ihm eine Schulverwaltung wählen zu lassen, einen Kirchspiels und Schulältesten und dann die Schulverwaltung zu installiren. Letztere solle dann baldmöglichst zusammenkommen und die Schulsache berathen. Der Schulälteste soll die Schulen besuchen und darüber berichten. Schulcassen seien zu berathen und zu errichten; ebenso die Gründung von Schulen, wo solche fehlen. Keine aber dürfe eingehen, wenn auch mehr da sind, als das Gesetz es fordert etc.

Riga-Wolmar und Dorpat-Werro berichten, dass die Schulverwaltungen installirt seien, aber ohne Gegenwart eines Gliedes der Kreislandschulbehörde, die sich nicht habe ermöglichen lassen.

Am 8. Juni 1851 wendet sich das General-Consistorium nach Riga und wünscht ein Exemplar der „Allerhöchst bestätigten Landschulordnung“ zu erhalten. Landrath Rennenkampff schickt ein Exemplar der Instruktion an's Consistorium und stellt das Missverständniss zurecht. Was hat das General-Consistorium dazu veranlasst?

Mittlerweile aber ist die Instruktion im Lande bekannt geworden und hat nicht überall Zustimmung gefunden. Auf dem Landtage von 1851 werden namentlich 2 Stellen incriminirt. § 5 besagt, dass die Schulkinder mit den gesetzlichen Bestimmungen des Landvolks bekannt gemacht werden und § 22, dass man sich je nach Ortsgelegenheit vereinbare zu freiwilligen Beiträgen für die Schule, z.B. beim Ausdreschen der ersten Rihje, Verkauf des Flachses, ersten Fischzuge etc. Der Landtag nahm sich übrigens der Schule an, denn er beschloss für die Lehrer der Küsterschule Abgabenfreiheit zu erbitten und gestand den Pastoren auf den Schulconventen Sitz und Stimme zu. Letzteres bewog die Wenden-Walkschen Prediger sich nicht mehr zu weigern, an der Schularbeit theilzunehmen. Ulmann wies nach, dass jene beiden Stellen auf Verlangen des Landtages von 1848 in die Instruktion gekommen seien und meinte, man könne nicht aufheben, was einmal gedruckt sei. Es half ihm aber nichts; die Behörde musste sie in einem Circulär vom 14. Apr. 1852 an die Schulverwaltungen zurechtstellen. Aber auch damit begnügte sich die Residirung nicht. In einem Circulär vom 29. Febr. 1856 erklärte die Behörde nach mehrfachem Hin- und Herschreiben in einem abermaligen Circulär, dass diese zwei Punkte keine Geltung hätten!

Indess fand die Instruktion bald stillschweigende Anerkennung. Nicht blos das General-Consistorium in Petersburg, die Einführungs-Commission selbst erbat sich am 14. März 1852 ein Exemplar, um die Repartition bei Schulbauten zu regeln und erhielt es. Uebrigens blieb sie in einem gegebenen Falle dabei, dass Landtagsbeschlüsse ohne Bestätigung nicht Rechtskraft hätten.

Damit war die dritte Organisation Ulmanns, soweit das möglich war, durchgeführt.

Am 22. Jan. 1852 legte er noch der Behörde eine Ordnung für die Kirchspiels-Schulconvente vor, die genehmigt wurde. –

Sie bestimmt in 8 Paragraphen die Zeit und die Glieder der jährlich zu haltenden Schulconvente, schreibt die Verlesung etwa eingelaufener Rescripte der Schulbehörden vor, die Ablegung des Schulberichts, der Rechnung über die Kirchspiels-Schulcasse, die Berathung etwaiger Anträge der Schulverwaltung und führt dann noch Einzelnes, was berathen werden könnte auf, z.B. ob Sonntag- oder Strafschulen nicht nöthiger wären, ob nicht Bücher fehlen, ob genügend Gemeindeschulen vorhanden sind? Schulmittel etc., ob die Schulälstesten und Kirchenvormünder ihre Pflicht thun? etc.

IV Die Lehrer-Conferenzen

Ulmann hatte vor sich die Zöglinge zweier Curse des Seminars, als er in sein Amt trat. Sie standen in der Arbeit, hatten aber mit vielfachen Widerwärtigkeiten zu kämpfen. Sie hatten meist, um den Besuch des Seminars zu ermöglichen, Schulden gemacht, mussten diese bezahlen und konnten das bei ihren gewöhnlich geringen Gagen nur allmälig ausführen. Und die Nachfrage nach Lehrern war noch gar keine grosse. Die Erfolge ihrer Arbeit mussten diese erst wecken. Dabei herrschte gegen sie, die äusserlich nur erst wenig polirten und innerlich mit einer ganz bestimmten Fachbildung ausgestatten Bauerjungen, manches Vorurtheil. Für die bäuerlichen Gemeinden machten sie zu viele Ansprüche, als Hauslehrer bei Gutsbesitzern und Arrendatoren verstiessen sie durch ihr oft tölpelhaftes und ungeschicktes Benehmen. Zu dem Allen kam dann noch ernste und schwere Arbeit, der sie sich unterziehen mussten, wenn der ganze Besuch des Seminars nicht unnütz geschehen sein sollte. Kurz – Ulmann hatte das Alles vor Augen und musste Rath schaffen. Er musste ihnen Stärkung und Kräftigung in ihrem Beruf zuführen, er musste suchen, mit ihnen in einem Zusammenhange zu bleiben und durch Anregung zu neuer Arbeit, namentlich zur Abfassung von Schulbüchern, ihre Kräfte noch weiter für die Schulsache nutzbar zu machen. Da kam er auf den Gedanken, sie jährlich in dem reizend gelegenen Treiden zu einer Conferenz zu versammeln. War diese zunächst auch nur für die gewesenen Zöglinge der Küsterschule bestimmt, so waren die älteren nicht in ihr gebildeten Lehrer nicht ausgeschlossen. Mit der Zeit wurde daraus eine allgemeine livländische Lehrer-Conferenz.

Die erste Conferenz hielt Ulmann 1848 ab. Leider fehlt aber gerade von dieser das Protokoll. Dann hat er sie geleitet 1849, 1851–1855 jährlich, also im Ganzen 7. Die von 1850 versäumte er, weil er ins Ausland gereist war. Zu seinem Stellvertreter in Betreff des Seminars wie auch der Conferenz hatte er Pastor Sokolowski von Luhde erbeten, der so freundlich war, Beides zu übernehmen. Jede Conferenz, die er leitete, eröffnete er mit einer besonderen Rede. Namentlich die ersten dieser Eröffnungsreden zeugen, mit welchen Schwierigkeiten er auch in dieser Sache, als einer neuen zu kämpfen hatte. 1849 wies er auf den Ernst der Zeit hin und ermahnte die Lehrer dazu, frei von Eitelkeit und Nebenabsichten nach dem vorgesteckten Ziele zu streben. 1851 erwähnt er, dass eine versuchte Störung abgewendet sei und ermahnt die Lehrer nach oben auf Gott, in sich hinein und auf die Kinder zu blicken, sonst aber nicht darüber hinaus und herum. 1852 mahnt er nur kurz bei der Sache zu bleiben. 1853 betonte er, dass die Conferenzen dazu da seien, die geistige Ausbildung der Lehrer zu befördern. Dann würden auch die äussren Einrichtungen bessere werden. 1854 führt er als Zweck derselben, Stärkung und Erquickung den Lehrern zuzuführen, an und 1855 weist er auf die ernste Kriegszeit hin, die uns nur umso mehr zur Treue im engeren Berufe mahne. Sokolowski, der Ulmann ein treu ergebener Schüler und bewährter Freund war, hatte 1850 die Conferenz geleitet und schon einen etwas anderen Ton in seiner Eröffnungsrede angeschlagen. Ausgehend von Matth. 19, 14 legte er dar, dass die Kirche die Pflicht habe, den häuslichen Unterricht wie die Volksschule mit ihrem Geist zu durchdringen; daher solle diese sich nicht von der Kirche emanzipiren wollen, sondern mit ihr die Kindlein zu Christum führen. Dieser direkte Hinweis auf eine Abhängigkeit der Schule von der Kirche hatte, wenn auch Ulmann die enge Verbindung beider immer betonte, doch bisher gefehlt. Damit ist schon angedeutet, von welcher Seite die obenangeführte Störung verursacht worden war.

Am 19. Dec. 1849 hatte Pastor Pohrt von Trikaten, dem Ulmann als einem Schulrevidenten das Protokoll der 2. Conferenz zugeschickt hatte, ihm dafür gedankt und dann weiter geschrieben: „Nehmen Sie mir's nicht übel und missverstehen Sie mich nicht, wenn ich noch schliesslich über das Protokoll die Bemerkung mache, dass es auf mich den Eindruck gemacht hat, als wenn den versammelten Lehrern die ‚geförderte Schule‘ mehr am Herzen gelegen zu haben scheint, als der Dienst derselben für das Reich Gottes. Ich will nicht verkennen, dass auch diese Seite der Schule oder vielmehr ihrer Aufgabe mehrmals im Protokoll hervorgehoben wird, aber jedesmal als etwas drittes, nicht als das Erste und Wichtigste... Endlich, um mit nichts zurückzuhalten, von der Frömmigkeit, von dem Glauben an einen lebendigen Gott, von einem sittlichen Wandel weiss das Protokoll wol, aber von einem Glauben an den Mensch gewordenen Sohn, ohne welchen weder Frömmigkeit noch rechter Glaube an Gott, noch echte Sittlichkeit möglich ist, schweigt es wenigstens, was doch, wenn Er einem oder dem anderen Lehrer das Theuerste und Höchste gewesen wäre, kaum möglich scheint. Halten Sie mich doch ja nicht für unbescheiden etc."

Diese Schlussversicherung zeugt wol am Klarsten dafür, dass der Schreiber sich ziemlich gut bewusst war, was er sich dem hochachtbaren Manne gegenüber herausgenommen hatte. Denn alle die angeblich an den Lehrern gemachten Ausstellungen bezogen sich eigentlich auf ihn, der doch als Leiter Kopf und Herz der Conferenz war. Doch das war nur der in seiner Kurzsichtigkeit weniger zurechnungsfähige Plänkler, der vorgeschickt war. Die eigentliche Seele der Opposition war ein Anderer, der nun in einem bitterbösen Angriff hervortrat.

Pastor Langewitz von Ronneburg machte am 29. Mai 1850 folgende Unterlegung dem Consistorium: „Unter dem 2. Mai a.pr. hat das Consistorium an den Kreispropst Weyrich reskribirt und ist am 30. Juli auch Endesunterzeichnetem durch Circulär eine Mittheilung geschehen über eine Versammlung von Geistlichen und Professoren in Dorpat, welche nach dem Ausdruck in jenem Rescript: „nicht die Grenzen gesetzlicher und zweckentsprechender Berathung eingehalten." – Unterzeichneter erachtet es gegen den schuldigen Respekt, wenn er sich unterfangen wollte ohne dazu gewordene Veranlassung vor seiner vorgesetzten Behörde auszusprechen, was er davon denkt. Auf der andern Seite aber mag er doch auch nicht den Vorwurf der feigen Condescendenz gegen den so mächtig waltenden Zeitgeist auf sich laden. Denn er weiss wol, wer diesem Zeitgeist entgegentritt, hat grossen Tadel zu gewärtigen. – Es ist allgemein bekannt, dass bereits seit Jahren (2-3) im Treidenschen Schweizer Hause um die Johanniszeit eine Versammlung von livländischen Küster-Schulmeistern gehalten wird. Die Prediger sind davon weder als gesetzliche Vorgesetzte der Küster noch als die der Schulmeister officiell in Kenntniss gesetzt worden, auch verlautet nicht von der Theilnahme irgend eines Geistlichen an solcher Versammlung, ausser nur des frühern Pastors, dann Professors Collegienrath Ulmann. Der Geist in der Schule neigt sich, wenigstens nicht überall, an vielen Orten augenscheinlich zum Schlechtern; man lese z.B. die hierauf bezüglichen Synodalvorträge des Pastors Büttner[12] und Anderer in Kurland, ferner den Aufsatz des Hauslehrers Julius Gaicke, in den Ulmannschen Mittheilungen 1846

12 Es kommen drei kurländische Pastoren in Betracht; vermutlich handelt es sich entweder um Johann Georg (II.) Büttner (1779–1862) oder seinen Sohn Georg Ludwig Friedrich (1805–1883); vgl. Theodor Kallmeyer, G. Otto, Die evangelischen Kirchen und Prediger Kurlands. 2. Ausg., Riga 1910, S. 297 f.

Heft 5[13]; welcher Aufsatz ohnerachtet der Anmerkungen des Herausgebers lieber nicht hätte mitgetheilt bleiben sollen. Sind nun jene Verhandlungen in Treiden etwa veranstaltet gegen den Geist der Emanzipation von Kirche, Gesetz und Ordnung? und welche Garantie ist dafür vorhanden? Unterzeichneter kennt keine solche! Die Hauptsache aber ist, ob Ein Consistorium jene Treidensche Versammlung für eine solche erklärt, welche „die Grenzen einer gesetzlichen und zweckentsprechenden Berathung einhält." Ferner, – darf ein Prediger, bevor er Gewissheit über den ersteren Umstand hat, seinem Küster-Schulmeister gestatten, obige Versammlung zu besuchen? Diese Frage legte Unterzeichneter vor etwa 7-8 Monaten, von seinem Gewissen gedrängt, in aller Bescheidenheit dem Propste vor; bis jetzt ist keine Antwort darauf erfolgt, ausser eine mündliche, welche eigentlich keine Antwort ist, und den Fragenden an's Consistorium verweist. Der Johannistag rückt heran, – somit sei es denn gethan! Der Unterzeichnete bittet Ein Consistorium gehorsamst um eine massgebende Verhaltungsregel: ob derselbe auch seinem Küster-Schulmeister, falls letzterer der Versammlung in Treiden beizuwohnen die Absicht hat, – bisher soll er selbst nicht, wol aber seine beiden Söhne dort gewesen sein, – solches zu gestatten habe oder nicht?"

Das Consistorium antwortete ihm am 5. Juni ej.a., es habe in den Versammlungen zu Treiden nichts Ungesetzliches gefunden, da bisher keine Klagen über sie eingelaufen seien. Wenn Pastor Langewitz etwas wisse, so habe er es umgehend zu berichten. Uebrigens habe das Consistorium dem Pastor von Loddiger-Treiden aufgegeben, über diese Sache zu berichten. – Langewitz antwortet darauf am 30. Juni: Er habe nichts weiter anzutragen. Da aber der Versammlung von Geistlichen in Dorpat Ungesetzlichkeit vorgeworfen war, weil kein Propst oder der General-Superintendent da gewesen, und den Predigern als Mitvorgesetzten der Küster nichts über diese Versammlung mitgetheilt worden, so habe er gefragt. –

Man ersieht hieraus, dass dem Manne die Gelegenheit sehr günstig erschien, ein Doppeltes auszuführen, nämlich einmal dem Consistorium eine Pille zu geben und ihm dann auch die Lehrer-Conferenzen als ungesetzlich zu denunciren, wobei er keinen Anstand nahm trotz Ulmanns Leitung zu sagen, er kenne bei ihnen keine Garantie dafür, dass sie sich nicht von Kirche, Gesetz und Ordnung emanzipirten.

Der Pastor von Loddiger-Treiden, namens Girgensohn, berichtete den 5. Juli an's Consistorium, er sei nicht eingeladen worden. Die Versammlungen hätten im

13 Karl Christian (von) Ulmann gab von 1838 bis 1854 die „Mitteilungen und Nachrichten für die evangelische Geistlichkeit Rußlands" heraus; vgl. Recke, Napiersky, Lexikon (wie Anm. 10), S. 252.

Kirchenkruge getagt, den auch Reisende, welche die Reize Treidens sehen wollen, besuchten. Das wäre den Schulmeistern nicht zu verdenken. Er aber könne sich darum nicht kümmern. Jetzt solle die Versammlung übrigens unter einem Direktor Pastor Sokolowski getagt haben. – Auch dieser Pastor, der doch gar nicht zu der Partei der beiden obengenannten gehörte, macht als ob hierbei von Ulmann gar nicht die Rede wäre und nennt Sokolowski *einen Direktor*. Die sehr verbreitete Antipathie gegen die von Ulmann begonnenen Lehrer-Conferenzen spiegelt sich hier sehr deutlich ab.

Es war wenigstens gut, dass die Behörden zu ihm hielten. Das Consistorium hatte Langewitz's Klage dem Riga-Wolmarschen Oberkirchen-Vorsteheramte zur Untersuchung zugeschickt. Dieses fordert am 18. October Ulmann, als den Leiter der Versammlungen zur Erklärung auf. Er antwortet am 10. Nov.: „Hätte Langewitz Pastor Büttners Aufsatz gekannt, er hätte sich nicht auf ihn berufen. Er giebt auch nicht an, worin der Geist der Schule sich verschlechtert hat. Wird er mit Liebe gepflegt, so wird das nicht geschehn.“ Ulmann schreibt ferner, er habe 1848 die erste Conferenz berufen, weil die früheren Zöglinge des Seminars danach verlangten. Ehe sie das heimlich thaten, wollte er es lieber selbst veranstalten. Als freie und private Versammlungen haben die Conferenzen dann 1849 und 1850 stattgefunden, auf denen jeder Küster und Prediger, der kommen wollte, Zutritt hatte, zu denen aber Niemand eingeladen wurde, natürlich auch Pastor Girgensohn nicht. Wenn sich ein schlechter Geist gezeigt hätte, so würde er selbst der erste gewesen sein, der sie hätte fallen lassen. Aber auch Sokolowski habe sich über den wolthuenden Eindruck gefreut, den die Versammlung auf ihn gemacht habe. Als eine Garantie dafür, daß nichts gegen Kirche, Gesetz und Ordnung geschehe, könne er nichts bieten als seine Person. Aber er denke doch im Lande bekannt genug zu sein, um mit dieser eine Garantie leisten zu können. –

Der Oberlandschulbehörde theilte Ulmann die ganze Sache auf einer Sitzung am ...[14] mit. Sie erklärte, solche Conferenzen für ganz zweckentsprechend zu halten, und erkannte Ulmanns Wirksamkeit dankbar an. –

Wenden wir uns nun den Verhandlungen auf den Conferenzen zu, so finden wir, dass diese sich, wie das ja nicht anders sein konnte in einer Versammlung von Volksschullehrern, fast nur mit praktischen Fragen beschäftigten. Eigentlich kam während der ganzen Zeit Ulmanns nur eine theoretisch gefasste Abhandlung vor und zwar hielt diese Zimse 1854 über pelagianische Pädagogik. Er behandelte den

14 Lücke im Original.

Gegenstand in 3 Theilen. 1, Wie ist der Zögling sittlich beschaffen? (das anthropologische Princip). Hier stellt er die Ansichten des Pelagius und Flacius über die Beschaffenheit des Menschen einander gegenüber und kommt auf das Resultat heraus, es gebe 2 Naturen, eine gute und eine böse, im Menschen, durch *ein* Selbstbewusstsein vermittelt. 2, Was ist das Ziel der Erziehung? (das teleologische Princip). Das sei nach Pelagius die Humanität, zu welcher der Einzelne isolirt zu entwickeln sei. Die evangelische Pädagik kenne aber kein bloss intellektuelles Ideal, sondern das religiös moralische, und das sei Christus. Daraus folge das Recht der Individualität und ihrer Ausbildung; das der organischen Gemeinschaft; der sich der Einzelne zu fügen habe, und endlich das des Hauptes, nämlich Christi, Gehorsam zu fordern und Kraft zu ihm zu verleihen. 3, Welche Wege hat die Erziehung einzuschlagen (das methodische Princip). Die negativen Mittel der pelagianischen Pädagogik sind nach ihm Feindschaft gegen jede positive Religion, daher confessionsloser Unterricht und Radikalismus, d.h. Bruch mit der geschichtlichen Entwickelung. Die positiven Mittel dieser Pädagogik seien dann Naturalismus, Subjektivismus, Intellektualismus und Emancipation der Schüler durch die Lehrer. – Die evangelische Pädagogik aber übe Zucht durch Wahrheit und Liebe und gründe sich auf das Pfarramt und die Schule.

Weder vorher noch nachher hat Zimse solche theoretisch gehaltenen Vorträge auf die Conferenzen gebracht; was bewog ihn dazu, es dieses Mal zu thun? Dass die Volksschullehrer ihn in solchen nicht verstanden, musste er sich doch sagen. Mir scheint es, dass dieser Vortrag unter dem Einfluss von Sokolowski, der ihm Nachbar und Freund geworden war, entstanden ist, und er war wol geeignet, ihm unter den Pastoren eine bessere Stellung als bisher zu geben.

Im Jahre vorher, 1853, hatte auch Neiken ein theoretisch klingendes Thema: „Bildung und Abrichtung“ behandelt. Aber es klang nur so; in der That war es eine blosse Vergleichung in Beispielen. Die übrigen auf diesen Conferenzen gehaltenen Vorträge behandeln rein praktische Fragen, wie z.B. die Einrichtungen und Lehrpläne von Gemeinde und Parochial- oder Mädchenschulen, die Ausbildung der Aspiranten für das Seminar, die Ausbildung von Organisten, Stellung des Lehrers in der Gemeinde, lettische Nationalität, Weckung des Interesses der Eltern für die Schule oder des Volks für Lektüre, das Lehrer-Amt in Livland, Fehler der Seminar-Zöglinge beim Eintritt in dasselbe etc. Ulmann selbst brachte zu den Conferenzen wenigstens *eine* oft auch 2 Arbeiten mit, was die Lehrer noch nach seinem Tode dankend anerkannten. Die Arbeiten scheinen auch oft Veranlassung zu eingehenderen Diskussionen gegeben zu haben. In dieser Beziehung ist namentlich 1849 eine

Arbeit von Neiken zu erwähnen, in welcher er den Plan zu seiner später erschienenen lettisch-deutschen Sprachlehre vorlegte. Wie es mir scheint, entstand in Folge derselben 1850 eine Diskussion über den deutschen Unterricht in den Parochialschulen, nach der sich 34 gegen und 11 für das Germanisiren überhaupt erklärten. Ernstlicher aber wurde die Sache noch 1851 behandelt, als Zauniht eine Darlegung einiger Uebelstände vortrug, welche dem lettischen Volke durch die Germanisirung herbeigeführt werden nebst Angabe der Mittel zur Hebung derselben, ohne es germanisiren zu müssen.

Zauniht's Arbeit enthielt folgende Theile:

1, Die Germanisirung ist ein schädliches und verderbliches Unternehmen, weil sie der Raub einer Nationalität und der Mord eines Volkes ist, weil die Letten durch die Germanisirung in ihrer Bildung aufgehalten werden, weil sie die Moralität der Letten in Gefahr setzt, weil sie durch sie alle dankbare Liebe, Achtung und Ergebenheit für das Heilige oder bisher heilig Gehaltene verlieren würden, weil das ganze Treiben der Germanisirung nur ein Menschenwitz ist.

2, Die Germanisirung ist ein unausführbares Unternehmen, weil nicht alle Letten die Schule besuchen, weil die Schulzeit unserer Parochialschüler nicht dazu hinreicht, um der deutschen Sprache mächtig zu werden; und was wird die Obrigkeit zu diesem Treiben sagen?

3, Um das lettische Volk ohne Germanisirung auf eine höhere Bildungsstufe zu heben, pflege man es und lehre es seine Nationalität und Sprache kennen und lieben, zeige unsern Brüdern die wahre Bestimmung des Menschen, sorge für geistige und körperliche Bildung, gebe dem Letten statt der Form der Bildung ihren wahren Gehalt und sage ihm, worin die wahre Bildung besteht. –

Der Präses erkannte die Tüchtigkeit der Arbeit an, tadelte aber Zaunihts Verdächtigungen und weist die Fortsetzung der Diskussion als unstatthaft ab. Wer verdächtigt worden war, geht daraus hervor, dass Neiken sich, wenn ich nicht irre, am folgenden Tage das Wort zu Gegenbemerkungen gegen Zauniht erbat. Er sagte, er habe die Germanisirung nicht gewollt als ein Kunststück, das Menschenwitz machen kann, sondern als den Rathschluss und das Werk Gottes nach den Erscheinungen und Zuständen der Gegenwart zum zeitlichen und ewigen Heil unserer Brüder. In dieser Ueberlegung habe ihn auch Zauniht nicht erschüttert. Darauf fand noch eine kurze Debatte statt. Man sieht, dass schon damals die Nationalitätenfrage dem Zunder glich, den der geringste Luftzug zur hellodernden Flamme anfachen konnte. Es bedurfte gewiss der ganzen Besonnenheit und Weisheit eines Ulmann um diese Flamme wieder zu löschen. Aber unter der Asche glimmte das Feuer fort.

Eine der Hauptsorgen Ulmanns war noch, wie er für die Schule die nöthigen Schulbücher beschaffen sollte. Er erklärte am 14. Sept. 1845, also gleich in seinem ersten Jahre als Schulrath, der Behörde, er gedenke der lettisch, literärischen Gesellschaft einen ausführlichen Aufsatz über Schulbücher vorzulegen und ihr dann darüber zu berichten. So hoffe er für den lettischen Distrikt zu sorgen. Aber am 3. Apr. 1848 machte der Landrath Graf Stackelberg auf den Mangel an estnischen Lesebüchern aufmerksam. Wie sollte er da Rath schaffen? Da bot ihm am 4. Nov. ej.a. der Schulrevident für Werro, Pastor Schwarz an, ein Schul- und Lesebuch herauszugeben. Ulmann beantragte bei der Behörde, ihm die Mittel dazu zu versprechen. Das wurde genehmigt. Am 1. Dec. 1849 konnte er berichten, dass 4 estnische Pastoren, Schwarz, Christiani, Hörschelmann und Schulz[15] bereits an diesem Buche arbeiteten. 1851 konnte er berichten, dass Hörschelmann auch ein estnisches Melodienbuch herausgeben wolle. Für den estnischen Distrikt war also einigermassen gesorgt.

Ob er jenen erwähnten Aufsatz für die lettisch-literärische Gesellschaft je zu Stande gebracht hat, ist mir nicht bekannt. Jedenfalls bot sich ihm in den fast nur von lettischen Lehrern besuchten Conferenzen, eine andere und vielleicht bessere Gelegenheit, für den lettischen Distrikt zu sorgen. Gleich 1849 hielt er einen Vortrag über Schulbücher. Er selbst bearbeitete dann eine Sammlung kirchlicher und Schulgesänge, so wie ein wohlfeiles Melodienbuch. Neiken schrieb seine Anleitung zum Unterrichte in der deutschen Sprache, Zauniht ein lettisches Rechenbuch, Schwech ein lettisches ABC Buch. Für alle diese Schriften gab die Behörde bereitwillig die Mittel zur ersten Herausgabe her, die aber gewöhnlich bald wieder einkamen. Eine Karte der Ostseeprovinzen von Schwech wurde nicht für gut befunden; dafür aber kaufte die Behörde 200 Exemplare der Bornhauptschen[16] an. Pläne zu Lettischen Geographie und Geschichtsbüchern wurden in ausführlichen Aufsätzen auf den Conferenzen dargelegt, und dadurch wurde der Anstoss zur späteren Abfassung solcher gegeben.

Dass Ulmann, indem er die Conferenzen ins Leben rief, einem Bedürfniss entgegengekommen war, und also auch etwas Lebenfähiges geschaffen hatte, wer wollte das verkennen? Dass aber diese Institution während seiner Amtsdauer noch

---

15 Gemeint ist offenbar Ernst Wilhelm *Woldemar* Schultz (1813–1887), damals Pastor an der estnischen St. Elisabeth-Kirche in Pernau, später General-Superintendent und Vizepräses des Estl. Konsistoriums; vgl. Prediger (wie Anm. 6), Nr. 1692.

16 Möglicherweise Carl Friedrich Bornhaupt (1802–1889), Begründer und Leiter einer Lehr- und Erziehungsanstalt in Riga; vgl. Album Academicum der Kaiserlichen Universität Dorpat, bearb. v. A. Hasselblatt u. G. Otto. Dorpat 1889, Nr. 1585.

nicht recht aufblühte, – nur ein Mal 1850 war sie von 44 Lehrern besucht, 1852 gar nur von 18, gewöhnlich hielt sie sich um 30 herum, – wer kann sich darüber wundern? Die Lehrer hatten zum Theil nach Treiden hin recht grosse Entfernungen zurückzulegen, zum Theil erkannten sie auch die grosse Bedeutung der Conferenzen noch nicht genug. So etwas hat Zeit nöthig, um sich einzubürgern.

Sonstige Verhandlungen in dieser Periode

Diese Verhandlungen hängen nicht mit Ulmanns Organisationen zusammen, sondern betreffen mehr die Stellung des Schulwesens zum Staat und zur griechischen Kirche; auch hat Ulmann sie nicht speciell geführt. Sie sind also den in den früheren Capiteln behandelten Gegenständen nicht ein- oder beizuordnen. Ich behandle sie daher gesondert.

I. Die Gründung und Erhaltung von Gemeindeschulen auf den Domänengütern

Am 30. März 1848 berichtete die Riga-Wolmarsche Kreislandschulbehörde, dass nach § 112 und 113 der Domänen-Ordnung auf den Gütern Wainsel, Colberg, Palmhof und Bilderlingshof Land zu Gemeindeschulen abgetheilt und eingewiesen worden sei. Landrath von Rennenkampff trug darauf an, dasselbe auf den andern Krons- oder Domänen-Gütern zu erwirken. Der General-Superintendent proponirte, ehe man weitere Schritte thue, sich von den übrigen Kreislandschubehörden diejenigen Kronsgüter aufgeben zu lassen, auf denen noch nichts geschehen sei. Ulmann meinte, das gelte namentlich für den estnischen Distrikt, wo die Privatgüter schon für Schulen gesorgt hätten; im lettischen sei es weniger dringend nöthig. Dementsprechend wurde verfügt und die Relation der lettischen Kreislandschulbehörden über die Errichtung von Gutsschulen hinzugefügt.

Dorpat-Werro antwortet schon am 17. April, indem es alle die Güter namhaft macht, auf denen die Schulhäuser schlecht sind, oder die neuer Schulhäuser oder bessrer Lehrer-Saläre bedürfen. Die Bezirksverwaltung hätte der Kreislandschulbehörde auf ihre Mahnung geantwortet, die Bauten könnten nicht erfolgen vor Bestätigung des Normalrisses für Schulhäuser auf Kronsgütern von Seiten des Ministers, und neue Schulen könnten nur bei der Regulirung angelegt werden. Daher möchte die Oberlandschulbehörde sich deswegen von sich aus an's Ministerium wenden. Private Schritte beim Domänenhof hatten dann ergeben, dass die Pläne bestätigt seien, die Messregulirungs-Commission aber das Land einzuweisen habe. Es wurde beschlossen für's Erste noch die Berichte der 3 anderen Kreislandschulbehörden abzuwarten.

Am 30. Oct. 1848 waren diese endlich eingelaufen und Ulmann referirte, dass fast überall auf den Kronsgütern bei der Regulirung Land zu den Schulen abgetheilt worden sei; aber in Dorpat-Werro sei der Zustand der Schulen schlecht. Man beschloss, die Sache jetzt nicht weiter bei dem Domänenhof zu urgiren, sondern den Kreislandschulbehörden aufzutragen, dass die Schulverwaltungen und Revidenten darüber wachen sollten, dass überall für die Schulen Land eingemessen würde, dass es nicht ungenutzt daliege, dass die Schulmeister in ihrer Subsistenz gesichert würden.“ –

Damit ruhte die Sache fürs Erste und kam erst wieder 1852 zur Verhandlung, als Dorpat-Werro berichtete, dass auf dem Kronsgute Schloss Lais die 6. Schule, die zu Sotag,[17] ganz eingehen und eine andere, die zu Palloper nur für 4 Thlr. 65 Gr. Land nach den Bestimmungen der Messregulirungs-Commission erhalten solle. Es fügte die Bitte hinzu, dagegen beim Domänenhof zu protestiren. Die Oberlandschulbehörde wandte sich darauf an den Domänenhof und bat folgende Punkte zu beachten: 1, Die Sotagsche Schule ist nicht auf Wunsch des Pastors allein entstanden, sondern auf Bitte der Bauern von einer andern überfüllten Schule abgetheilt und dann von 70 Kindern besucht worden. Die Bauern haben dieses ihr grösstes Schulhaus mit Bewilligung des Domänenhofs erbaut. 2, Man hat den Sotagschen Wirthen schon beim Bau Hoffnung auf die Regulirung gemacht. 3, Bisher sind alle Schulen mit 7 Thlr. Land fundirt worden, warum jetzt Palloper mit weniger Land? Schliesslich setzt die Behörde die Bitte hinzu, in Schulsachen künftig mit ihr in Relation zu treten, ehe solche Massregeln wie in Lais getroffen würden. –

Der Domänenhof antwortete darauf am 16. Juni, dass die Regulirung in Schloss Lais vollständig bewerkstelligt und soviel Land als nöthig zu den Schulen abgetheilt sei, nämlich für 5 Schulen zusammen 35 Thlr. 47 Gr. Wenn noch eine Schule hinzukäme dann könnten die Leute sich so helfen, dass alle 6 Lehrer sich in die Einnahmen aller dieser Ländereien theilten, wobei eine Pacht von 3 Rbl. pr. Thlr. angenommen werden könnte. Die Bitte wegen der Zukunft veranlasse den Domänenhof zu der Mittheilung, das alle Kronsgüter Livlands bis auf 2 schon regulirt seien. – Nachdem der Domänenhof so rücksichtslos verfahren, dass er bei keiner Fundirung von Schulen die Vertreter dieser hinzugezogen hatte, strich er hier die 6. Schule ganz willkührlich und fügte, – fast klingt es wie Spott, – noch den Vorschlag hinzu, die 6 Lehrer könnten sich in die c. 107 Rbl. Pacht ja theilen. Dann sollte ein jeder für seine Arbeit c. 18 Rbl. erhalten. Das hatte die Behörde für ihre Bemühungen um die Gemeinden der Kronsgüter!

---

17 „Sotag“ = Sotaga (2); vgl. Gertrud Westermann, Baltisches historisches Ortslexikon. Teil 1: Estland. Köln 1985, S. 564.

Nun ruht die Sache wieder, bis am 30. Mai 1853 Wenden-Walk berichtet, auf welchen Kronsgütern Land für Schulen abgetheilt worden sei. Auf Verlangen der Oberlandschulbehörde, ihr auch aufzugeben, wo das noch nicht geschehen sei, meldet es am 24. Oct. das und fügt hinzu, die Bezirks-Verwaltung habe dem Schulrevidenten Pastor Pohrt geschrieben, den Gemeinden sollte künftig die Anfuhr der Materialien zum Bau und später die des Brennholzes obliegen; über die Baarzahlungen sei noch nichts bestimmt. Bei Anstellung der Lehrer würde die Bezirksverwaltung mit der resp. Schulverwaltung in Relation treten. – Die Behörde ersah daraus, dass die Schulverhältnisse auf den Kronsgütern noch erst geregelt werden sollten, und beschloss dem Domänenhofe die Punkte in einer ausführlichen Darlegung namhaft zu machen, die ihr besonders beachtenswerth erschienen. Das that sie in einem Schreiben vom 12. Dec. und bezeichnete folgende Punkte als solche, derentwegen die Bezirksverwaltungen gebeten würden, sich mit den Schulverwaltungen in's Benehmen zu setzen: 1,. um dort, wo Land abgetheilt sei, auch Schulen zu erbauen. 2., um die Schulstellen so zu wählen, dass sie gut liegen, oder die schlecht gelegenen gegen gut gelegene umzutauschen. 3., um zu kleine Güter mit grösseren zu verbinden. 4., um das Land, das einer Confession zugetheilt ist, ihr auch zu erhalten; 5., um tüchtige Lehrer anzustellen.

In Folge eines Schreibens aus Pernau-Fellin wendet sich die Oberlandschulbehörde dann wieder am 16. Dec 1854 an den Domänenhof mit der Bitte auf 6 Gütern im estnischen Distrikt die Lehrer besser zu salariren, d.h. offenbar die Landdotationen der Schulen zu vergrössern. Der Domänenhof antwortet darauf am 18. Jan. 1855, sämmtliche aufgegebene Güter seien schon regulirt; erst nach 12 Jahren bei der Verifikation der Regulirung könne wieder etwas geschehen.

Am 12. April 1855 meldet dann noch der Domänenhof der Oberlandschulbehörde, er habe in Folge ihres Schreibens vom 12. Dec. 1853 angeordnet: 1, dass die Bezirks-Inspektoren sich wegen Benutzung der Schulländereien, namentlich wo noch keine Schulen wirklich begründet sind, mit den Schulverwaltungen in Relation setzen sollten. 2, dass die Messregulirungs-Commission die Schulländereien möglichst in der Mitte der Gebiete abtheilen möchte. Endlich zuletzt, dass die Bezirksverwaltungen bisher die Anstellung der Lehrer den Schulverwaltungen zu besorgen überlassen hätten.

Eigentlich in die nächste Periode fällt dann noch folgende Verhandlung; ich bringe sie gleich, weil sie das Eintreten der Behörde für die Schulen auf Kronsgütern zum Abschluss bringt.

Am 26. Jan. 1861 berichtet der Kirchen-Vorsteher von Salis, dass den 7 lutherischen Wirthen des Kronsgutes Orrenhof die Pacht für das Schulland auferlegt worden sei und bittet die Oberlandschulbehörde, das von ihnen abzwenden. Und am 5. Febr. ej.a. klagt Pastor Jannau von Lais darüber, dass die Flemmingshofsche Gemeinde für das als Schulland verzeichnete Land 149 Rbl. Pacht habe zahlen müssen. Nach einer geschichtlichen Darlegung der Immunität von Kirchen- und Schulländereien kommt er dann auf ein früheres Schreiben des Domänenhofs an den damaligen General-Gouverneur, wo es heisse: Da nun aber die Hohe Krone durch eine kostenfreie Land-Abtheilung an 5 Schulen zum Salair der Schulmeister in dem Verhältniss zur Seelenzahl von Schloss Lais ein bedeutendes Opfer gebracht etc." Diese Worte bezeugten doch, dass man bisher an eine Pachtzahlung nicht gedacht habe. Er bittet daher, die Schatzfreiheit des Schullandes zu retten. – Die Behörde trat in Betreff beider Fälle am 17. Febr. in einem Schreiben an den Gen.-Gouv. ein. – Welche Antwort die Behörde vom Gen.-Gouv. erhielt, erhellt nicht aus den Akten; aber es verstummen fortan die Klagen der Kronsgemeinden über ihnen für das Schulland abgeforderte Pachtzahlungen. Jedenfalls hatte die Behörde sie nach Möglichkeit vor der Willkür der Beamten zu wahren gesucht. Dass diesen übrigens unser ganzes Schulwesen höchst unbequem war und sie sehr darauf achteten Alles, was ihnen wie ein Uebergriff unsererseits erschien, zurückzuweisen, geht auch aus folgender Verhandlung hervor.

II. Gründung einer Privatschule auf dem Lande

Der Bericht für Dorpat-Werro hatte eine von einem Fräulein Julie Pelzer auf Teilitz errichtete Schule erwähnt. Ulmann hatte sie für eine Hofesschule für etwaige kleindeutsche Kinder gehalten und ihrer Gründung keine weitere Beachtung geschenkt. Da schreibt der Schuldirektor Schröder, die Kreislandschulbehörde habe den Pelzers eine Concession ertheilt, und zwar auch Geschichte und Geographie zu lehren. Ob sie dazu berechtigt sei? Ulmann schreibt daher am 6. Nov. 1852 an diesen, um einen vielleicht schweren Conflikt zu vermeiden, und fragt an, ob er die Sache schon weiter berichtet habe, und ob die Schule sich halten liesse, wenn Geographie und Geschichte aus der Zahl der Unterrichtsfächer gestrichen würden? Schröder antwortet am 14. ej.m., in dem Bericht an den Curator sei die Sache aufgeführt. Wenn die Oberlandschulbehörde der Lehrerin die Concession ertheile, möchte sie das nicht weiter thun, als sie es nach allen Seiten vertreten könne. Die

Behörde verfügte am 27. Nov. dem Direktor zu schreiben, die Kreislandschulbehörde sei über ihre Competenz gegangen und werde dafür einen Verweis bekommen. Die Schule aber werde, nachdem Julie Pelzer ihr Gemeindelehrerexamen abgelegt, für die Kinder von Teilitz als Gemeindeschule unter Inspektion der Schulverwaltung bestehen bleiben. Da wünscht der Curator zu wissen, in welchen Gegenständen und in welcher Sprache zu Teilitz unterrichtet werde. Auf eine Anfrage beim Pastor zu Teal erfährt die Behörde, dass Julie Pelzer sich beim Direktor einem Examen unterzogen, es bestanden und sich der Inspektion dieses Herrn unterstellt habe. Damit war diese heikle Sache beendet: Sie war heikel, da der Curator eifersüchtig darüber wachte, dass das Landschulwesen nicht unter seinem Schutze über den Volksunterricht hinausführende, etwa deutsch unterrichtende Schulen entstehen liess. Hier bedurfte es grosser Besonnenheit, um diesen an sich so unbedeutenden Handel nicht zu einer cause célèbre werden zu lassen. Das wurde nun zwar vermieden, aber das Ansehn unserer Schulbehörden ging aus dieser Sache nicht gerade gekräftigt hervor.

Aus dem Vorstehenden ist zu ersehen, dass die Verwaltung unseres Schulwesens dasselbe nach Möglichkeit gegen die Staatsbehörden vertrat; wenden wir uns jetzt dem zu, wie sie dasselbe gegenüber den Eingriffen der Staatskirche that.

III. Das Verhalten der Verwaltung des Landschulwesens gegenüber der orthodox-griechischen Staatskirche

Im Jahre 1845 hatten die Massenübertritte zu dieser unter unserem Landvolke stattgefunden. Es musste dieser Thatsache gegenüber zuerst Stellung genommen werden, und wenn das geschehen, musste ein einheitliches Verfahren fest eingehalten werden. Es mussten aber auch die bald auftretenden Uebergriffe dieser Kirche sofort zurückgewiesen werden, wenn keine schlimmen Präcedenzfälle die ganze Sache verschieben sollten.

Am 16. Sept. 1846 erstattet Ulmann der Behörde einen Bericht über das gesammte Schulwesen und stellte dabei verschiedene Anträge. Unter diesen lautet einer dahin, den Kreislandschulbehörden die Weisung zu ertheilen, dass die zum griechischen Glauben übergetretenen Schulkinder nicht mehr unter unserer Verwaltung stehen. Dass Ulmann sich in dieser Frage ganz klar war, geht aus mehreren, leider ohne Datum gebliebenen Auseinandersetzungen von seiner Hand, hervor. Eine ist als Eingabe der Oberlandschulbehörde an die Commission zur Verbesserung der bäuerlichen Verhältnisse Livlands gehalten und erinnert darin, dass die Volksschule untrennbar mit der Kirche verbunden sei, sowie dass die Behörde nur in diesem Sinn Vorschläge machen könne. Die zur griechischen Kirche übergetretenen Nationalen müsse die Ritterschaft dem Staate überlassen.

In einer andern geht er genauer auf Ansichten, die in der Commisssion aufgetaucht, vielleicht gar schon acceptirt waren ein und bekämpft sie. Die Commisssion habe, um mit der griechischen Kirche in keine Collision zu gerathen, Gemeindeschulen und confessionelle Gemeindeschulen unterschieden und sei dabei schliesslich auf aparte Gemeindeschulen für Lutheraner und Griechen und kirchliche Gemeindeschulen für beide herausgekommen. Ulmann wirft ihr in mehreren Exposés vor, dass sie vierfache Schulen schaffe, um nichts mit den Griechen zu thun zu haben, dass aber der Staat die blossen Gemeindeschulen für seine Beaufsichtigung beanspruchen werde, und die kirchlichen nicht besucht werden würden. Leider hätte der Umstand, dass die lutherische Kirche ihres Landeskirchenthums beraubt wäre, die beste Kraft zur Vertretung der lutherischen Schule gebrochen. Des Adels Beaufsichtigung allein mache die Schule nicht lutherisch. Auch müssten ihn die vielen gemischten Ehen in seiner Mitte bald um das Patronat der lutherischen Kirche bringen. Daher schlage er vor, nach der Kaiserlichen Entscheidung vom 14. Dec. 1846 die griechischen Schulen ganz unberücksichtigt zu lassen und die bestehenden rein als lutherische zu behandeln. Nach diesen Darlegungen, die aus den Jahren 1846 oder 1847 zu stammen scheinen, ist jener Antrag Ulmanns vom 16. Sept. 1846 ganz erklärlich. Er wurde auch angenommen. Aber darum waren noch gar nicht alle Glieder der Behörde mit ihm einverstanden. Der bei jener und mehreren der folgenden Sitzungen nicht anwesende Oberkirchen-Vorsteher für Pernau-Fellin Landrath von Bock hatte offenbar in dieser Angelegenheit die Fühlung mit den übrigen Gliedern der Behörde verloren und von sich aus einen leicht verhängnisvoll werdenden Schritt gethan. Er schreibt der Behörde am 10. Febr. 1847, er sei verhindert zur Sitzung zu kommen und melde derselben, er habe bei der Beobachtung, dass Bauerkinder, um von der Schule frei zu kommen, griechisch geworden seien, bei der Gouvernements-Regierung angefragt, ob solche Kinder die Schule nicht mehr besuchen dürften? Diese habe geantwortet, dass das keineswegs anzunehmen sein. Sie hätten die Schule zu besuchen und mit Ausnahme des Religionsunterrichts an dem ganzen Unterrichte theilzunehmen. Er hatte diesen Schritt offenbar in der wohlmeindendesten Absicht gethan, um keine Unordnung in dem Schulbesuch aufkommen zu lassen. Die Geistlichkeit sah aber die Sache, wie Ulmann, anders an. Denn noch auf derselben Sitzung der Behörde kam in Folge

Mittheilung des Provincial-Consistoriums ein Bericht des Pastors Carlblom zu Tarwast an dasselbe zum Vortrag. Derselbe meldete, der örtliche (nämlich der Fellinsche) Oberkirchen-Vorsteher habe eine Vorschrift der Regierung mitgetheilt, wonach griechisch gewordene Kinder die Schule ferner besuchen und nur am Religionsunterrichte nicht theilnehmen sollten, da der Uebertritt in den Schulverhältnissen nichts ändere. Diese Vorschrift mache die lutherischen Landschulen zu einer Unmöglichkeit. Daher bäte er darum sie zu beseitigen. Das Consistorium wandte sich an die Oberlandschulbehörde, damit diese als competentes Organ die nächsten Schritte thue.

Es wurde beschlossen:

1, an das Landraths-Collegium unter dringendster Empfehlung eine Vorstellung über diese in die heiligsten Interessen und Rechte der lutherischen Landeskirche eingreifende Angelegenheit und eine dahin bezügliche Rechtsverwehrung zu richten, damit zur Remedur dieser widergesetzlichen Massregel die nothwendigen Schritte schleunigst gethan würden. Diese Vorstellung übernahm Ulmann auszuarbeiten. 2, Landrath Bruiningk übernahm, Landrath Bock zu schreiben und ihm rügend zu bemerken, dass sein Verfahren in dieser Angelegenheit die rechtliche Autorität und Competenz der Behörde, deren Mitglied er eben selbst war, verletze und das Fortbestehen des lutherischen Landschulwesens in Livland auf's Äusserste bedrohe. 3, Bruiningk übernahm auch, dem Civilgouverneur confidentiell Vorstellungen zu machen über sein unbefugtes Eingreifen in die Competenz der Behörde. 4, Der General-Superintendent Klot endlich übernahm, allen Pröpsten zur Abwendung dieser dem Schulwesen drohenden Gefahr zu schreiben. Wir ersehen daraus, wie entschieden alle übrigen Glieder der Behörde das Vorgehen Bock's missbilligten und wie energisch alle möglichen Schritte sofort gethan wurden, um jede Berührung unseres Schulwesens mit den Griechen zu vermeiden. Landrath Bock entschuldigte darauf sein Schreiben an die Gouvernements-Regierung damit, dass er den Besuch der lutherischen Schulen von Seiten der griechischen Kinder dennoch für ausführbar, ja nothwendig halte. Später schlich sich derselbe allerdings ein, aber unter ganz veränderten Zeitverhältnissen. Jetzt wäre er jedenfalls gefährlich gewesen. Daher begegnen wir nochmals, als der Gouverneur trotz aller oben geschilderten Massregeln einen den Besuch der lutherischen Schulen durch griechische Kinder frei gebenden Erlass ausgehen liess, einem energischen Protest bei der Behörde von Seiten Walters, in dem er sehr ernst auf die Gefahren aufmerksam machte, die unserer Kirche aus der Einmischung russischer Geistlichen in unser Schulwesen erwachsen würden. Endlich giebt eine Besprechung der Jahresberichte am 4. Nov. 1848 Veranlassung dazu, dass Wenden-Walk und namentlich Pastor Anders zu Bersohn ernstlich dazu gemahnt werden, den Besuch unserer Schulen von Seiten griechischer Kinder durchaus nicht zu dulden. Pernau-Fellin fragt am 8. Febr. 1851 nochmals an, wie es mit dem Schreiben des Gouverneurs in dieser Sache zu halten sei? Es wird ihm geantwortet, die Sache wäre abrogirt durch § 647 und 648 der Agrar-Verordnung von 1849.

Da that sich von anderer Seite eine Gefahr auf. Riga-Wolmar berichtet 1850, dass vielfach darüber geklagt wird, lutherische Kinder würden zu griechischen Wirthen gegeben, und diese sorgten nicht dafür, dass sie im Hause gehörig unterrichtet würden, oder wollten sie nicht in die Schule senden. Da konnte nicht anders geholfen werden, als durch Einwirkung der Schulverwaltungen auf die Eltern der Kinder. Dazu wurden sie dringend ermahnt. Ebenso ermahnte die Behörde alle Kreislandschulbehörden dringend zur Wahrung der Rechte der lutherischen Kirche und deren Schuleigenthums. Die griechische Geistlichkeit habe schon ganz gesetzwidrig und willkürlich lutherische Schulhäuser einziehen und das zu ihnen gehörige Land wegnehmen wollen in Alt-Wrangelshof im Hambyschen Kirchspiel, in Rujen und Jürgensburg. Wie sehr es aber geboten war, der griechischen Kirche gegenüber wachsam zu sein, das zeigen ferner folgende brutale und von der weltlichen Obrigkeit unterstützte Eingriffe ihrer Geistlichen in unser Schulwesen.

Am 12. Nov. 1846 kam in der Behörde zur Berathung eine Unterlegung des Theal-Fölkschen Kirchen-Vorstehers v. Berg nebst einem Privatschreiben des Pastors Sellheim folgenden Inhalts: Der russische Geistliche in Sagnitz intendire Massregeln und habe Äusserungen gethan, aus denen hervorgehe, dass die griechische Kirche analog der lutherischen nach der Bauer-Verordnung von 1819 auf 500 Seelen Schulen errichten wolle, dass die russischen Geistlichen sich auch schon mit der Wahl des Schullandes beschäftigten, sowie mit der von den Gutsbesitzern zu bestätigenden Schulmeister, dass diese Schulen griechische und lutherische Kinder aufnehmen sollten etc. Die Gutsverwaltung hätte sein Ansinnen in dieser Beziehung zurückgewiesen, und er habe darüber dem Bischof berichtet. Es sei zu befürchten, dass die griechische Geistlichkeit sich auch in den Besitz lutherischer Schulhäuser setzen wolle, deren eines das Dörptsche Ordnungsgericht dem Geistlichen schon als Wohnung eingeräumt habe. Dazu komme der Abfall des Sagnitz'schen Schulmeisters Andrej Sarapu, den der Kirchen-Vorsteher auch nicht von seinem Amte zu entfernen gewagt habe.

Am 1. Dec. 1850 übersendet Dorpat-Werro ein Schreiben des Ordnungsgerichts und seine Erwiderung auf dieses in Betreff des Verlangens des Talkhofschen griechischen Geistlichen Semen Popow, das Saddoküllsche Schulhaus ihm zu übergeben. Ferner berichtet Pernau-Fellin im Febr. 1851, von Andern sei gemeldet, dass vom Gouverneur das Japernsche[18] Schulhaus nebst dem dazugehörigen Lande dem griechischen Popen für seine Schule „allerdings zeitweilig" eingeräumt sei, da nur 3-4 lutherische Kinder da waren. So viel ich aus den Berichten ersehe, hat Japern jetzt keine eigene Schule mehr. Endlich berichtet Pernau-Fellin am 6. Juli 1851, dass in Jacobi[19] Kaisma Gutsverwaltung und Ordnungsgericht zusammen das lutherische Schulhaus, wie es scheint wenigstens eine Hälfte, für die griechischen Kinder weggenommen hätten. – Die drei ersten Fälle wurden dem Landraths-Collegium übergeben. In Betreff des letzten berichtet Ulmann, dass die Klage der Kreislandschulbehörde beim Gouverneur mit ausgezeichneter Gründlichkeit abgefasst sei, indem formal der unstatthafte Eingriff in die Rechte der Schulbehörde, und material die thatsächliche Rechtsverletzung sehr gut dargethan sei. Damit waren derartige Eingriffe abgewiesen und hörten für's Erste auf.

Aber nicht bloss gegen die Eingriffe der griechischen Geistlichkeit hatte die Oberlandschulbehörde das Landschulwesen zu wahren, sondern auch gegen die gewiss gutgemeinten, aber unbedachten Concessionen der eigenen Glieder an die griechische Kirche. Herr von Bock war als Oberkirchenvorsteher abgetreten, und sein Nachfolger war Landrath von Sivers geworden. Hatte jener sich wegen des Besuches unserer Schulen von griechischen Kindern an die Gouv.-Regierung gewandt, so richtete dieser in Eusekülll eine Hofesschule ein, die auch griechische Kinder besuchen sollten und besuchten. Die Paistelsche Schulverwaltung klagt darüber. Die Gutsverwaltung behauptet auf Grund der Stiftungsurkunde, diese Schule wäre keine kirchliche. Der Besitzer von Euseküll, der zugleich Präses der Kreislandschulbehörde ist, wünsche die Entscheidung der Oberlandschulbehörde. Diese verfügt aber am 27. Nov. 1852, die Kreislandschulbehörde solle sich die Stiftungsurkunde zeigen lassen, dann selbst entscheiden und jedenfalls darüber Bericht erstatten. Am 7. April 1853 schreibt Pastor Maurach an Ulmann: Die griechische Geistlichkeit hat in Euseküll für ihre Kinder einen besonderen Schulmeister angestellt, einen versoffenen Bauerknecht, der nichts weiter thut, als dass er monatlich ein Mal das Gebiet mit seinem Brodsack durchzieht und alle Kinder aufschreibt, – ein wandernder Katechet, der nur nicht katechisirt. Die griechische Geistlichkeit sorgt für ihre Jugend, soweit sie es kann und versteht. Und das wäre doch eine zu weit getriebene Liberalität und würde in die grösste Illiberalität, ja in

18 „Japern" = Jaepern; vgl. Westermann, Ortslexikon (wie Anm. 17), S. 136.
19 Gemeint ist Kirchspiel St. Jakobi; vgl. ebenda, S. 167.

Frevel gegen die eigene Kirche umschlagen, wenn ein liberaler Gutsherr aus purer Schwärmerei für Liberalität und Toleranz mehr für seine griechischen Bauern thun wollte, als die griechische Geistlichkeit." – Jedenfalls wurde die Sache beigelegt, und am 4. Sept. 1853 wurde schon berichtet, dass für die Griechen eine aparte Schule erbaut sei. – Die Abgelegenheit Fellins und das dadurch öfter vorkommende Wegbleiben der Fellinschen Oberkirche-Vorsteher von den Sitzungen der Behörde hat es offenbar gemacht, dass es gerade diesen Herren so schwer fiel, sich in die von ihr eingenommene Stellung gegenüber den Griechen hineinzufinden.

Damit wären die Hauptsachen in der Entwickelung unseres Schulwesens während dieser Periode geschildert. Es erübrigt mir nur noch einige wichtige Personalveränderungen in der Oberlandschulbehörde nachzuholen. Dass Landrath v. Bock zurückgetreten und durch Landrath von Sivers ersetzt worden war, habe ich schon bemerkt. Von grösserer Bedeutung war, dass am 27. Sept. 1847 Landrath Baron v. Bruiningk erklärte, er sei als Landrath zurückgetreten und scheide damit auch aus der Behörde aus. Diese sprach ihm ihr tiefes Bedauern darüber aus, dass er aus dieser seiner officiellen, so segensreichen Wirksamkeit für das livländische Landschulwesen austrete, dessen Begründer und hochverdienter Beförderer und Vertreter er immer gewesen sei, und dankte ihm mit innigster Anerkennung für sein thatkräftiges und warmes Interesse für die Volksbildung. Gewiss verdiente der edle Mann diese Anerkennung, und sie wird ihn um so wolthuender berührt haben, als er im Laufe der Jahre, wie wir oben erwähnt, auch manche Kränkungen für sein warmes Eintreten für die Sache der Volksschule erfahren hatte. Ein Jahr später, am 21. Oct. 1848 schied er aus dem Leben. Am 16. Juni 1855 trat auch der General-Superintendent von Klot ab und starb am 18. Oct. ej.a. Mit warmem Interesse, mit Geschäftskenntniss und reicher Erfahrung hatte auch er stets der Behörde für die Förderung der Volksschule zu wirken gesucht. An demselben Tage, an dem er verabschiedet wurde, wurde Dr. Ferdinand Walter, Pastor prim. zu Wolmar, zu seinem Nachfolger ernannt. Der Sekretär sprach ihm über seinen Eintritt in der 1. Sitzung, der er beiwohnte, am 22. Sept. 1855 die Freude der Behörde aus. Aber ein halbes Jahr darauf zeigte bereits wieder der Schulrath Ulmann an, dass er zum Vice-Präses des Gen. Consistoriums ernannt sei und daher ausscheide. Er schlug zu seinem Nachfolger Pastor Sokolowski von Ronneburg vor. Der General-Superintendent Walter dankte ihm im Namen des Vaterlandes für seine segensreiche Wirksamkeit. Diesen Dank hatte der hochachtbare Mann wol verdient. Aus dem Obrigen erhellt, wie unermüdlich, wie umfassend und mit welcher Umsicht er für das livländische Landschulwesen thätig gewesen war. Und das Alles hatte er gethan ohne pecuniären Vortheil, nur seine Reisen liess er sich vergüten und nahm alle Widerwärtigkeiten und Hindernisse, die ihm der Unverstand seiner Gegner bereitete, willig hin. Diesen wohlverdienten Dank des Vaterlandes ihm abzutragen, – dazu möchten auch diese Zeilen das ihrige beitragen.

So waren denn die beiden Haupt-Personen bei der Begründung unseres bisherigen Schulwesens aus der Behörde ausgeschieden. Der General-Superintendent Walter und der Landrath von Rennenkampff, die noch zu ihr gehörten, waren freilich auch an jener betheiligt gewesen; aber das Werk allein fortzuführen erlaubten ihre sonstigen Ämter nicht. Dazu musste Ulmann einen Nachfolger erhalten, der sich dieser Aufgabe besonders widmete. Und vielleicht bedingte die Person dieses es, dass die nächste Periode eine Periode ruhiger Entwickelung der bisherigen Organisationen wurde. –

Ruhige Entwickelung der bisherigen Organisationen

Ulmann wünschte, dass Pastor Sokolowski von Ronneburg sein Nachfolger als Schulrath würde. Die Ritterschaft wählte aber den Pastor v. Klot von Lemburg, den Sohn des bisherigen General-Superintendenten, zum Schulrath. Jener war damals ein jüngerer Mann, voll Feuer und Thatkraft und hätte gewiss sehr anregend auf die verschiedenen Kreise des Schulwesens eingewirkt. Dabei war es, wie er einst Schreiber dieses bekannte, sein sehnlichster Wunsch Schulrath zu werden. Dennoch wurde er es nicht, und vielleicht war das ein Glück. Denn seine reich veranlagte Persönlichkeit begnügte sich nicht damit, in eingefahrenen Bahnen weiter zu fahren, sondern suchte neue auf und wäre dabei leicht auf gesuchte, der bisherigen Entwikkelung nicht entsprechende Pfade gekommen. Ich führe zum Beweise nur seinen späteren Vorschlag, die Küsterschüler ein Lehrjahr bei einem Pastor durchmachen zu lasen, ehe sie ein Küsteramt übernehmen, an. Er erwies sich als unausführbar. Das ist aber der einzige Vorschlag Sokolowski's in Betreff der Schule. Vielleicht war also doch Klot als Schulrath mehr an seinem Platz. Denn jetzt kam es darauf an, Ulmanns verschiedene Organisationen sich ruhig einleben zu lassen. Sokolowski hätte hineingegriffen und vielleicht Manches verdorben. Klot war ein älterer und erfahrenerer Mann, der konnte das wol, – und daher bezeichne ich seine Verwaltung des Schulrathsamtes als die Zeit der ruhigen Entwickelung. –

I. Die fernere Entwickelung des Schulwesens

Hierher rechne ich zunächst die Berichterstattung der unteren Verwaltunsorgane und ihre Ausnutzung von Seiten der Oberlandschulbehörde. Letztere besteht namentlich in den allgemeinen und speciellen Erlassen an die Kreislandschulbehörden und ergiebt damit auch den Inhalt der ersteren.

Betrachten wir zuerst die *allgemeinen Erlasse* an alle diese Unterbehörden.

In diesen wird 1857 mitgetheilt, dass die Schemata für die Jahresberichte, die bisher von den einzelnen Lokalverwaltungen selbst angefertigt worden waren, diesen fortan lithographirt zugeschickt werden sollten. In Betreff der Berichte der einzelnen Verwaltungen wird bemerkt, dass sie zeitiger, d.h. vor Ablauf des Septembers eingeschickt und genauer ausgefüllt werden möchten, da es jetzt z.B. vorkomme, dass die Zahl sämmtlicher Kinder kleiner sei, als die der im Hause und in den Schulen unterrichteten zusammen. 1859 wird abermals das späte Einschicken der Berichte und das Fehlen vieler Conventsprotokolle gerügt. Den Kreislandschulbehörden wird bemerkt, dass, wenn gegen solche Nachlässigkeiten nichts Anderes helfe, eine Pön würde angedroht werden müssen. Endlich 1861 wird anerkannt, dass die Berichte vollständig und gut eingesandt werden.

Dann richtete Klot seine Aufmerksamkeit auf die Dinge, die das Aufblühen des Schulwesens hinderten und meinte da besonders den schlechten Schulbesuch hervorheben zu müssen. Sehr bald aber musste er sich sagen, dass das eigentlich nur für den estnischen Distrikt Geltung hatte, da doch nur dieser Gemeindeschulen hatte und der Besuch der Parochialschulen im Lettischen gar nicht in *der* Weise wie der jener gefordert werden konnte. Als daher 1859 ein besserer Besuch im estnischen Distrikt constatirt werden konnte, wandte er sich mehr dem lettischen zu und ermahnte zur Gründung von Gemeindeschulen 1859, 1860, wo die Vermehrung von Katecheten und Schulen, sowie die Verwendung der Kreislandschulbehörden für die Eröffnung von Parochialschulen als erfreulich hervorgehoben wird. Der Landtag von 1864 hatte beschlossen und der Minister bestätigt: 1, überall wo die Schulbehörden eine Schule verlangen, sollten die Gemeinden sie errichten. 2, Der Grund und Boden sollte, wenn er nicht unentgeltlich hergegeben würde, wenigstens 3 Lfst. gross vom Gehorchslande expropriirt werden. 3, Den Preis sollten die Justizbehörden festsetzen. Daraufhin wurde sämmtlichen Schulverwaltungen im lettischen Distrikt am 10. Nov. 1865 direkt vorgeschrieben, einen Schulconvent abzuhalten und festzusetzen: 1, welche Gutsgemeinden, weil 500 männliche Seelen enthaltend, Gemeindeschulen zu errichten haben, und wo? 2, welche Gutsgemeinden, weil zu klein, sich mit anderen zu vereinigen haben 3, welche Gutsgemeinden Schulland, weil die Herren es freiwillig nicht hergeben, zu kaufen haben, und wo? Die Protokolle sollten durch die Kreislandschulbehörden der Oberlandschulbehörde zugestellt werden. Darauf hin war schon vor diesem Erlass zur Gründung von Schulen aufgefordert worden, und geschah das nachher noch dringender. Namentlich geschah das 1867. Die Einweisung der unentgeltlich gegebenen Landstücke sollte gleich bewirkt, das nöthige Material sofort beschafft und die Herren, welche sich noch nicht geäussert, dazu veranlasst werden etc. 1863, 1864, 1865, 1869 wird anerkannt, dass der lettische Distrikt fortfahre Schulen zu bauen, und von Neuem mahnt Klot dazu. Es fehle noch immer viel daran, dass auf 500 Seelen *eine* Schule komme. Die Gründung von Gemeindeschulen im Lettischen ist allmälig die Hauptaufgabe der Klotschen Verwaltung geworden. Uebrigens liess er auch den Schulbesuch nicht ausser Acht. 1860 ermahnt er, in die Parochialschulen nicht zu junge oder unbegabte oder nicht gehörig vorbereitete Kinder aufzunehmen. 1863 räth er dem estnischen Distrikt dazu, ungerechtfertigte Versäumnisse mit einer Pön zu belegen, wie das Dorpat-Werro mit Erfolg schon gethan habe. 1869 wird, damit der Besuch sich nach dem Theuerungsjahre 1868 wieder hebe, verlangt, die Pön strenger beizutreiben, sowie auch den Schulbesuch auf 6 Monate 3 Winter hindurch auszudehnen.

Bei der Vermehrung der Schulen zeigt es sich, dass die Mütter sich diese zunutze machen wollen und den häuslichen Unterricht vernachlässigen. Die Behörde warnt 1867 ernstlich davor, diese Vernachlässigung einreissen zu lassen, verlangt dass nur examinirte Lehrer angestellt werden, dass in allen Schulen schreiben und rechnen gelehrt würde und gestattet es nur den Revidenten die Lehrer zu examiniren. Unter den Unterrichtsgegenständen waren schon 1859 Lesen und biblische Geschichte betont worden. 1860 war den estnischen Aspiranten für die Küsterschule empfohlen worden, sich in der Musik und im Deutschen besser vorzubereiten.

Manche unpraktische Forderung kam auch vor, z.B. dass die Parochialschüler, weil sie einst Lehrer werden könnten, im Katechisiren geübt würden, und dass die Grösse des Schullandes fixirt würde. Gegen Letzteres erhob Dorpat-Werro 1860 Einspruch, da das manche Besitzer, die Land schenken wollten, kränken könnte, und die Behörde erklärte, die Sache nicht urgiren zu wollen. Am beachtenswerthesten erscheint jedenfalls die Forderung mit der Germanisirung des Landvolks zu beginnen 1861. Die grosse Bereitwilligkeit, ja das ausgesprochene Verlangen vieler estnischer wie lettischer Parochialschüler sich das Deutsche anzueignen, scheint die Leiter der Schulen damals erstaunen gemacht, ja geblendet zu haben. 1864 hielt General-Superintendent Walter seine bekannte Landtagspredigt über das Germanisiren des Landvolks und schon vorher im Nov. 1861 legte Klot seinen Erlass über das Germanisiren der Behörde vor, die ihn annahm. Er beginnt gleich so:

„Wenn die Zeitlage bei uns immer mehr zur Germanisirung dränge, und das Landvolk selbst die grösste Neigung zeige, sich mit der deutschen Bevölkerung zu verschmelzen, so müsse diesem mehr und mehr erwachenden Bedürfniss wenigstens in allen Parochialschulen Rechnung getragen und dahin gewirkt werden, dass es in keiner derselben an Gelegenheit fehle, die deutsche Sprache wenigstens so weit zu erlernen, als dazu erforderlich ist, sich in derselben verständlich zu machen. Diese Anforderung sei die geringste, die man zu jetziger Zeit an eine Parochialschule in dieser Hinsicht machen muss, und es brauche, – um dieses Ziel zu erreichen, – durchaus nicht der übrige Unterricht darüber vernachlässigt zu werden, was diese Oberlandschulbehörde nicht billigen könnte. Man mache nur in jeder dieser Schulen zur Regel, dass in ihnen vom 2. Jahre des Schulbesuchs an die Umgangssprache der Kinder die Deutsche werde, indem alle ausser dem Unterrichte vorkommenden Fragen des Lehrers und Antworten der Schüler soviel als möglich deutsch geschehen, die Kinder unter einander deutsch sprechen, in einzelnen ab und zu vorkommenden Stunden der vorliegende Unterrichtsgegenstand repetirend deutsch behandelt, namentlich aber auch dort, wo die biblische Geschichte schon tüchtig eingeprägt worden, die entsprechenden Erzählungen in der deutschen Bibel nachgelesen und aus ihr in die Landessprache übersetzt, später aber auch umgekehrt Uebungen vorgenommen würden, – so werde gewiss, zumal bei vierjährigem Aufenthalt in der Schule, selbst bei mässiger Begabung aber regem Eifer des Lehrers hierin schon Beachtenswerthes erreicht werden. Da es nicht geeignet erscheine, diesen Gegenstand durch Erlass an alle Schulverwaltungen öffentlich zu behandeln, so werde, um zu jenem Ergebniss zu gelangen, vorzüglich die Wirksamkeit der Herren Schulrevidenten erwartet und gebeten, dass sie bei ihren Revisionsfahrten nach den Fortschritten in dieser Richtung besondere Nachfrage thun, sich mit den schon längere Zeit die Parochialschule besuchenden Kindern deutsch zu unterreden versuchen und den noch ungewandten und schwerfälligen Schullehrern mit ihrem einsichtigen Rath, wie dieser Unterrichtungsgegenstand praktisch anzufassen sei, beizustehen, damit diese nicht durch vorzeitige, unpraktische Ueberfütterung der lettischen und estnischen Jugend mit der deutschen Formenlehre und Syntax, dieser die Lust an der Sache verderben, sich selbst aber wegen der langsamen Fortschritte der Schüler auf diesem Wege den freudigen Muth benehmen, von dessen Bewahrung bei Lernenden und Lehrenden aller Forschritt abhängt etc.“ Ebenso sagt der Erlass von 1864, die deutsche Sprache müsse ein Unterrichtsgegenstand durchaus sein, da die Schulen dadurch erst beim Landvolk populär werden. –

Dass letztere Bemerkung richtig ist, kann ich aus Erfahrung bezeugen. Diejenigen Parochialschulen, welche ihre Schüler im Deutschen tüchtig förderten, waren besucht; die anderen zählten wenig mehr Schüler als die vorgeschriebene Zahl 12. Dennoch war es nur zu begründet, dass jener Erlass die Oeffentlichkeit scheute, da die Aufforderung an die Lehrer, auch in den freien Zeiten mit den Kindern deutsch zu sprechen, ein hässliches Aufdrängen dieser Sprache in sich schloss.

Schliesslich sei noch bemerkt, dass Klot 1859 in Betreff der Rivisionen bemerkt, dass sie sich als besonders erfolgreich erweisen. Das haben sie im Verlauf der Zeit immer mehr gethan. Wenn er aber 1869 verlangt, dass sie nur während der Schulzeit abgehalten würden, so ist das namentlich was Werro betrifft, ein frommer

Wunsch geblieben. Hier kamen solche bis zuletzt im Mai vor, weil sie nicht immer in loco sondern in der Kirche abgehalten wurden. Klot's Grund, „damit die Kinder das Gelernte nicht vergessen haben,“ mag seine Berechtigung haben. Wichtiger aber erscheint es noch, dass auch die Schullokale revidirt werden. – Besonders dringend aber verlangt er, überhaupt fleissiger zu rividiren 1871. –

Wenden wir uns dann den speciellen Erlassen zu, welche an die einzelnen Kreislandschulbehörden gerichtet wurden, so sehen wir, wie schon früher, dass besondere Bemerkungen, seien sie anerkennenden, seien sie rügenden Inhalts, sich immer wiederholen, dass die Verhältnisse sich also nicht schnell ändern. In *Dorpat-Werro* wird die Kreislandschulbehörde 1864 wegen ihres Eifers gelobt, sowie die strenge Handhabung der Schulzucht und die Sorge für bessere Lehrer 1865, das wöchentliche Aufgeben der Versäumnisse 1860. Aber über die Untauglichkeit vieler Lehrer fehlen noch 1861 nicht Bemerkungen. Carolen weist 1859 nur 1 Parochialschüler auf, Theal ebenso 1860. Es sind im Kreise nur 12 Parochialschulen auf über 20 Kirchspiele, und diese wenigen wurden so schlecht besucht. Die Pölwesche Mädchenschule geht 1867 ein, und in vielen Schulen müssen Schreiben und Rechnen noch erst eingeführt werden. Es gab hier zuerst Gemeindeschulen in grösserer Anzahl; aber man blieb stehen und wollte nicht mit der Zeit fortschreiten. *Pernau-Fellin* hat 1857, 1861 keine Revisionen gehabt; Pernau speciell keine 1865, 1867 und 1869. Diese Versäumnisse der unteren Behörde machen der Oberlandschulbehörde Sorge und sie verlangt, es solle jedes Mal, wenn Revisionen ausfallen, der Grund dazu angegeben werden. Wie sehr aber Revisionen helfen können, hätten die in Michaelis und Jacobi bewiesen, wo auf Kronsgütern durch ihre Anregung Land zu 3 Schulen, Zulagen etc. erlangt worden sei. Fellin erfährt Anerkennung, weil es in vielen Jahren alle Schulen seines Kreises hat revidiren lassen. Torgel wird gemahnt die schulpflichtigen Kinder nicht zur Fabrikarbeit zu entlassen. Bezeichnend ist, dass Fennern erst 1863 den Unterricht im Schreiben einführt. 1858 wird vorgeschrieben, dass über das Schulland immer 2 Karten auf Kosten der Gemeinde anzufertigen seien. Die eine solle bei der Schulverwaltung, die andere in der Kreislandschulbehörde bleiben. Zugleich wird Helmet nicht erlaubt, nachlässige Schulältesten mit Strafen zu belegen. Das passe nicht für ein Ehrenamt. Man könne sie ja vermahnen und entlassen.

In den an *Wenden-Walk* gerichteten Erlassen wird fast alle Jahre die Gründung neuer Schulen mit Anerkennung erwähnt. Wo diese nicht zu erreichen sei, müssten wenigstens Katecheten angestellt werden. Wenn die Revidenten 1863 den häuslichen Unterricht und die Parochialschulen in Alt- und Neu-Pebalg lobten, so genüge das durchaus nicht. Diese wohlhabenden und grossen Gemeinden sollten doch ja mit der Gründung von Schulen vorgehen. Dasselbe erfährt Smilten 1864. Ein Schmerzenskind des Wendenschen Kreises ist die Colonie Hirschenhof,[20] deren schärfere Beaufsichtigung 1860, 1861, 1864 betont wird. 1859 wird der Baronesse M. v. Wolff der Dank für die Gründung einer Mädchenschule in Oppekaln ausgesprochen. 1864 werden Fehteln und Arrasch belobt, weil sich in ihren Parochialschulen Schüler fänden, die recht geläufig deutsch sprechen und fast fehlerfrei schreiben. 1865 freut sich die Oberlandschulbehörde über die Einführung der deutschen Sprache als eines Unterrichtsgegenstandes in mehr als der Hälfte der Parochialschulen. Die Schulen seien nicht mit Gemeindehäusern zu verbinden. 1869 fehlen wieder unter den Berichten die vorgeschriebenen Tabellen.

In *Riga-Wolmar* geht gleichfalls in diesem Zeitraum die Gründung von Gemeindeschulen allmälig vorwärts. Nur in Salisburg-Panten muss die Kreislandschulbehörde zu diesem Zwecke einschreiten. Dagegen kommen auch namhafte Schenkungen für die betreffenden Schulen vor, so hat 1857 von Vegesack – Raiskum 500 Rbl., 1858 von Grote – Lemburg 1 000 Rbl., von Oettingen – Duckershof Land geschenkt. Die Gemeinde will Letzteres nicht annehmen aus Furcht vor den Bauten, die mit der Zeit nöthig sein würden. Dieses gab später zu langen Streitigkeiten Veranlassung. Besonders hervorzuheben sind aber wol die Verhandlungen wegen Schlock. Schon im Mai 1856 bezeichnet Klot in einem Schreiben an Probst Häussler die dortigen Zustände als missliche. Der Erlass an Riga-Wolmar von 1857 sagt dann, die Zustände in Schlock erforderten aufmerksame Beachtung, und 1859, die rüstige Thätigkeit der Schlockschen Schulverwaltung wäre besonders anerkennenswerth. Sie liess ihre Parochialschule eingehen um 4 Gemeindeschulen zu gründen, weil sie dieses nur so glaubte erreichen zu können. Und dem stimmte die Oberlandschulbehörde zu! Zum Glücke bestätigte sie wenigstens die folgende Entscheidung der Kreislandschulbehörde: „Wenn die private deutsche Elementarschule in eine Kronsschule umgewandelt wird, deren Lehrer von dem Vorstande des Fleckens und dem Pastor in Gemeinschaft gewählt wird und kein Kind aufnimmt von der lettischen Gemeinde, das nicht 3 Jahre eine Gemeindeschule besucht hat, so sei das zu verwerfen. Das Landschulwesen hat nicht für die deutsche Einwohnerschaft zu sorgen. Die Combinirung des Lehrers und Kirchendieners in einer Person, die vom Schuldirektor zu bestätigen ist, kann nur zu Conflikten führen. Das Landschulwesen darf den lettischen Kindern gar nicht verweigern in deutsche Schulen zu treten,

20 Hirschenhof war als 1766 gegründete *deutsche* Bauernkolonie eine Ausnahmeerscheinung im Baltikum.

wenn sie das wollen.“ Damit wurde grösseres Unheil abgewandt. Zu beklagen bleibt aber doch, dass die Parochialschule einging, deren Werth der aus Kurland gekommene Pastor[21] nicht erkannte. Er wollte, wie oben erzählt ist, den 3 neu gestifteten Gemeindeschulen einen Parochialschul-Lehrplan geben und meinte jene damit zu ersetzen. Faktisch ist das nicht geschehen; jene drei Schulen haben sogar nie das Niveau von guten Gemeindeschulen erreicht. Leider liess sich Klot durch die liebenswürdige Persönlichkeit des Pastors bestechen und opponirte nicht dem Eingehen der Parochialschule. –

II. Die Verwaltung der Küsterschule

Die Küsterschule wurde nun schon 3 Jahre in ihrem eigenen Heim gehalten und war vorläufig so organisirt, dass ihre fernere Entwickelung ruhig vor sich gehen konnte. Im allgemeinen geschah das auch. Dass aber bei der Ungunst, nämlich bei dem Sinken unserer Valuta, die Anstalt allmälig immer mehr Unkosten verursachte, war selbstverständlich und brauchte kaum hervorgehoben zu werden. Und doch erfordert die Art, wie der Direktor Zimse die Verhandlungen in dieser Beziehung führte, ein näheres Eingehen darauf. Offenbar imponirte ihm die Person des neuen Schulraths nach einem Ulmann nicht, und er wollte sich eine selbstständigere Stellung erkämpfen, was ihm ja in gewissem Sinne auch gelang.

Gleich zum Beginne dieser Periode, am 9. Juni 1856 meldet Zimse dem neuen Schulrath, ihm sei am 31. Mai seine Frau gestorben: „Wie es weiter werden soll, weiss ich noch nicht, bitte aber um einen wirklichen Gehilfen zum August.“ Am 13. Sept. meldet er einige Externa, namentlich dass er neue Schaufeln für die Gartenarbeiten und einen Schultisch angeschafft habe, und fügt hinzu: „Halten Sie diese Ausgabe nicht für motivirt, so bestreite ich sie aus meiner Tasche.“

Darauf muss ihm Klot geantwortet haben, denn er schreibt am 25. Oct. nachdem er hergerechnet, dass 3 Zöglinge einen Zuschuss von 55 Rbl. 80 Kop. und er einen von 15 Rbl. für den Unterhalt der 31 Zöglinge, sowie von 21 R. für den des Pferdes bedürfe, weiter Folgendes: „Was den Schluss Ihrer geehrten Zuschrift anlangt, so wollen der Herr Schulrath, wenn ich es recht verstehe, meinem ängstlichen Geschäfts-Gewissen zu Hilfe kommen. Dafür kann ich nur danken. Ist's aber ein Tadel, so glaube ich ihn wol nicht zu verdienen. Denn die betreffende Bemerkung war das Resultat eines schweren und ehrlichen Kampfes meines Geschäfts-Gewis-

21 Gotthard Vierhuff (1828–1907); vgl. Prediger (wie Anm. 6), Nr. 1960.

sens, das wol in 17 jähriger Erfahrung unlogisch geworden sein mag, im beregten Falle aber, wenn auch kein Lob, so doch keinen Tadel verdienen möchte. Für mündliche Auseinandersetzungen, wenn solche nöthig sein sollten, werde ich ein dankbares Ohr haben.“

Welches die von Klot gerügte Bemerkung gewesen ist, weiss ich nicht. Wenn es aber der Zusatz zur Meldung vom Ankaufe der Schaufeln: „halten Sie diese Ausgabe nicht für motivirt, so bestreite ich sie aus meiner Tasche“ war, dann halte ich die Rüge für angemessen. Denn entweder hat man selbst die Ausgabe leichtfertig gemacht, oder traut dem Anderen keine unpartheiische Beurtheilung derselben zu. In beiden Fällen ist eine Rüge angemessen. Uebrigens habe ich, als ich 1882 die Leitung des Seminars persönlich übernahm, gefunden, dass alle Arbeiten für dasselbe sehr hoch zu bezahlen waren, und wenn ich dagegen protestirte, antwortete man mir stehend: „aber die Ritterschaft bezahlt es doch.“ Das spricht für ein recht weites Gechäftsgewissen des bisherigen Direktors.

Hierher gehört auch Folgendes: 1860 am 21. Dec. schreibt Zimse an Klot, „statt neue Stühle zu kaufen, lasse er alte durch einen Stuhlmacher aus Palmhof repariren, den dazu willig zu machen mancher andere Hebel angesetzt werden musste.“ Das war, wenn ich nicht irre, derselbe Stuhlmacher, der mir 1882 von über 30 Stühlen mehr als die Hälfte ganz unreparirt wiedergeben wollte, – offenbar in der Hoffnung, ich würde sie nicht näher ansehen. Das muss er doch so gewohnt gewesen sein!

Am 9. Dec. schickt Zimse wieder eine Berechnung der Einzahlungen der Seminaristen Klot zu, in welcher die Ausdrücke „bekanntlich“ und „natürlich“ in unverschämter Weise angebracht sind. Dann weist er nach, wie er bei der Gage des Knechts „10 Rbl. oder mehr aus seiner Tasche“ und ebenso beim Pferde Unterhalt zuzahle, und schliesst: „Da Swaigsniht erst im August mein Gehilfe wurde, so habe ich das Honorar für ein Semester noch zu gut, und die Schulkasse hat dabei wünschenswerthe Ersparnisse gemacht.“ Klot muss ihm darauf, wie aus dem Folgenden hervorgeht, gebührend geantwortet haben, erwirkt aber die Zahlung dieser Zukurzschüsse bei der Behörde.

Zimse schreibt ihm wieder am 21. März 1857 zuerst einen Dank für die Bewilligung und fährt dann fort: „Allein habe ich auch noch für etwas Anderes zu danken, – für die Offenherzigkeit, mit der Sie ausgesprochen, dass Sie etwas gegen mich haben. Allein die Sentenz scheint schon gestellt zu sein, ohne dass ich gehört bin. Dadurch ist mir ein Unrecht widerfahren. Ich soll Wolff gesagt haben: man gewährt mir keine meiner Bitten; man lässt mich darben, und daran ist der neue Schulrath schuld.“ Schon vor 10 Jahren hatte ein Herr gesagt, das Seminar koste jährlich

10,000 Rbl., und keiner der Entlassenen werde Volksschullehrer. Das hatte er mir, dann Wrangell gegenüber auch bis jetzt behauptet und gemeint, das müsse auf dem Landtag zur Sprache kommen und anders werden. Darum liess mich Wrangell eine Liste der Abgegangenen und eine Angabe ihrer Verwendung anfertigen etc. Ich theilte diese Dinge auch Anderen mit, damit eine ganze Partei gerüstet dem reaktionären Gelüsten gegenübertreten könne. Auch Wolff theilte ich das mit, und dass es lächerlich sei von 10,000 Rbl. zu sprechen, und dass auch bei mir persönlich die 7 mageren Kühe die jetzigen besseren auffressen etc. Das lässt jeder menschlichen Autorität ihre Ehre. Das zu verschweigen, erscheint mir wie Verrath an der Geschichte. Danach begreife ich wol, wie der Dank für meine Arbeit ausbleiben konnte. Wie aber meine Bemühungen mir eine Rüge zuziehen, wie man meine Worte auf die Jetztzeit beziehend mich der Undankbarkeit zeihen konnte, ist mir – ein Räthsel.“ Zimse zählt hier die erhaltenen Gratifikationen, bei seiner Heirath 1849, 200 Rbl. etc her. „Das Seminar ist bekanntlich eine alma mater und hat einen grossen Magen. Nach einer schweren Vergangenheit sind wir endlich in einen status quo gerückt, in dem wir leben und freudig wirken können. Wollen der Herr Schulrath mein Urtheil über sich erfahren, so habe ich das längst Pastor Sokolowski abgegeben etc.“ Zum Schluss sagt er, er wolle dem Esten Auster den Rath geben, weil er zu unbegabt sei, auszutreten. –

Dass Zimse etwas Ungehöriges auch über Klot geäussert, geht aus seinen Worten hervor, aber was es gewesen ist, sagt er nicht. Ich glaubte den Brief fast ganz seinem Wortlaute nach hersetzen zu müssen; da man dann die Antwort Klot's erst recht versteht und sich sagen kann, welch' ein Urtheil er über Zimse's bisheriges Benehmen ihm gegenüber fällen musste.

Klot antwortet ihm am 22. April, er habe Pastor Ulmann, den Sohn des Bischofs, um die biblischen Geschichtsstunden im Seminar gebeten, überhaupt darum, ganz an A. Walters Stelle, (nicht zu verwechseln mit dem Bischof F. Walter) zu treten. In Betreff Austers[22] wolle er erst die Meinung der beiden Pastoren hören. „Ihre Mühe, mich davon zu überzeugen, dass Sie an dem Gerüchte, die Oberlandschulbehörde lasse Sie darben und vernachlässige die ökonomische Lage des Seminars, nicht schuld seien, ist Ihnen nicht gelungen. Ich selbst habe Sie klagen hören und halte das im Allgemeinen für unmännlich, weil Jeder eine Stelle hat, wo ihn der Schuh drückt und, falls dieser Druck unerträglich wird, sich nach einer anderen Stellung umsehen kann. Ich hielt das bisher für eine vertrauliche Herzensergiessung und

22 Auster hat dann den Kurs nicht beendet; vgl. C. Peterson, I. Bach, E. Inselberg, Das ritterschaftliche Parochialschullehrer-Seminar in Walk. Riga 1898, S. 192.

schwieg. Da ich aber jetzt officiell vom Sekretär diese Klage als bei ihm von Anderen angebracht höre, so kann ich nicht schweigen, sondern zeige Offenherzigkeit, wie Sie sich auszudrücken belieben. Wenn ich Ihnen Unrecht gethan, so können Sie klagen; gegen mich verbitte ich mir weiter sich brieflich über diese Sache zu äussern. Denn ich kann mich genöthigt sehen, diese doch officielle Correspondenz der Behörde vorzulegen. Was wird sie sagen zu dem Passus: „damit eine ganze Partei gerüstet dem reaktionären Geiste gegenübertrete?" Muss ihr das nicht als lächerlicher Hochmuth erscheinen? als sehr anmassend, wenn es fast überall durchklingt, als hielten Sie sich für den Mitbegründer der Küsterschule? – Adel wie Geistlichkeit meinen, das Seminar gehe zu hoch hinaus und erziehe nicht zu zukünftigen Parochiallehrern in unseren Verhältnissen. Und das halte ich nicht für unbegründet und trug daher lange Bedenken, diese Vertrauensstellung anzunehmen. Gerade die Einsicht in Ihr Heft über Pädagogik (folgt unten) und Ihren Vortrag in Treiden über pelagianische Pädagogik (1854) brachten mich zu dieser Ueberzeugung. Nennen Sie mir den Leitfaden, nach dem Sie im nächsten Semester unterrichten wollen, damit ich ihn in Hinsicht der Popularität prüfe. Schicken Sie mir den Unterrichtsgang und ein Verzeichniss der Bibliothek. Ich wünsche, dass Sie meinen guten Rath annehmen. Die beste Vertheidigung des Seminars wird die sein, dass Sie die Zöglinge zu dem machen, was sie sein sollen. Wir dürfen nicht die ausländischen Seminare nachahmen. Was sollte beim letzten Entlassungsexamen das in neuerer Zeit von Physikern gemachte Experiment mit dem Oeltropfen, um die Kugelgestalt der Erde zu beweisen? Sie verweilten dabei mit sichtbarem Wohlgefallen. Dergleichen gehört nicht in den Unterricht unseres Seminars. Ich habe gleich gedrungen auf möglichste Vermeidung von unnützen Fremdwörtern. Ich habe Ihnen gleich für Unterrichts- und Erziehungslehre das Buch von Bormann[23] empfohlen etc. Das sind meine Ansichten, denen Sie sich nun schon fügen müssen, so lange ich Schulrath bin."

Unter den Papieren Klot's habe ich ein Stück aus Zimse's Heft über Pädagogik vom Jahre 1853 nach Bauers Grundzügen der Erziehungslehre gefunden, dessen Inhalt kurz folgender ist: Der Erzieher erforsche und pflege die nationale Anlage des Zöglings: Er bringe ihm die Bedeutung der eigenen Nationalität zu Bewusstsein.

23 Karl Wilhelm Emil Bormann (1802–1882), Theologe, Schriftsteller und Schulmann in Preußen, verfaßte u.a. 1847 ein Werk „Ueber Erziehung und Unterricht", in dem er ein Zusammenwirken von Schule und Haus forderte und förderte, sowie 1854 eine „Unterrichtskunde für evangelische Volksschullehrer" (10. Aufl. 1872) und 1855 eine „Schulkunde für evangelische Volksschullehrer" (17. Aufl. 1872); vgl. Allgemeine Deutsche Biographie XLVII, S. 113.

Er bewege ihn zu begeistertem Dienst an der Nation. Zimse selbst macht folgende Anwendung davon: Die Letten. Sind sie ein Volk? Der Anlage nach, Ja! Der Entwickung nach, Nein! Ein entwickeltes Volk ist ein Baum bis zur Blüthe. Die Letten bilden nur die Wurzel, d.h. den Ackerbaustand. Vergleichen wir sie mit Sparta, so sind sie die Periöken, persönlich aber nicht politisch frei. Die Spartiaten als Eroberer, die allein Antheil an den öffentlichen Angelegenheiten haben, sind deutsche Edelleute. Die Gerusia bilden die Kreisdeputirten und Landräthe. Die Geronten, ein Rath der keine Amtsverantwortlichkeit hatte, – ebenfalls deutscher Adel. Die Ephoren, die Aufseher über die Geronten sind russisch-kaiserliche Minister. Somit fehlt der Wurzel die Möglichkeit freier Entwicklung nach oben. Werden sich die Letten zu einem Culturvolk entwickeln? Das steht in Gottes Hand. – „Dieser ganze Passus," hat wie es mir scheint Klot hinzugesetzt, „ohne die geistreiche Anwendung auf's Lettenvolk ist enthalten in Dittmer's Weltgeschichte im Umriss[24]."

Dazu hat Klot noch weiter hinzugesetzt: im Walkschen Seminar wurde früher unterrichtet *Religion* nach Phillipi's Dogmatik[25] und Kurtz's Kirchengeschichte[26]. *Weltgeschichte* nach Dittmar, *Geographie* nach Lüben[27]. (zu billigen). *Geometrie* nach Diesterweg. *Physik* nach Brettners Leitfaden für Gymnasien, Gewerbeschulen etc. *Pädagogik* und *Didaktik* nach Gustav Bauer, ein akademischer Leitfaden mit vielen Citaten aus Schleiermacher, Fichte, Herbart, Kant, Hegel, Humboldt. *Naturgeschichte* giebt Grünberg nach eigenen Auszügen; ich bin aber gewiss, dass er ein Handbuch der Anatomie zu Grunde legte. Offenbar hält Klot alle diese Handbücher für zu hoch bis auf den Lüben. Mir scheint es doch, als ob er hier in etwas zu weit geht. Nur in der Religion und in der Schulkunde scheinen mir die gebrauchten Handbücher zu hoch zu sein. Für ersteres Fach hatten die dasselbe besorgende Pastoren das zu verantworten. Nur bei der Schulkunde trifft der Vorwurf Zimse, und da wohl mit Recht. Was aber den ganzen oben mitgetheilten Brief betrifft, gebe ich Klot ganz Recht. Zimse musste in seine Schranken zurückgewie-

---

24 Heinrich Dittmar (sic!), Die Weltgeschichte im Umriß. 2 Bde., 12. Aufl., Heidelberg 1881; vgl. Meyers Konversations-Lexikon. 5. Aufl., 1894, Bd. 5, S. 48.

25 Friedrich Adolf Phillipi (1809–1882) war von 1841 bis 1852 Professor der Theologie in Dorpat und schrieb u.a. „Kirchliche Glaubenslehre". 6 Bde., Gütersloh 1854–1879; vgl. Meyers Konversations-Lexikon. 5. Aufl., 1896, Bd. 13, S. 844.

26 Johann Heinrich Kurtz (1809–1890) war von 1849 bis 1870 Professor in Dorpat und schrieb u.a. 1849 ein „Lehrbuch der Kirchengeschichte für Studierende" (2. Aufl., 1850) sowie ein „Handbuch der allgemeinen Kirchengeschichte". 2 Bde., 1853–1856; vgl. Allgemeine Deutsche Biographie LI, S. 450 ff.

27 August Lüben (1804–1874), Schulmann, veröffentlichte 1844 einen „Leitfaden zu einem methodischen Unterricht in der Geographie für Bürgerschulen" (17. Aufl., 1873); vgl. Allgemeine Deutsche Biographie XIX, S. 328.

sen werden, und Klot hat das in würdiger Weise gethan. Das beste Zeugniss liefert für den Brief, dass von Zimse nie mehr solche impertinente Schreiben wie früher bei Klot ankamen; wenn gleich die Art, in der er sie fortan abfasste, mir auch nicht zusagt.

Vom Jahre 1858 habe ich freilich gar keine Briefe von Zimse im Schulrathsarchiv aufgefunden, 1859 ganz sachlich gehaltene. In diesen beantragt er wieder das Kostgeld der Schüler um 5 Rbl. und die Zahlung für das Pferdefutter zu erhöhen. Das Kostgeld kam dadurch auf 55 Rbl. Am 31. Juli 1861 erklärt er dann, er sähe sich zu einem Schritt genöthigt, den er gern um jeden Preis unterlassen hätte, und bittet um 300 Rbl. Zulage, „was freilich dafür, was er leiste, hoch sein dürfte, nicht aber für seine Bedürfnisse, und was noch immer fern davon bleibt, wie man in Kurland, im ökonomischen Deutschland, in der Schweiz und an anderen Orten die Vorsteher solcher Anstalten zu stellen pflegt." Schliesslich bittet er gehorsamst, Klot wolle gnädigst und wohlwollend sein Gesuch befürworten. Am 15. Sept. bittet er Waschstricke aus der Schulkasse anschaffen zu dürfen, da die schlechten Zeiten ihm nicht, wie früher erlaubten, sie aus seiner Kasse zu bezahlen, „und seine Art gnädig ansehen zu wollen." Nachdem das Alles ihm dadurch bewilligt ist, dass die Kost der Zöglinge um 15 Rbl. für jeden, also auf 70 Rbl. erhöht war, schreibt er dann am 1. Febr. 1862: er bittet hiermit gehorsamst, Eine Hohe Kaiserliche Oberlandschulbehörde wolle geruhen, die ehrfurchtsvolle Versicherung seiner tief empfundenen Erkenntlichkeit und Dankbarkeit für die gewährten Unterstützungen in Gnaden zu genehmigen und zu erlauben, dass die Küsterschule sammt ihren Lehrern dem fernern Wohlwollen der Hohen Behörde sich gehorsamst empfiehlt, dessen sich stets würdig zu beweisen, ihr unablässiges Bestreben sein wird."

Im Jahre 1864 erhielt er dann zu seinem Jubiläum eine Gratifikation von 250 Rbl., war aber 1866 am 20 Oct. wieder so weit, dass er erklärte, nicht mehr auskommen zu können. Er schliesst die aufgestellte Rechnung mit den Worten: „Der faktische Bankrott ist mit Nothwendigkeit bereits eingetreten, und wenn es zu einem formellen noch nicht gekommen ist, so hat es seinen Grund nur darin, dass die Summen dem Oekonomen pränumerando verabfolgt werden, während die grossen Lieferanten mit Nachzahlungen vorlieb nehmen etc. Schliesslich bittet er die Behörde, „Hochdieselbe wolle ihm, den ohnehin das schwere Loos nach Gottes Rathschluss getroffen, in einer Zeit Haushalter der ritterschaftlichen Anstalt zu sein, wo alle ökonomischen Grundlagen schwanken, und wo darum keine dauernde Berechnung möglich ist, wegen öfteren Petitionirens Ihr gnädiges Wohlwollen nicht entziehen, sondern dasselbe sowol ihm als auch der Anstalt erhalten." Die Behörde hatte aber aus ihrer Kasse bis zum Schlusse dieses Cursus 800 Rbl. gezahlt, weil sie bei den einmal aufgenommenen Zöglingen nichts ändern wollte. Erst bei einer neuen Aufnahme sollte die Pension erhöht werden. Darum schlägt Zimse am 22. Oct. 1867 Klot vor, das Kostgeld für jeden Zögling auf 80 Rbl. zu erhöhen. Er wisse, dass man auch 100 Rbl. in dieser Zeit der Theuerung ganz berechtigt finden würde. Am 14. März 1868 schon meint er, es wäre ihm kaum möglich zu sagen, welche Erhöhung nöthig wäre, um auszukommen. „Mit 90 Rbl. kann man es wagen." Am 9. April versichert er, die nach Ostern zurückgekehrten Zöglinge hätten ihm berichtet, die Volksstimme hätte von 100 Rbl. Kostgeld gesprochen, aber er sage auch für die ausgewirkten 80 Rbl. seinen fröhlichen und ergebensten Dank. Aber am 31. Dec. 1869 schreibt er wieder: „nach Abschluss meiner Jahres-Rechnung bin ich zu dem traurigen Resultat gelangt, dass ich im Laufe des kommenden Jahres entweder mein Zahlungen oder die Erziehung meiner Kinder einstellen muss, wenn nicht eine Unterstützung aus Landes- oder Privatmitteln eintritt. Am 19. Aug. 1871 schreibt er Klot, dass ihm frühere Schüler viel schulden und er noch 2 Jahre eine Tochter ausser dem Hause zu erziehen habe. „Wenn unter solchen Umständen auch mir ein Stipendium aus Landesmitteln wie Schwech und andern Schulmeistern zufiele, so würde das wol meinen Lebensabend erheitern etc.

Wenn schon dieses ewige Stöhnen unangenehm berührt, so thut es das noch mehr, da es so oft mit geradezu kriechenden Redewendungen gegenüber der Behörde verbunden ist. Diese fehlen auch nicht gegenüber der Person Klot's. 1864 stattet er ihm seinen „ehrfurchtvollen Dank" für den Urlaub und die materielle Unterstützung zur Reise ins Ausland ab: 1862 und 1866 den 31. Mai schreibt er ihm: „zu Ihrer Reise in's Ausland erlaube ich mir im Namen der Anstalt das beste Glück zu wünschen und uns Ihrem ferneren Wohlwollen zu empfehlen in einer Zeit, wo wenigstens meine fernere Existenz auf eine harte Probe gestellt ist." Dann folgte der Antrag auf Erhöhung des Kostgeldes, den er im October erneuerte. Am 16. Sept. 1862 und am 25. August 1866 bewillkommnet er ihn wieder zur Rückkehr ins liebe Vaterland, im Namen der Anstalt. Oefter kommt zum Schlusse eines Jahres, wie 1862 folgender Passus vor: „am Schlusse des Jahres sage ich Ihnen meinen herzlichen Dank für alle Wohlthaten, die Sie der Anstalt und mir erwiesen haben und empfehle nächst dem Gottes Ihrem freundlichen Wohlwollen etc. Am 8. März 1867 bei Gelegenheit von Klots Jubiläum schreibt er: „Im Namen der ritterschaftlichen Anstalt hat hiermit der Unterzeichnete die Ehre, Ew. Hochwohlehrwürden für Ihr elfjähriges wohlwollendes, gerechtes, mildes und weises Regiment innigst zu danken, unter welchem durch Gottes Segen nicht allein die Sache der Lehrerbildung ihre weitere Entwickelung erfahren, sondern auch die Arbeiten sich wohl und glücklich gefunden haben." Schliesslich gratulirt er ihm am 31. Dec. 1869 zur Uebersiedelung nach Riga als dem Centralpunkt baltischen Lebens und „glaubt auch der Anstalt zu dieser Veränderung bestens gratuliren zu können." Bedenkt man die Impertinenz, mit der er zuerst Klot behandelt hat, und den Hochmuth, mit der er dem Schulrath gegenüber immer im Namen der Anstalt spricht, so wird man durch die wiederholten devoten Redensarten gegenüber Klot und der Behörde, sowie durch die wiederholten Anträge auf Verbesserung seiner pecuniären Lage sehr peinlich berührt. So würdig ihn Klot anfangs zurechtwies, so unwürdig benimmt er sich fortan und sucht Entschädigung in materieller Ausnutzung der Lage. Das erinnert unwillkürlich an Sokolowski's Brief an Ulmann über Zimse: „juhsu schehlastiba – das ist die Pistole, die die ganze Nation Einem immer wieder auf die Brust setzt." – Zimse war gewiss ein kluger Mensch von vieler Menschenkenntniss, trotzdem widerfuhr es ihm öfter, dass er bei der Vorstellung um Befriedigung nothwendiger Bedürfnisse der Anstalt unklug und taktlos vorging. So z.B. 1856 am 13. Sept. in Betreff der Anschaffung neuer Schaufeln und eines Schultisches, wie oben erzählt wurde. So erscheint mir auch die Klage, dass die Ritterschaftsgüter kein Stroh für die Anstalt liefern wollen, unklug. Wenn die Bewohner Walks, die doch auch Stroh brauchten, sich das selbst schaffen konnten, warum konnte Zimse das nicht auch thun? Nun musste Wrangell auf dem Landtage 1861 erbitten, dass es jedem Ritterschaftsgute im Pachtcontrakte auferlegt würde, ein Fuder Stroh dem Seminar zu verkaufen. – Ebenso machte er es mit dem Holze. Bisher hatte das Seminar 160 Faden bekommen. 1860 behauptet er damit nicht auszureichen. Statt den Verbrauch mehr zu regeln und zu beaufsichtigen, verlangt er gleich 180 Faden. Dadurch hat er sich um die Sympathie des Adels gebracht. – Ebenso unklug benahm er sich in folgender Angelegenheit. Es waren viele Krankheitsfälle im Seminar vorgekommen. Der Arzt verlangte, dass wahrscheinlich für die Kranken Schlafröcke angeschafft würden, und suchte das Zeug dazu selbst aus. 2 unwattierte Schlafröcke kosteten 23R. 75 Cop. Er meldet das Klot und der antwortet ihm: „Solche Schlafröcke genügen Fürstensöhnen, sind aber nicht für Bauernsöhne." Zimse soll nur 10 Rbl. in Rechnung bringen. Das Uebrige würde er Klot bezahlen. Zimse sah ein, dass er fehlgegriffen hatte und brachte die Sache zusammen mit den Seminaristen aus der Welt, ohne Klot's Anerbieten in Anspruch zu nehmen.

Ich muss noch ein paar auf die im Seminar gebrauchten Handbücher sich beziehende Notizen der Vollständigkeit wegen nachtragen. 1860 am 25. Juni fragt Zimse ob der kleine Dittmar Leitfaden[28] bleiben soll. Was Klot geantwortet, weiss ich nicht. Jedenfalls war dieses Buch, als ich 1872 eintrat, nicht mehr im Gebrauch. In Betreff der Schulkunde finde ich einen Brief von Klot ohne Datum, worin es heisst: „Ich bleibe bei meiner ersten Ansicht, dass dieses Buch zum Leitfaden für den Unterricht in unserer Küsterschule nicht geeignet ist. Das Buch ist schon zu breit, namentlich in dem die psychologische und logische Grundlage bildenden Theil ist es für den Standpunkt unserer Zöglinge viel zu hoch. Sie würden die Sätze schwer verstehen und keine praktische Anwendung machen können, z.B. p. 21: Ich ist das Substract aller seelischen Thätigkeiten etc. p. 25: Das Ich ist im Akte des Selbstbewusstseins ein sich selbst vorstellendes etc." Offenbar ist von Schütze's[29] Schulkunde die Rede, da die angeführten Sätze in ihr vorkommen. – Wie es *mir scheint,* finde ich Zimse's Anwort auf diese Bedenken in einem Briefe vom 29. Mai 1869, wo es heisst: „Ich ersuche Sie um die Verfügung über das Handbuch für die Schulkunde, damit ich die nöthigen Exemplare noch rechtzeitig verschreiben kann." Offenbar ist diese Verfügung ausgeblieben, denn ich fand das Buch noch 1872 im Gebrauch und behielt es bei, wenigstens in verkürzter Gestalt als Leitfaden. Ein besseres bot sich Klot wahrscheinlich auch nicht. Es ist eben leicht zu tadeln, wenn man die Dinge nicht genau kennt. In Betreff der Handbücher hat Klot Zimse Unrecht gethan.

So viel ich sehe, hat Zimse in dieser Periode folgende Hilfslehrer gehabt: Swaigniht 1857 und 1859, Zellinski 1859–1862, Sihle 1863–1867, Klawin 1867 und 1868, Säbelmann 1868–1871. Von diesen ist nur der letzte ein Este gewesen; Die übrigen sind alle Letten. Vor Swaigniht's Eintritt hatte Zimse selbst mit Hilfe des Walkschen Lehrers Grünberg, eines Esten, die Lücke gegen eine Renumeration von 50 Rbl. 1855, von 100 Rbl. 1856 und wieder von 50 Rbl. 1857 ausgefüllt. Die Letten wurden nur angestellt bis sich ein tauglicher Este finden würde. Säbelmann war der erste, der den Anforderungen genügte. Aber alle diese Lehrer waren zuerst selbst im Seminar gebildet.

Trotz aller obenangeführter Unklugheiten aber war Zimse doch unermüdlich dafür besorgt, sein Seminar zu Ansehen zu bringen. Er sah es, wie ich oben erwähnt, recht als sein Werk an und that Alles dafür, dass es geachtet und anerkannt da-

28 Heinrich Dittmar (vgl. Anm. 24) verfaßte auch einen „Leitfaden der Weltgeschichte". 9. Aufl., Heidelberg 1879.

29 Friedrich Wilhelm Schütze (1807–1888), Schriftsteller auf dem Gebiet des Seminar- und Volksschulwesens, veröffentlichte eine „Evangelische Schulkunde. Praktische Erziehungs- und Unterrichtslehre für Seminare und Volksschullehrer". 6. Aufl., 1884; vgl. Allgemeine Deutsche Biographie XXXIII, S. 140.

stände. In der nächsten Umgebung sollte das der Fall sein. Darum erbat er, als der Pastor von Walk zu einer Orgel collektirte, da die Seminaristen auch die Kirche der Stadt brauchten und öfters zum Gottesdienst spielten, 50 Rbl. von der Ritterschaft als Beitrag. Die Sache kam später nicht zu Stande; jedenfalls hatte Zimse das Seinige gethan. Vor Allem aber arbeitete er so eifrig, dass er dem Seminar wirklich Anerkennung im ganzen Lande erwarb. Seine Schüler verehrten ihn und bewährten sich zum grössten Theil als Organisten und Parochiallehrer, so dass bald bei Neubesetzungen der betr. Stellen fast nur sie in Betracht kamen. Das Volk gab seine Söhne gern in's Seminar, namentlich das lettische. Die Esten drängten sich weniger dazu. Sein Name war selbst über die Grenzen Livlands hinaus ein guter. Wiederholt haben sich Finnen aus Ingermannland für das Seminar gemeldet, z.B. 1863 Kayderaihl aus Gatschina, 1866 wieder einer. Laalandt aus Petersburg will einen jungen Menschen hingeben. Auch aus Nowgorod meldete sich 1861 ein Este.

Wir sahen schon in der vorigen Periode an dem tüchtigen, später Pastor gewordenen Neiken, dass er nach seinem Antritte aus dem Seminar nur dafür schwärmte, an seinem Volke zu arbeiten. Dasselbe finden wir auch jetzt wieder. Der brave Lehrer Libbert, ein Lette, will nicht an einer Glashütte Lehrer werden, sondern bittet 1861 um Arbeit am Volke. Der Este Martinson, 7 Jahre Hauslehrer in adeligen Häusern gewesen, bittet um eine Küsterstelle und beschwert sich dabei über die Herren Prediger, „die mich einen Hochmüthigen nennen." Er hatte nicht Unrecht. Die Prediger besonders im estnischen Distrikt hatten viel an Zimse's Schülern auszusetzen, worauf ich noch später zurückkommen werde. Diese vergalten es ihnen wieder damit, dass sie namentlich zu den strengeren Pastoren nicht gingen, wenn diese sie in Ermangelung Anderer auch annehmen wollten. So ging 1862 der nach Rauge designirte Schneider nicht hin, und auch die anderen Zöglinge der Küsterschule wussten sich dem zu entziehen.

Das war Alles noch nicht so schlimm. Aber ein Zögling des Seminars Baumann entzog sich ganz dem Lehrerdienst in Livland trotz seiner eingegangenen Verpflichtung, 6 Jahre in ihm zu arbeiten, oder 150 Rbl. zurückzuzahlen, und ging nach Petersburg. Dort trifft ihn Zimse bei einer gelegentlichen Anwesenheit, wäscht ihm dafür, wie er sich ausdrückt, den Kopf und meldet das Klot 1859. So viel hatte er wenigstens erreicht, dass Baumann selbst an Klot schreibt, freilich keine Entschuldigung. Er erzählt sehr flott, wie er plötzlich erkannt, dass er nicht gleich Landschullehrer werden könne, nach Petersburg aufgebrochen sei, das Hauslehrerexamen gemacht habe, und nun bäte, nicht zu verlangen, dass er gleich zurückkäme. Er schliesst: „erst das Leben studiren, dann für das Leben erziehen." Klot hatte noch einen unangenehmen Briefwechsel mit ihm. Zurück ist er aber nicht gekommen. – Ging Zimse dieser Fall schon nahe, so noch mehr der folgende. Ein Zögling Pradiht aus Matthiae wird 1865 beschuldigt, bei einem Mädchen in den Ferien in flagranti ertappt worden zu sein. Er hat das stets geleugnet, wurde nachher doch noch Lehrer und, so viel ich mich erinnere, ein ganz braver Lehrer. Am meisten indessen brachte Zimse folgender Fall auf.

Sein früherer Zögling Gailiht meldet 1865 im März in Adsel sich zu einer Stelle. Der Pastor schickt ihn zum Kirchenvorsteher Herrn von Zoeckell. Dieser wirft ihm vor, er wäre wol auch einer von den sogenannten Jungletten aus dem Rigischen, die den Bauern die Köpfe verdrehten und solche wären unter den Seminaristen viele. Auch seien viele Schulmeister bei der vorigjährigen Brandstiftung betheiligt gewesen etc.

Es waren allerdings Ende 1864 bei mehreren Lehrern Haussuchungen vorgenommen worden, weil es in dem Herbste dieses Jahres vielfache Brandstiftungen gegeben, die von Gerüchten begleitet waren, welche von grosser politischer Erregung zeugten. Es sollten alle Deutschen z.B. in *einer* Nacht niedergemacht werden etc. Welcher Umstand den Wendenschen Ordnungsrichter auf die Lehrer hingewiesen hatte, weiss ich nicht mehr; aber es wurden auf seine Anregung in Lettland bei einigen von ihnen Haussuchungen vorgenommen. So bei Theraud in Erlaa, bei Dammberg in Smilten, Johannsohn in Trikaten, Pilsathneek in Alt-Pebalg, Dambe in Kokenhusen, Salzmann in Nitau, Rugehn und Uhdre in Wolmar, Libbert in Wenden. Das waren unter den Betroffenen die Schüler Zimse's; es gab unter ihnen aber auch viele andere. Indess es fand sich nichts Besonderes. Und insofern hatte Zimse ein Recht, sich über Herrn von Zoeckell zu beschweren und Klot um Genugthuung zu bitten. Aber wenn die Haussuchungen nichts Politisches und namentlich nichts bei Zimse's Schülern ergeben hatten, so hatten sie wol etwas Anderes, was mehreren Pastoren sehr nahe ging, ergeben. Es waren nämlich Briefe von ein paar nicht im Seminar gebildeten Lehrern, Wahrting und Weetneek gefunden worden, die sich ihrer Trinkgelage und ihrer Unzucht mit bei Namen genannten Mädchen und ich glaube auch Schülerinnen, rühmten. Sie hatten in Wolmar und Kokenhusen gelebt, und der Gouverneur A. v. Oettingen übersandte Klot die Briefe mit dem Bemerken: „Der grösste Uebelstand bei dieser Sachlage ist wol in dem Umstande zu suchen, dass dergleichen Zustände dem Scharfblicke der Hauptschulpfleger, der Herren Pastoren, zu entgehen scheinen.“ Klot theilte die Briefe den beiden betreffenden Pastoren mit, und A. Walter von Wolmar schrieb: „Die Mittheilungen haben mich wahrhaft entsetzt. Wahrting hat 2 Drittel gelogen, aber jedenfalls ist sein Herz eine Senkgrube etc." Damit war die Sache beendet, da Oettingen schon gemeint hatte, dass jegliches amtliches Untersuchen wegen des öffentlichen Skandals unzulässig erscheine, und die beiden Lehrer waren so viel ich mich erinnere, schon vorher oder bald darauf als solche abgetreten.

In Betreff des Zoeckell'schen Ausfalls gegen die Zöglinge des Seminars und in Betreff der Haussuchungen hatte die Behörde nichts gethan, um ihre Grundlosigkeit anzuerkennen. Daran trug Zimse schwer. Noch 1874 am 5. Aug. schreibt er mir, nachdem er für etwas, was ich ihm ausgewirkt hatte, gedankt: „Anders dagegen steht es mit dem, was 1864/65 geschah. Die Beschuldigungen und Haussuchungen auf Brandmord etc. haben, weil keine Ehrenerklärung erfolgt ist, den Lehrerstand und mich tödtlich verwundet, mein Herz gebrochen und in dem Volksschullehrerstand den Boden für die Saat *der* Emanzipation vorbereitet, deren Prophet eben Kronwald ist. Eine Vertretung der Schule fehlt in *dem* Falle. Ein gutes Wort von oben, öffentlich gesprochen, hat man nicht vernommen und stehen wir daher noch unter dem Bann von damals." Mir waren die Details dieser Angelegenheiten zu unbekannt, auch waren sie schon zu alt geworden, um an ihnen zu rühren. Daher liess ich die Sache ruhen. Aber es ist wol nicht zu leugnen, dass hier eine Unterlassung der Behörde vorlag, die freilich wegen des Hochmuth's Zimse's und seiner Zöglinge erklärlich ist, von ihm selbst aber um so weniger vergessen wurde.

Wenn Herr von Zoeckell den Zimse'schen Schülern ganz unberechtigte Vorwürfe gemacht hatte, so ist doch nicht zu leugnen, dass sie sich bei den höheren Ständen im Lande keiner Beliebtheit erfreuten. Sie galten für hochmüthig und jungnational gesinnt; die Geistlichkeit machte ihnen noch den Vorwurf der Unkirchlichkeit. Das hatte schon 1857 den Pastor Sokolowski dazu bestimmt, zuerst auf der Wendenschen Sprengelssynode und dann auf der Provinzial-Synode den Antrag zu stellen, dass die Küsterschüler nach ihrem Abgange aus dem Seminar und ehe sie ein Küsteramt übernähmen, angehalten würden, eine praktisches Jahr in dem Hause eines Pastors durchzumachen. Klot fragte in einer Sitzung der Behörde am 17. März 1859 diese um ihre Ansicht. Er stimme nicht für diesen Vorschlag, weil die Küsterschüler zu seiner Stellung keine Veranlassung gegeben hätten und auch meistens zu arm wären, um die Zeit, in der sie etwas verdienten, noch länger hinauszuschieben. Dann fehlten auch die geeigneten Persönlichkeiten unter den Pastoren zu diesem Zwecke. Die Behörde stimmte ihm bei.

Dass die Seminaristen wirklich keine Veranlassung zu diesem Antrage gegeben hatten, wie Klot meinte, scheint aber nicht richtig, da er vielfache Zustimmung fand. Selbst Freunde des Seminars gaben das zu. So trat 1860 Pastor Neiken, der selbst ein Zögling des Seminars gewesen war, mit einem Vortrage: „*Mission und Küsterschule*“ auf der Synode auf. Er führte aus, die Leipziger Mission könne keine Zöglinge aus dem Volke ohne Vorbildung aufnehmen. Diese könnte am besten ertheilt werden, wenn die Küsterschule durch Aufnahme von Aspiranten für die Mission erweitert würde. Das würde den künftigen Missionären eine tüchtige elementare Bildung geben und den Seminaristen einen mehr religiösen Geist etc. 1861 führte Neiken seinen Vorschlag noch dahin aus, die Küsterschule solle eine 2. Klasse und einen 3. Lehrer dazu bekommen und dieser solle ein Candidat der Theologie sein, um namentlich die Missionäre vorzubilden. Aber 1862 weist die Synode diesen Antrag ab.

Dann trat Pastor Pfeil 1867 mit einem Vorschlage auf, der gleichfalls den Küsterschülern einen anderen Geist einflössen wollte. Er meinte, Sokolowski's Vorschlag sei hervorgegangen aus der Absicht, dem abzuhelfen, dass viele Zöglinge der Küsterschule hochmüthige und eingebildete Schulmeister würden. Wodurch käme dieser Uebelstand? 1, Durch den Uebergang aus einer Nationalität in die andere; 2, Durch den Uebergang aus dem Bauerstande in den von Lehrern; 3, Dadurch, dass sich dieses Alles in dem kurzen Zeitraum von 3 Jahren vollziehe. Deshalb billigt Pfeil Sokolowski's Vorschlag, der die Lehrzeit um ein Jahr verlängere, die Zöglinge also noch weiter reifen lasse. Aber damit würde der Grund zu dem Hochmuth der Zöglinge, der in der Einrichtung des Seminars liege, nicht hinweggeräumt. Darum schlägt Pfeil vor, alle Jahre nur 10 Schüler aufzunehmen und sie in 3 Klassen unterrichten zu lassen. Man könne dann bessere Aspiranten auswählen und überschwemme bei der Entlassung nicht das Land plötzlich mit zu vielen fertigen Lehrern. Erziehung, Unterricht, Disciplin könnten so besser gehandhabt werden und würden mehr leisten etc. Auch dieser Vorschlag, den die Synoden von 1867 und 1868 annahmen, wurde von der Behörde am 15. Mai abgeschlagen. Einige Jahre später wurde er freilich wieder hervorgeholt und auch ausgeführt; noch aber waren die leitenden Kreise, wie es scheint, von der Unaufschiebbarkeit einer Reorganisation des Seminars nicht überzeugt.

Mittlerweile suchte die Behörde für die Zöglinge zu thun, was sie von sich aus für heilsam hielt. 1865 erlaubte sie Zimse auf des Schulraths Antrag, von jedem Zögling jährlich 1 Rbl. zur Gründung einer Schülerbibliothek zu erheben. Leider schien er aber nicht das rechte Urtheil zu haben, um nur dem Stande derselben entsprechende Bücher auszuwählen. Ich fand, als ich später die Leitung des Seminars übernahm, geradezu verderbliche, den Lehrer-Hochmuth ganz offen predigende Schriften, wie die von Schaumburger darunter, so dass ich sofort mehrere ausmerzen musste. Dass das nicht nach dem Sinn der Behörde gehandelt war, liegt auf der Hand. Diese hatte vielmehr schon 1863 beschlossen, dass jeder Küsterschüler sich durch ein Reversale zu verpflichten hatte, jede ihm durch den Schulrath angewiesene Lehrer- oder Gehilfenstelle von nicht unter 100 R. Einnahme anzunehmen oder, wenn er einen anderen Beruf ergreife, der Behörde 150 Rbl. für den genossenen Unterricht zurückzuzahlen. Das klang recht streng, aber der § 12 der Instr. v. 1851 war schon 1859 dahin ausgelegt worden, dass ein Küsterschüler nur das 1. Jahr verbringen müsse, wohin er geschickt würde, später könne er seine Stelle ändern, wenn er nur 6 Jahre überhaupt bei Landschulen thätig sei.

Zimse selbst erfuhr dann noch in dieser Zeit auch schmeichelhafte Anerkennung. Er wurde, wahrscheinlich auf Landrath Wolff's Anregung von der Wenden-Walkschen Kreislandschulbehörde aufgefordert, an ihren Sitzungen theilzunehmen. Am 19. Nov. 1869 dankt er Klot für die ihm dazu ertheilte Erlaubniss. Er muss die Reisekosten aus Privatmitteln erhalten haben, hat aber Takt genug, dafür für die Zukunft zu danken. „Auf die Dauer genirt das den Geber, wie den Empfänger.“ Er gab die Fahrten entschieden bald auf, wenn er auch einige Mal in Wenden war. Ebenso wurde er 1870 vom Landraths-Collegium aufgefordert, am 11. Juni zur Sitzung einer Commission, die den Zustand des Landschulwesens berathen sollte, sich in Riga einzufinden. Welchen Eindruck namentlich die Theilnahme an den Sitzungen in Wenden auf ihn machte, spricht er 1871 am 16. Febr. in einem Schreiben an Klot aus: „Da ist mir die Gelegenheit geboten worden, 1, zu sehen, wie unendlich viel von Seiten der Oberschulverwaltung geschehen muss, ehe erst die Volksschullehrer ihre friedliche Arbeit beginnen können. 2, Mich davon zu überzeugen, mit welchem Ernst, mit welcher Milde und Umsicht alle die Anordnungen der hohen Behörde getroffen und vollzogen werden. Eine solche Sitzung war daher für mich in hohem Grade erbaulich. Sie fragen nach den Ausgaben. 2 Fahrten kosteten 25 Rbl.“ –

Ich gehe jetzt zu den in dieser Zeit abgehaltenen Lehrer-Conferenzen über, da diese besonders von den früheren Zöglingen der Seminare besucht wurden.

Die Lehrer-Conferenzen

Klot hat während seiner Verwaltung des Schulrathsamtes überhaupt 14 Conferenzen abgehalten. Er hat sie nicht einmal, soviel ich aus den Protokollen entnehme, immer mit einer längeren Ansprache eröffnet, sie 1858 ganz ausfallen lassen, 1859 den Termin zur Versammlung früher als sonst eingesetzt, 1866 aber später und beide Male nur 7 und 8 Theilnehmer gehabt; endlich hat er nie einen wirklichen Conferenz-Vortrag gehalten. Das alles scheint zu der Ansicht zu berechtigen, dass er kein rechtes Herz für die Conferenzen hatte. Wer wollte ihm das auch verdenken? Die ersten freieren Regungen der Lehrerwelt kamen auf ihnen vor, und diese waren gerade nicht angenehmer Art. 1856 begrüsste er auf der ersten von ihm geleiteten Versammlung die Lehrer kurz; 1857 ermahnte er bei der Eröffnung die jungen, neu eintretenden Lehrer, sich vor anmassender Ueberhebung zu hüten, und die älteren, nicht immer auf Erhöhung der Gagen zu dringen. 1863 legte er dann noch die Statuten einer allgemeinen lettischen Lehrer-Wittwen und Waisenkasse vor, wobei er sich mehr für besondere Sprengels – als eine allgemeine Kasse aussprach; eine solche hätten 12 Wolmarsche Lehrer auch schon für ihren Sprengel gegründet. 1861 und 1866 endlich erzählte er von seinen Reisen, seinen Besuchen in ost- und westpreussischen Landschulen, von deren Leistungen, Lehrer-Verhältnissen etc., er meinte, dass sie uns als Muster dienen könnten. Sonst finde ich nichts verzeichnet, was wie ein Vortrag von ihm dastände, während Ulmann auf jeder Conferenz wenigstens 1 oder 2 Vorträge selbst hielt.

Natürlich war seine Stellung zu den Conferenzen anfangs auch von Einfluss auf deren Besuch von Seiten der Lehrer. 1856 erschienen 25 Lehrer, 2 Gäste,1857 dann 35 Lehrer (darunter 6 aus dem estnischen Distrikt) und 2 Gäste, 1859 – 82, 1860 – 33 Lehrer, 3 Gäste, 1861 – 13 Lehrer, 1862 18 Lehrer, 1863 – 68 Lehrer, 1864 – 80 Lehrer, 1865 – 27 Lehrer, 1866 – 8 Lehrer, 1867 – 64 Lehrer, 1868 – 37 Lehrer, 1869 – 56 Lehrer, 1870 – 56 Lehrer, 10 Gäste. Vom Jahre 1871 habe ich kein Protokoll gefunden. Hier sehen wir aber, auch wenn wir von 1864, dem Jubiläum des Seminars, mit dem die Conferenz verbunden wurde, absehen, dass die Conferenzen immer besser besucht werden. Das Bedürfniss nach solchen Zusammenkünften mit den Berufsgenossen war in unsrer Lehrerwelt erwacht.

Was den Inhalt der in dieser Periode gehaltenen Vorträge betrifft, so war er meist ein sachlicher, Unterrichtsmethoden in den verschiedenen Fächern, wie im Rechnen, Zeichnen, Choralgesang, in der Physik, Geometrie etc., betreffend. Nur ein paar der Vortragenden wichen davon ab. Der Lehrer Stern trug 1860 „Gedanken über Volkserziehung“ und 1861 über Familien-Erziehung vor. Im ersten Vortrag scheint sich die Spitze gegen die äussere Mission, also das Antreiben zu dieser Liebesarbeit durch die Pastoren zu kehren; im zweiten kommt eine konfuse Anschauung von der Liebe, die vielfache Angriffe erfährt, zu Tage. – Der andere Vortragende, der ausserhalb der pädagogischen Aufgabe liegende Tendenzen, nämlich nationalistische, verfolgte, war der Dörptsche Seminarlehrer O. Kronwald, der bekannte Junglette. Er sprach über die lettische Sprache *lettisch*: par muhsu walodu[30]. Diese, meinte er, sei nicht flach und roh, sondern eigne sich ganz gut zur Wiedergabe wissenschaftlicher Darlegungen. Daher solle auch in den Parochialschulen höchstens der das Deutsche lernen, der als Gebildeter überhaupt fremde Sprachen verstehen müsse, aber auch die Gebildeten lettischer Herkunft sollten unter sich nur lettisch sprechen. Er fand zwar bei den älteren Zöglingen des Seminars noch vielfachen Widerspruch, aber die jüngeren fielen ihm zum grössten Theil zu.

Ausserdem regte Klot 1862 auf der Conferenz die Gründung einer Wittwen-Kasse für die Landschullehrer Livlands an, legte 1863 förmliche Statuten vor, die endlich 1865 angenommen wurden, aber erst viel später die obrigkeitliche Bestätigung erhielten. Diese scheint die Kasse für den Wolmarschen Sprengel schon 1863 erhalten zu haben. Dafür hat sie sich bei der eintretenden Russifizierung unserer Schulen 1888 schon aufgelöst, während jene noch besteht.

Von Schulbüchern scheint die Conferenz in dieser Periode nichts zu Tage gefördert zu haben. Höchstens wäre Zimse's dsusmu rohta[31] zu nennen, der die Conferenz von 1870 ihren Namen gab: Es waren eben doch auch ohne ihre Anregung mehrere der nothwendigsten Schulbücher erschienen, wie die Liedersammlung von Kakting 1862 und das estnische Schulbuch, an dem Pastor Schwarz[32] mit mehreren anderen Pastoren gearbeitet hatte 1859. Wegen des Hörschelmannschen estnischen Melodienbuchs, das die Behörde für ihr Eigenthum ansah, und das Hörschelmann, es für das seinige haltend, an den Buchhändler Jacobi in Pernau verkauft hatte, entstand 1860 ein Process, der der Oberlandschulbehörde eine Dorsualresolution des livl. Hofgerichts einbrachte und endlich 1863 durch einen Vergleich beigelegt wurde.

---

30 Lett.: Über unsere Sprache.

31 Lett. (wörtlich): „ein Schmuck von Liedern“ (das bekannteste Werk Zimses, das in der lettischen Musikliteratur eine große Bedeutung hat).

32 Johann Georg (I.) Schwartz (1793–1875); vgl. oben, S. 100; s. auch Prediger (wie Anm. 6), Nr. 1702.

Sonstige Vorkommnisse

Diese waren hauptsächlich zweierlei Art, nämlich einmal solche, die Abstellung besonderer Uebelstände oder Einführung von Verbesserungen im Schulwesen betrafen und dann solche die Berührungen mit den Regierungsautoritäten enthielten.

Zu den ersteren gehört ein Antrag des Fellinschen Schulrevidenten, Pastor Maurach von Oberpahlen vom Jahre 1856, die vereinigten Revidenten Livlands möchten auf jeder Synode unter dem Vorsitz des Schulraths die Schulsache besprechen. Zu diesen Besprechungen hatte er eine Reihe bestimmter Fragen gestellt. Am 23. Jan. 1859 zieht er den Antrag in einem Briefe an Klot, nachdem dieser sich gegen ihn ausgesprochen, zurück.

Aber nicht blos von Seiten der Pastoren, auch von Seiten des Adels wurden Anträge zur Verbesserung des Schulwesens gestellt. Baron v. Tiesenhausen hatte solche beim Landraths-Collegium eingereicht 1867. Ihr Inhalt, den ich sonst nicht angegeben finde, geht aus der Antwort der Behörde hervor: Die Subvention von 5 000 Rbl. zur Unterstützung bei Begründung von Gemeindeschulen hänge vom Landtage ab; ihre Organisation sei schon geregelt, aber die Behörde arbeite an einer Erweiterung der Instr. von 1851.

1866 beantragte Landrath Campenhausen die Aufhebung zweier Bestimmungen in Betreff der Lehrer: 1, dass alle Lehrer vor ihrer Anstellung ein Examen ablegen müssten; 2, dass die Gemeinden ihre Lehrer, obgleich sie sie besoldeten, nicht ohne Zustimmung der Schulverwaltungen entlassen dürften. – Auch diese Anträge fielen. Klot selbst trug 1868 darauf an, anzuordnen, dass die Gemeindeschreiber- und Lehrer-Aemter nie vereinigt werden dürften, dass das minimum des Lehrer-Gehalts 100 Rbl., Deputat für eine Person und freie Wohnung betrage. Aber auch diese Anträge wurden abgelehnt. 1869 gab er abermals sein Gutachten dahin ab, bei Lehrer-Gagirungen 10 Thlr. Land oder 150 Rbl. baar, bei Gemeinden unter 200 Seelen 7 Thlr. Land oder 100 Rbl. baar zu verlangen. Diese Bestimmungen wurden später ausgeführt.

1869 wurde endlich der Behörde ein vielfach emendirter und endlich von der Synode angenommener Entwurf zu einem Regulativ für die livl. Landschulen von Pastor Hansen zu Paistel übergeben, und 1870 übergab einen solchen auch der Landrath v. Campenhausen. Beide kamen nicht zur Annahme.

Hieraus geht wenigstens das hervor, wie lebhaft das Interesse an der Schulsache bei allen Betheiligten war, wie vorsichtig die Behörde aber auch bei ihren Entschlüssen vorging.

Was nun die Vorkommnisse betrifft, welche Berühungen mit den Regierungs-Autoritäten brachten, so fallen die mit dem Domänenhof wegen Begründung von Schulen auf Kronsgütern, die früher so häufig vorkamen, jetzt fast ganz weg. Nur 1867 stellt Dorpat-Werro ein Gesuch Wottigferscher Bauern wegen Neubegründung einer Schule vor. Dasselbe wurde an den Domänenhof gesandt. 1857 berichtet dann Michaelis,[33] dass in Kallie, das wol fast ganz griechisch geworden, 15 lutherische Kinder in der griechisch gewordenen Schule unterrichtet werden. Aber schon 1858 errichtet man dort eine eigene lutherische Schule. 1857 am 17. Oct. fragt dann der Curator Bradke an, ob Bauerkinder die städtischen Schulen unbehindert besuchen dürften? oder ob sie eine Dispensation und von wem aufzuweisen hätten? Die Behörde antwortete, sie könnten es unbehindert thun, da § 16 und 17 der Instr. sie nur davor bewahren sollen, ohne Unterricht aufzuwachsen.

1862 zeigt der Gouverneur der Behörde an, dass Se. Majestät der Kaiser zur Erinnerung an seine Anwesenheit der Kokenhusenschen Gemeinde 300 Rbl. geschenkt habe.

1860 wurde noch vom Minister des Innern ein Baron Stackelberg hergeschickt, um das livländische Schulwesen zu studiren. Es sollte dafür Vorsorge getroffen werden, dass die eben in Russland freigelassenen Bauern das Lesen und Schreiben erlernten. Ihm wurden alle verlangten Aufschlüsse gegeben, und er besuchte auch die Küsterschule zu Walk.

Das waren Alles noch ganz freundliche Berührungen. Weniger freundlich, oder vielleicht mehr unbedacht als unfreundlich war dann folgende Massregel der Regierung. Zur Einführung des Schulwesens in Russland waren in allen Gouvernements Comités niedergesetzt, die sie zu berathen hatten. Auch in Dorpat und Riga wurden solche für Livland eingesetzt. Diese antworteten 1863 d. 20 Juni aber der Regierung: „Das livl. Schulwesen würde wol am zweckmässigsten bei seiner bisherigen Stellung unter einer besonderen Verwaltung zu belassen sein. Es steht in einem so engen Zusammenhange mit der Kirche und dem kirchlichen Leben, dass eine Lockerung desselben leicht den Ruin der Schule herbeiführen könnte. Die Beaufsichtigung durch die zahlreichen Pastoren als Männer von pädagogischer Bildung, die aus unmittelbarem Verkehr mit der Landbevölkerung deren Bedürfnisse am besten kennen, ist eine so eingehende und fördernde, wie sie durch besondere Schulbeamte nie wird ermöglicht werden können.“ So besonnen war man noch 1863, jetzt aber nicht mehr.

---

33 Kirchspiel St. Michaelis; vgl. Westermann, Ortslexikon (wie Anm. 17), S. 171.

Recht feindlich ist dagegen schon folgendes Vorkommniss. Pastor Maurach von Oberpahlen schickt am 20. Nov. 1861 „eine Tabelle des baltischen Domänenhofs ein, die zur jährlichen Ausfüllung an die Gemeindeschreiber und Lehrer der Kronsgemeinden gesandt worden ist. Darin werden von ihnen Sentiments verlangt über Vervollkommnung, Erweiterung und Neubegründung von Volksschulen und in der letzten Rubrik eine Kritik dessen, was vorher für den Unterricht geschehen ist. Die Einführung der allgemeinen Schulpflichtigkeit wird angedeutet, als ob die nicht schon da wäre etc." – Ob in Folge dieses Schreibens oder unabhängig davon, das weiss ich nicht; aber in demselben Monat noch berichtet der General-Superintendent Walter an die Behörde, „die erbetene Einsicht in die Akten des Domänenhofes habe ihm die Einsicht gegeben in dickleibige Verhandlungen eines Herrn Woldemar[34] über das Landschulwesen der Kronsgüter auf Grundlage von Berichten der Gemeindeschreiber und Lehrer etc., aus denen ein Kameralhofsbeamter Dihrik und ein Lehrer auf der Fabrik Thilo, ein Zauniht, Auszüge und Vorlagen machen. Der Dirigirende des hiesigen Domänenhofs hat die Sache für Livland, wo das Landschulwesen ganz geordnet sei, abgelehnt. Trotzdem bearbeite Herr Woldemar die Sache doch, „da erfahrungsmässig die Volksbildung zu Grunde gehe, wo die Kirche mit der Volksschule zu schaffen hat, und dass zur religiösen Bildung die wohlfundirten Kirchen und ihre Prediger genügten." Er scheint es auf die Religionsstunde in den Volksschulen abgesehen zu haben, die den Kinden den letzten Verstand nehmen, statt ihnen Kenntnisse und Geistesbildung zur Förderung des aufgeklärten, fortschreitenden Staates zu bieten." Diese Herren „proponiren die Errichtung einer Schulverwaltung und eines Seminars (für Kurland) auf Kosten der gutdotirten Kirche." „Sie befürchten freilich, dass es uns wol gelingen könne, alle Eingriffe in unser Schulwesen dadurch abzulehnen, dass wir auf die rein kirchliche Natur unserer Schulen und auf ihre Besorgung hinweisen." Daneben aber nehmen sie doch „Bezug auf die griechische Jugend, die in unseren Schulen nicht besorgt ist, und die – anstatt sie in griechische Kirchenschulen durch die griechische Kirche besorgen zu lassen, – leicht nach den Woldemarschen Propositionen in den Schulen der weltlichen Gemeinden könnten besorgt werden, zu denen als zur ganzen weltlichen Gemeinde gehörig auch unsere – für ihre Schulen schon sorgenden – lutherischen Bauern würden zu leisten bekommen." – Dieser im Geheimen verfolgte, tückische Plan der jungletttisch-russischen Propaganda, der von der bitteren Feindschaft gegen uns zeugte, wurde dieses Mal noch vereitelt. Dass aber unsere Regie-

34 Christian Woldemar (1825–1891), Beamter im Ministerium der Reichsdomänen, Herausgeber der „Peterburgas Awise"; vgl. Album Academicum (wie Anm. 16), Nr. 6309.

rung von eben solcher Feindschaft gegen uns beseelt war, obgleich wir das Wohl der uns anvertrauten Nationalen wirklich zu fördern gesucht hatten, bewies die Gründung eines Volksschullehrer-Seminars für Esten und Letten zu Riga 1870. Sofort meldeten sich 16 Esten und 30 Letten. Das war der offen erklärte Krieg gegen unser Schulwesen.

Zum Schluss noch die Bemerkung, dass 1870 das livl. statistische Comité dem vom Landraths-Collegium errichteten statistischen Comité die Schulstatistik abgegeben hatte, und diesem fortan also die Schultabellen einzusenden sind. –

Endlich folgen hier noch die in diese Periode fallenden Personalveränderungen in der Verwaltung des Schulwesens:

1859 wurden weltliche Revidenten: für den Riga'schen Kreis v. Transehe-Wattram; den Wolmarschen v. Vegesack-Raiskum, den Wendenschen v. Meyendorff-Ramkau, den Walkschen v. Wrangell-Turneshof, den Dörptschen v. Oettingen-Jensel, den Werroschen von Samson-Uelzen, den Pernauschen v. Bock-Neu-Bornhusen, den Fellinschen v. Lilienfeldt-Oberpahlen; 1860 trat v. Meyendorff-Ramkau ab. 1864 tritt der geistliche Revident für Dorpat ab und Pastor Hirsch von Bartholomäi wird es. 1865 tritt Lenz ab und Pastor Sokolowski[35] von Fennern wird es für Pernau. –

1865 werden weltliche Revidenten v. Löwis-Wiezenhof für Riga, v. Vegesack-Raiskum für Wolmar, v. Brümmen-Odense für Wenden, v. Sivers-Raudenhof für Walk, v. Oettingen-Jensel für Dorpat, v. Samson-Urbs für Werro, v. Dittmar-Werro für Fellin. 1865 wird anstatt Gutglück Pastor Masing von Rappin geistlicher Revident für Werro. 1865 tritt als solcher für Pernau Sokolowski ab und Schneider von Hallist wird es, und v. Samson-Hummelshof wird weltlicher Revident für Fellin anstatt v. Sivers-Heimthal. Statt Neiken wird Pastor Kügler von Salisburg geistlicher Revident für Wolmar, 1870 wird es anstatt Treu Pastor Kuntzendorff von Jürgensburg für Riga, und anstatt Otto für Walk Pastor Guleke[36] von Smilten.

Am 16. Nov. 1870 beschloss die Oberlandschulbehörde als Reglement für die Geschäftsführung, dass fortan in ihr der Präses aus den 4 Oberkirchenvorstehern auf 3 Jahre und ein Schriftführer aus den sich Meldenden zu wählen sei nach Stimmenmehrheit. Jetzt wurde Landrath Baron v. Wolff zum Präses gewählt, und damit war eine neue Zeit eingeleitet. Sein reges Interesse für die Schulsache machte, dass die in mancher Hinsicht zur Stagnation gewordene stille Entwickelung einem neuen Aufschwunge Platz machen musste.

---

35 Ernst Johann Georg Sokolowski (1833–1899), 1860 bis 1891 Pastor in Fennern; vgl. Prediger (wie Anm. 6), Nr. 1676.

36 Der Autor.

Der neue Aufschwung im Landschulwesen

Diese Zeit verdient nur in gewisser Beziehung die obenstehende Bezeichnung. Denn in *einer* Beziehung waren auch die sechziger Jahre durchweht von einem neuen Geiste. Die Gemeinden gründeten und erbauten Schulen, ohne dass ein bestimmter Zwang dabei stattfand. Seit 1864 existirte ja wol ein Gesetz, dass sie zur Errichtung von Schulen überall dort, wo die Schulbehörden es verlangten, verpflichtete. Sehr selten aber brauchten diese auf das Gesetz hinzuweisen, meistens waren die Gemeinden selbst zum Bauen und die Herren Gutsbesitzer zum Abtreten von Land und Baumaterial für die Schulen bereit. Und doch möchte ich diese Zeit noch nicht als die Zeit des rechten Aufschwungs bezeichnen. Das geschah Alles ziemlich planlos, ohne dass eine leitende Hand dabei sichtbar war. Ich habe auch schon in der vorigen Periode ein Zeichen der neu hereinbrechenden Zeit für unser Schulwesen angeführt, nämlich die sich immer wiederholenden Anträge der Synoden auf Erweiterung der Küsterschule, auf bessere Ausbildung der Gemeindelehrer etc. Aber das Alles half noch nichts, so lange es an einer sichern, das Alles umfassenden Leitung fehlte. Erst als die durch die Wahl Landrath Friedr. von Wolff's zum Präses der Oberlandschulbehörde gegeben war, trat der Aufschwung ein. Ihm verdankt das livländische Schulwesen unendlich viel. Man mag dieses Urtheil partheiisch finden, – ich leugne nicht, dass ich ihm persönlich sehr zugethan war; – aber ich hoffe, dass die Thatsachen, die ich anführen werde, mein Urtheil rechtfertigen werden. Er war ganz Cavalier, und das verleitete ihn oft, die Sachen auch etwas cavalierement zu behandeln; er war dabei ein weicher, milder Mensch. Aber er war zugleich begeistert für seine Aufgabe, die wie Walter einst sagte, darin bestand eine Jahrhunderte lange Schuld der Deutschen an die Nationalen abzutragen, und wenn es da galt etwas durchzusetzen, handelte er mit unbeugsamer, oft selbst rücksichtsloser Energie. Der Aufschwung vollzog sich unter seiner Leitung des Schulwesens. Daher datire ich ihn von seiner Uebernahme des Präsidiums in der Behörde her.

Das wird sich gleich bei dem ersten Capitel, dem wir uns in dieser Periode zuwenden, erweisen.

I. Die Vorgänge in der Oberlandschulbehörde

Am 16. Nov. 1870 war Landrath Wolff zum Präses erwählt worden. Schon in der nächsten Sitzung am 19. Nov. zeigt der Schulrath v. Klot der Behörde an, dass er sein Gesuch um Entlassung von dem Schulrathsamte vom 17. d.M. einschicke. Die Vorgänge auf den Synoden mögen in ihm den Entschluss schon seit einiger Zeit haben reifen lassen. Mir scheint aber doch, wenn ich in den Akten dazu auch keinen direkten Anlass finde, als ob die Uebernahme des Präsidiums durch Wolff denselben zur That werden liess. Die Daten beider Ereignisse folgen zu schnell auf einander. Wahrscheinlich hatten schon früher Reibungen zwischen beiden Gliedern der Behörde stattgefunden. Jedenfalls brachte die Folgezeit solche sehr bald, da Klot, als vom Landtage gewählt, offenbar noch in der Behörde bleiben wollte, bis der nächste Landtag seinen Nachfolger ernannte.

Am 15. März 1871 musste, wie es scheint, wegen unaufschiebbarer Verhandlungen – vielleicht in Betreff der neu angefertigten Tabelle, – eine Sitzung stattfinden. Die übrigen 3 Oberkirchen-Vorsteher waren verhindert zu erscheinen, und deshalb forderte der Präses ihre 3 in Riga anwesenden Assessores nobilis, die Kreisdeputirten N. v. Oettingen, A. v. Sivers und E. v. Mensenkampff, die in den Kreislandschulbehörde-Sachen versirt waren, mit Zustimmung des Convents zu der Sitzung auf. Die beiden ersteren Herren scheinen nur diese eine mitgemacht zu haben, der letzte von ihnen E. v. Mensenkampff machte aber Jahre lang die Sitzungen der Behörde mit, weil der Oberkirchen-Vorsteher Baron Campenhausen längere Zeit denselben fern blieb. Ein ernstes Rencontre mit dem Sekretär Petersenn hatte sie ihm verleidet.

Unter den sich jetzt rasch folgenden Sitzungen brachte die vom 11. Mai, an welcher ausser dem Präses und Klot nur E. v. Mensenkampff theilnahm, zwischen den beiden ersteren Herren den entscheidenden Conflikt. Klot erhob nämlich, nachdem ein paar andere Sachen verhandelt und entschieden waren, dagegen einen Protest, dass die Ausschreiben wegen der Aufnahme neuer Zöglinge in die Küsterschule und das eben begründete Gemeindelehrer-Seminar ohne sein Wissen und ohne seine Unterschrift ausgefertigt seien, bloss auf Anordnung und mit der Unterschrift des Präses. Das sei eine Verletzung seiner Stellung. Der Präses fand diesen Protest nicht der Widerlegung werth, da er als Präses alle Ausfertigungen zu unterzeichnen habe. Mensenkampff bestätigte, dass das in allen Behörden so gehalten werde. Der Sekretär verlas die Bestimmung der Instruktion § 19,1, wonach dem Schulrath die Beaufsichtigung der Küsterschule etc. und die Beglaubigung der

Attestate über die Anstellungsfähigkeit der entlassenen Zöglinge zustehe, und bemerkte, dass Ulmann jene Ausschreiben nie und Klot sie nur seit 1862 in der Abwesenheit des Präses unterschrieben habe. In der nächsten Sitzung am 25. Mai verlas der Sekretär dann noch die Geschäftsordnung der Behörde und legte die früheren Ausschreiben in Betreff der Aufnahme in die Küsterschule vor. Der Schulrath liess verschreiben, dass er sich bei seiner Bewahrung geirrt habe und deprecire.

Aber noch in derselben Sitzung kam es zwischen beiden betreffenden Herren zu einem neuen Conflikt. Der Schulrath verlas seine Notizen zum Jahresbericht und den dazu gehörigen Erlassen. Der Präses wiederholte seinen Antrag das Alles *schriftlich* einzubringen, offenbar fertig ausgearbeitet. Der Schulrath liess verschreiben, dass er seinen Bericht immer *nur so* vorgetragen und erst nachträglich ausgearbeitet habe. Der Sekretär widersprach dem und behauptete, dass er das bisher *immer* schriftlich gethan habe. „Der Herr Schulrath stellte dem Präses die Alternative, ihm entweder einen Verweis zu ertheilen oder seine Absetzung zu beantragen.“ Der Präses verweigerte das und erklärte nur, „dass er seinerseits das von dem Herrn Schulrath hervorgehobene Interesse für das Landschulwesen *thatsächlich* nicht mehr zu erkennen vermöge.“ Herr v. Mensenkampff stimmte dem bei.

Am 27. Mai fragte dann bei der Verlesung des Protokolls der Schulrath den Präses, „womit er seine Erklärung motiviren wolle?“ Der Präses erwiderte ihm, „er habe seinerseits im Allgemeinen den Eindruck bekommen und das in den Verhandlungen über die Mängel im Schulwesen und über den Jahresbericht bestätigt gefunden.“ Der Schulrath wandte sich darauf an Mensenkampff und fragte ihn, „mit welchem Rechte er an den Sitzungen und Verhandlungen der Oberlandschulbehörde theilnehme?“ Der Präses verwies ihn auf seine Erklärung in dieser Beziehung in der Sitzung v. 15. März. Mensenkampff fügte noch hinzu, er wäre als Assessor nobilis eo ipso Stellvertreter des Oberkirchenvorstehers und um die Stellvertretung in dieser Behörde von Landrath Campenhausen ersucht worden. Der Schulrath unterschrieb darauf das Protokoll, sich Weiteres vorbehaltend.

Darauf las er den ausgearbeiteten schriftlichen Jahresbericht nebst den Erlassen vor und stellte sie dem Präses zu. Dieser berichtete am 19. Juni, dass namentlich die Erlasse so viele errata und omissa enthielten, dass er den Schulrath gebeten, sie umzuändern. Aber er habe sich mit ihm darüber nicht verständigen können. Da erbot sich der Sekretär sie umzuarbeiten und sie mit der Unterschrift des Herrn General-Superintendenten zu versenden.

Bis zur nächsten am 14. Sept. stattgefundenen Sitzung scheint nichts Besonderes vorgefallen zu sein, aber die vom 27. Mai hatte den Schulrath doch zu dem Entschlusse gebracht, sofort abzutreten. Daher erschien er am 14. Sept. nicht mehr, sondern zeigte Letzteres mit Bezugnahme auf jene Sitzung schriftlich an und erbot sich nur noch die angefangenen Arbeiten zu Ende zu führen. Leider aber erschien am 14. Sept. der ausführliche Schulbericht, obgleich er jetzt erst der Behörde zu Händen kam, bereits in der Rigaschen Zeitung mit der Unterschrift Klot, livl. Schulrath. Die Behörde liess Letzteres auf sich beruhen und verfügte ihm zu rescribiren, er habe den Verlauf jener Sitzung nicht richtig dargestellt; sie verzichte aber auf jede fernere Mühewaltung, da er den Sitzungen nicht mehr beiwohnen wolle. Daher bitte sie ihn unter Anerkennung seiner früheren amtlichen Thätigkeit als Schulrath, alle Akten, Siegel etc., die er noch in Händen habe, dem Sekretär gegen Quittung zuzustellen. Zugleich wurde das Landraths-Collegium ersucht, das Schulrathsamt neu zu besetzen.

Das Siegel hatte Klot noch, um seine amtliche Correspondenz zu Ende zu führen, trotz Mahnung des Sekretärs behalten. Am 2. Nov. wird dann berichtet, dass er es zusammen mit 8 Aktenstücken dem General-Superintendenten übergeben.

Hier ist noch zu erwähnen, dass jetzt auch das letzte der ersten Glieder der Oberlandschulbehörde, der Bischof Ulmann, starb. Dieselbe ehrte sein Andenken durch Erhebung von den Sitzen und liess nochmals die Dankadresse an ihn beim Scheiden aus der Behörde in der Zeitung abdrucken.

Vergleicht man mit dieser ehrenden Anerkennung die dem ersten Schulrath so viel Jahre nach seinem Austritt aus der Behörde zu Theil wurde, die Art, in welcher der zweite aus ihr austrat, so wird man durch sie peinlich berührt. Es scheint zuletzt ziemlich rücksichtslos gegen ihn verfahren worden zu sein. Freilich scheint er das zum Theil wol auch durch Gereiztheit und störrischen Eigenwillen, vielleicht Anzeichen der ihn bald darauf dahinraffenden Krankheit, provocirt zu haben.

Hier ist noch einzuschalten, dass der Sekretär Petersen in der Sitzung vom 27. Mai dem Präses ein versiegeltes Couvert übergab, das, wie sich in der vom 19. Juni ergab, sein Entlassungsgesuch enthielt. Er nahm es aber, da alle Glieder der Behörde ihn baten zu bleiben, bis auf Weiteres zurück. Er hatte persönliche Gründe vorgeschützt; ob die durch sein Verhältniss zum Landrath Campenhausen, den er gefordert hatte und mit dem er nie mehr ein Wort wechselte, oder durch die Verhandlungen mit Klot hervorgerufen waren, – darüber finde ich nichts Näheres.

Der darauf zusammengetretene Convent wählte provisorisch Pastor Pfeil aus Dorpat zum Schulrath, laut Anzeige v. 14. Dec., die definitive Wahl dem Landtage vorbehaltend, und so übernahm dieser mittelst Schreiben v. 18. Dec. das Amt auch nur provisorisch, sich seine Bedingungen für das Definitivum vorbehaltend. Aber der Sitzung am 2. Dec. wohnte er bereits bei, wenigstens der Berathung über ein zu errichtendes estnisches Gemeindelehrer-Seminar, zu welcher ihn der Präses hinzugezogen hatte. Am 3. März 1872 machte Pfeil die erste Sitzung als Schulrath mit und wurde als solcher vom General-Superintendenten feierlich begrüsst. Am 4. März zeigte er an, dass er von Klot das Schulrathsarchiv erhalten habe. Den Sitzungen vom 8 - zum 15. Mai wohnte er gleichfalls bei und stellte für die definitive Uebernahme des Amtes eine Gage von 1 000 Rbl. auf. Dafür sei er bereit, sein Amt in Dorpat aufzugeben und nach Riga zu ziehen. Für die Reisen erbitte er sich eine Pauschalsumme. – Aber schon im Anfange des Mai hatte Landrath Wolff bei Gelegenheit einer Kreislandschulbehördensitzung in Wenden, die ich als Schulrevident mitmachte, an mich die Frage gerichtet, ob ich eventuell das Amt des Schulraths übernehmen würde. Ich erwiderte, es wäre Pfeil ja schon gewählt, und ich wolle mich nicht zu einer Stelle drängen, die ein Anderer inne habe. Da antwortete er, Pfeil könne schon um seiner Harthörigkeit willen nicht Schulrath bleiben. Das Verhandeln mit ihm in den Sitzungen wäre so schwierig, dass das eine Unmöglichkeit sei. Wenn ich das Amt nicht übernehmen wolle, müsse er, Wolff, sich nach Jemand anders umsehen. Nachdem ich es mir überlegt hatte, schrieb ich ihm, dass ich bereit wäre das Amt zu übernehmen, wenn ich zugleich Pastor bleiben könne. Mit Hilfe eines Adjunkten hoffe ich beide Aemter zusammen versehen zu können. Wolff setzte durch, dass die von Pfeil gewünschte Gage vom Landtage bewilligt, ich aber gewählt wurde. Ich reiste zuerst auf 2 Monate ins Ausland, besuchte dort mehrere Seminare und trat im Oktober vollständig die Arbeit an.

Von jetzt an bin ich als Glied der Behörde an allen Verhandlungen und Vorgängen in unserem Schulwesen mehr oder weniger betheiligt gewesen. Wenn diese Zeilen, die ich nicht für die Oeffentlichkeit schreibe, einst Leser finden sollten, dann bitte ich sie, wenn ich auch wie bisher mich bestreben werden, objektiv zu sein, es mir nicht zum Vorwurfe zu machen, falls mir das nicht überall gelingen sollte. So sehr man sich auch selbst verleugnen mag, so kann man aus seinen Verhältnissen und Anschauungen doch nicht herauskommen.

Ich war eigentlich nur auf 6 Jahre angestellt worden, aber am 3. Mai 1878 wurde meine Anstellung zu einer lebenslänglichen erhoben. Vorher hatte ich am 7. Dec. 1876 das Amt des Schulraths niederlegen wollen, da die Agitationen der Baptisten in der Smiltenschen Gemeinde es mir unmöglich machten, beide Aemter zugleich zu verwalten. Da erhöhte der Landtag 1877 die Gage des Schulraths auf 3 500 Rbl.

und die Fahrgelder auf 250 Rbl., dadurch war ich in den Stand gesetzt, nach Riga zu ziehen und trat als Pastor von Smilten am 1. Jan. 1878 zurück.

Ein anderes Glied der Behörde aber trat bald aus. Das war der Sekretär Petersen. Es war ihm schon seit lange die Pernau-Fellinsche Kreislandschulbehörde ein Dorn im Auge. Er behauptete, sie gehe gern – procul a Jove, procul a fulmine,[37] wie er sich ausdrückte, – ihre eigenen Wege. In Betreff der Aufnahme griechischer Kinder in unsere Schulen war das ja allerdings früher ein paar Mal vorgekommen. Nun fügte es sich zum Unglück noch so, dass sie in Herrn Körber[38] einen Sekretär bekam, der eine scharfe Feder führte. Es kam zu nicht missverständlichen Spitzen in den gegenseitigen Schriftstücken. Dabei war Petersen ein erklärter Verehrer von Schulrath Pfeil. Nun hatte diese Kreislandschulbehörde bei Gelegenheit der Verhandlungen über ein einzuführendes praktisches Vorbereitungsjahr für Gemeindelehrer in einem Schreiben v. 6. Aug. 1873 die Redewendung gebraucht: die Kreislandschulbehörde habe sich der Hoffnung hingegeben „dass der Pfeilsche Entwurf zu Fall gekommen." Das empörte Petersenn und veranlasste ihn zu sehr missbiligenden Äusserungen über diese Worte. Die anderen Glieder der Behörde fanden nichts Gravirendes darin und Landrath v. Oettingen meinte, der Sekretär könne ja sein Separatvotum verschreiben. Dagegen protestirten die Andern und Landrath Baron Campenhausen sagte: „neben den übrigen Gliedern der Behörde werde im Gesetz überhaupt kein Sekretär, sondern nur ein Schriftführer aufgeführt. Das wurde zugestanden, und Petersenn, der sich immer Sekretär genannt und als Sekretär unterzeichnet hatte, musste die Pille herunterschlucken und sich fortan Schriftführer nennen.

Indess brachte die nächste Sitzung vom 26. Februar 1874 in Angelegenheit der Amtsentsetzung des Fellinschen Lehrers Märt Laur wieder ein Schreiben derselben Kreislandschulbehörde, das auch den übrigen Gliedern der Behörde unpassend erschien. Petersenn hatte eine Zurechtweisung aufgesetzt, die nicht angenommen wurde. Die Behörde verfügte aber doch Folgendes zu rescribiren: „Die Kreislandschulbehörde habe in letzter Zeit gegen die Oberlandschulbehörde nicht immer eine sachliche Anschauungs- und Ausdrucksweise beobachtet, ja sogar durch einen empfindlichen und gereizten Ton die ihr durch den Respekt gegen diese ihre Oberbehörde gesetzten Grenzen oft überschritten. Die Oberlandschulbehörde, – vor Allem ihre hohe Aufgabe der inneren Entwickelung und geistigen Förderung unse-

---

37 Lat.: Fern von Jupiter, fern vom Blitzschlag.

38 Vielleicht identisch mit Carl Eduard Anton Körber (1802–1883); vgl. Prediger (wie Anm. 6), Nr. 944.

res Landschulwesens fest im Auge haltend, – habe bisher eine solche dieser höheren Aufgabe nicht entsprechende Auffassungs- und Ausdrucksweise der obgenannten Kreislandschulbehörde in *der* Hoffnung ignorirt, dieselbe werde bald gewahr werden, dass die Oberlandschulbehörde einzig im Interesse der Sache einen solchen gereizten Ton nicht habe beachten *wollen*. Diese Hoffnung sei aber leider nicht erfüllt, da die obgenannte Kreislandschulbehörde neuerdings in ihrer demandirten Erklärung in der Märt Laurschen Beschwerdesache d. 12. Dec. a. pr. aus einer sachlichen Behandlung wieder dermassen herausgetreten und in einen das diesseitige Rescript *derart* kritisierenden Ton verfallen sei, dass die Oberlandschulbehörde denselben nicht länger zu ignoriren vermöge und nunmehr die zuversichtliche Hoffnung aussprechen müsse, die obgenannte Kreislandschulbehörde werde im Bewusstsein der hohen Aufgabe der Förderung des Landschulwesens der Oberlandschulbehörde gegenüber fortan nur rein sachlich verfahren um ein allseitiges freudiges Zusammenwirken zur Erfüllung jener hohen Aufgabe zu ermöglichen.

In derselben Sitzung vom 26. Febr. war auch noch eine andere Klagesache gegen die Pernau-Fellinsche Kreislandschulbehörde zur Verhandlung gekommen. Die Schulverwaltung von Gr. St. Johannis hatte wegen der Ollustfer-Aimelschen Dorfschule von ihr einen „ernstlichen Verweis erhalten und deshalb über die bei der Oberlandschulbehörde geklagt. Diese hatte den Verweis aufgehoben, derselben aber eine genauere Berichterstattung an die Kreislandschulbehörde vorgeschrieben. Landrath Sivers, Präses derselben, machte nun bei der Sitzung am 7. Mai, auf der er anwesend war, die Mittheilung, er habe die Entscheidung der Oberlandschulbehörde jener Schulverwaltung noch nicht eröffnet und bitte auf Grund der Thatsachen, die er darlegte, um eine Abänderung jenes Beschlusses. Auf jener Sitzung waren nur die Landräthe Wolff und Oettingen, der Assessor nob. Mensenkampff und der General-Superintendent Christiani anwesend gewesen. Landrath Campenhausen protestirte gegen jene Sitzung, zu der er garnicht eingeladen gewesen sei. Landrath Oettingen fand den Beschluss derselben nicht richtig. Petersen hob die Richtigkeit des Protokolls hervor und fand darin Zustimmung bei Christiani und Mensenkampff. Der Beschluss wurde aber doch umgestossen und eine nochmalige Verhandlung der Sache abgemacht. Fortan sollten immer alle Glieder zu den Sitzungen eingeladen werden. Auf der nächsten Sitzung am 15. Oct. 1874 lag dann Petersens Abschiedsgesuch vor und es wurde der Consistorial-Sekretär Ed. v. Stahl zum Schriftführer erwählt. Petersenn fühlte sich als Jurist durch das Umstossen jenes Beschlusses gekränkt.

Stahl erkrankte bald und starb. Zu seinem Nachfolger wurde der Consistorial-Sekretär A. v. Villebois am 7. Mai 1879 erwählt. In der vorigen Periode trat schon 1869 Landrath Baron Fr. v. Wolff als Wenden-Walkscher Oberkirchen-Vorsteher in die Behörde an Stelle von Transehe. 1871 trat N. v. Oettingen an die Stelle Stryk als Dorpat-Werroscher Oberkirchen-Vorstand, 1873 A. v. Sivers an die des Landraths v. Mensenkampff für Pernau-Fellin, 1875 Landrath von Kahlen an die von Baron Campenhausen für Riga-Wolmar; 1875 Baron v. Ungern-Sternberg an die von N. v. Oettingen für Dorpat-Werro; 1877 Landrath G. v. Stryk an die von Sivers von Pernau-Fellin, 1878 Landrath Baron v. Wrangell an die von Kahlen für Riga-Wolmar und Landrath v. Brasch an die von Ungern-Sternberg und 1883 an dessen Stelle Landrath E. von Oettingen. 1884 trat der Präses Landrath Baron Wolff wegen Krankheit ab. Er starb bald darauf. Die Behörde richtete bei seinem Austritt ein Dankschreiben an ihn, in dem sie aller Verdienste, die er sich um das Schulwesen, für das er immer das wärmste Interesse bewahrt hatte, gedachte. Jedenfalls fiel in die Zeit seiner Leitung dessen grösste Blüthe.

Landrath Stryk wurde im Vorsitz der Behörde sein Nachfolger. Die Zeitumstände machten, dass ihm eigentlich nur die Aufgabe zufiel, dasselbe seinem Ende zuzuführen.

Hier könnte vielleicht noch Erwähnung finden, dass am 4. April 1872, nachdem den Kreislandschulbehörden 2 Glieder bäuerlichen Standes beigegeben waren, in der Oberlandschulbehörde der Antrag, auch ihr 4 bäuerliche schulkundige Glieder beizugeben gestellt, aber im Juni bereits zurückgezogen wurde.

Die Zahl der Beamten der Schulbehörden erweiterte sich in dieser Beziehung nur noch insofern, dass die weltlichen, wie die geistlichen Revidenten 1875 Suppleanten erhielten, die sie in Verhinderungsfällen vertreten sollten.

II. Die Seminare

A. Die Errichtung und Einrichtung derselben

Welches lebhafte Interesse die Synode für die Entwickelung des Schulwesens bethätigte, habe ich schon in der vorigen Periode erzählt; auch, dass sie sehr wohl erkannte, dass diese von einer Erweiterung und Verbesserung des Seminarwesens zum grossen Theil abhing. Daher entschied sie sich, als die Behörde im Mai 1868 den Pfeil'schen Reorganisations-Entwurf abgelehnt hatte, abermals – wenigstens im

Princip – für ihn. 1869 kommt dann noch von Pastor Hansen ein Vorschlag zur Verhandlung, nach welchem zur Ausbildung von Gemeindelehrern, da die Küsterschule doch nur für Parochiallehrer da wäre, in beiden Distrikten je ein Seminar errichtet werden sollte. Derselbe wird 1870 abgewiesen, weil Pfeil meinte, wenn man die Parochialschulen heben und je einer der besten Parochialschulen in beiden Distrikten eine Seminarklasse hinzufügte, man ja an ihnen Seminare haben würde. Man bedachte nicht, das sich eine solche Einrichtung bei der Begründung des Parochiallehrer-Seminars in Wolmar als unzweckmäßig erwiesen hatte und sah sich auf der Synode von 1871 genöthigt, doch wieder auf den Hansenschen Vorschlag von Seminaren zurückzukommen. Leider wagte man wieder nicht, ihn voll und ganz zu acceptiren, sondern meinte, *ein* Seminar würde für beide Distrikte genügen. Das ist aber bei der Verschiedenartigkeit der beiden Nationalitäten ganz unmöglich. Damit hatte sich die Synode erschöpft, und es war gut, dass die Sache von anderer Seite wieder ins Gleis gebracht wurde.

Dem energischen Propst Kupffer von Walk war des Verhandelns, ohne dass man zu einem Resultat kam, zu viel geworden. Er schrieb schon 1870 am 19. Oct an Klot: „Die Walkschen Schulen werden gewiss genügend Schüler für die Uebungsschule des Gemeindelehrer-Seminars bieten können. – Die vielen Gemeindeschulen, die jetzt errichtet werden, machen, dass an die Parochialschulen höhere Forderungen als bisher gestellt werden, so dass sie etwa Vorschulen für die Kreisschulen werden. Daher muss auch das Küsterseminar mehr leisten als bisher. Deshalb erscheint mir nothwendig: 1., dass der Cursus von 3 auf 4 Jahre erweitert wird. Dann allein wird eine Uebungsschule von Nutzen sein. 2., Dass der Gehalt der Hilfslehrers erhöht wird, so dass ein Candidat der Theologie oder ein Pädagoge aus Deutschland es wird. Jetzt hat der kleinen Gage wegen immer nur ein früherer Zögling der Küsterschule diese Stellung eingenommen, und auch nur auf kurze Zeit. Das ist für die Zukunft unhaltbar, wenn mehr geleistet werden soll. – Mir scheint es, wenn für bessere Ausbildung der Gemeindelehrer auf diesem Convent Vorschläge gemacht werden sollen, dass auch der Küsterschule neue Aufmerksamkeit zugewandt werden muss. Die Zeit ist ernst. Das Junglettenthum entsteht aus der Halbbildung; Halbbildung ist aber nur durch Mehrbildung zu überwinden. In Riga ist ein neues Seminar entstanden, das von der Regierung errichtete „baltische Seminar“ mit russischer Unterrichtssprache. Das Alles ist ein Fingerzeig, dass mehr geschehen muss. *Sie müssen* da eintreten.“

Wie es mir scheint, hat dieser Brief Klot zu dem Entschluss gebracht, abermals vorzutreten. Denn schon am 27. Oct. trägt er mit dem Hinweise auf dieses

Regierungs-Seminar, zu dem sich gleich 16 Esten und 30 Letten gemeldet hätten, darauf an, bei dem Parochiallehrer-Seminar eine Uebungsschule zu gründen, damit unsere Lehrer besser ausgebildet würden. Die Behörde stimmte dem bei. Sehr zur rechten Zeit war dieser Antrag eingebracht, denn schon in der nächsten Sitzung am 16. Nov. wurde Wolff zu ihrem Präses gewählt, und nun kam Alles in Fluss. Am 30. Nov. lag der Behörde bereits die Zustimmung des Landraths-Collgiums vor zum Bau einer Uebungsschule, und Klot erbot sich nächstens nach Walk zu fahren, um den Bau mit Wrangel zu besprechen.

Am 15. März 1871 beschliesst die Behörde, das lettische Gemeindelehrer-Seminar in Walk und zwar in nächster Nähe der Küsterschule anzulegen und mit der Uebungsschule dieser unter einem Dache zu erbauen; der Direktor des Gemeindelehrer-Seminars sei aus den tüchtigsten Lehrern des Landes zu entnehmen und würde von dem ausländischen Uebungslehrer der Küsterschule viel lernen können. Dieser aber würde nicht 500 sondern 750-800 R. Gage zu bekommen haben. Zimse würde, wenn das Dreiklassensystem mit jährlichen Aufnahmen und jährlichen Entlassungen eingeführt würde, um ihm in der Beköstigung für den Ausfall in den ersten Jahren einen Ersatz zu bieten, im ersten 400 und im zweiten Jahre 200 Rbl. gezahlt werden müssen. Am 13. April wurde dann noch beschlossen, diese Sachen sogleich in Angriff zu nehmen. Der Präses übernahm, ein Lokal für das Gemeindelehrer-Seminar zu besorgen, und der Schulrath, mit Tehraud als Direktor des Gemeindelehrer-Seminars in Unterhandlung zu treten.

Am 11. Mai 1871 waren die Verhandlungen mit Tehraud abgeschlossen; er hatte 100 Rbl. zu einer Reise in die Seminare der Provinz Preussen erhalten und Kupffer erhielt am 14. Sept. das Ansuchen, bei der Eröffnung des Seminars für Gemeindelehrer den bereits abgetretenen Schulrath Klot zu vertreten, sowie den Lehrplan mit Tehraud auszuarbeiten.

Dem estnischen Distrikte fehlte eine so energische Führung, wie der lettische sie an Propst Kupffer hatte. Darum sendet Dorpat-Werro noch am 7. Oct. das Protokoll einer Conferenz der geistlichen Revidenten der 4 estnischen Sprengel mit dem weltlichen Revidenten E. von Oettingen und P. Pfeil ein, betreffend die Einrichtung von Seminarklassen bei Parochialschulen. Die Conferenz ist darauf herausgekommen, das Projekt doch noch auf 3 Jahre zu vertagen und die Lehrer ein praktisches Jahr bei älteren Lehrern mit Gratifikation aus der Ritterschafts-Casse abhalten zu lassen. Die Behörde beschliesst die Sache bis zum Convent zu vertagen.

Uebrigens fand Kupffers rasches Vorgehen auch in Lettland Gegner. Pastor Treu von Oppekaln sprach sich sowol gegen die Einführung des Dreiklassensystems in der Küsterschule, wie gegen die Errichtung der Gemeindelehrer-Seminare aus. Besonders gegen letztere wandte er tadelnd ein, dass die schwächeren Schüler, nämlich die in den Gemeindeschulen, unzulänglich gebildeten Lehrern zugewiesen würden, während sie gerade der besseren bedürften. Es müssten *alle* Lehrer auf eine höhere Bildungsstufe gehoben werden. Pfeil antwortete ihm gleich auf der Synode, indem er vor zu grossen Seminaren warnte, und Herr von Mensenkampff antwortete ihm dann noch in der „Zeitung für Stadt und Land“.

Am 26. Nov. 1871 liegt dann der Behörde ein genauer Reorganisationsplan für die Küsterschulen, abgefasst von den Lehrern derselben unter Kupffers Leitung, vor. Danach würden 92 Lehrstunden den Seminaristen und 18 den Uebungsschülern zu ertheilen gewesen sein. Von diesen sollten die Prediger 4 Religionsstunden geben, der Direktor 18 Lehr- und 12 Gartenarbeitsstunden, der bisherige 1. Seminarlehrer 28, ein neu anzustellender 2. Seminarlehrer 28, der Uebungslehrer 8 Stunden im Seminar, 18 in der Uebungsschule und 6 Stunden der Seminaristen in dieser sollte er leiten. Die Unkosten werden auf 1 100 Rbl. berechnet, indem der Uebungslehrer 600, der 2. Seminarlehrer 400 Rbl. und der 1. Lehrer 100 Rbl. Quartiergeld ausser seiner Gage erhalten sollte. Zum ersten Mal hat der Reorganisationsplan eine greifbare Gestalt gewonnen. Die Behörde wies ihn dem neuen Schulrath zu.

Pfeil hatte am 2. Dec. versprochen einen specialisirten Plan für die einstweilige Sorge dafür, dem estnischen Distikt die Gemeindelehrer vorzubilden, sowie den für ein estnisches Gemeindelehrer-Seminar auszuarbeiten. Es waren also auch hier die Seminarklassen gefallen. Nun bot am 24. Jan. 1872 Herr v. Stryk von Morsel das unter Helmet gelegene Grundstück Bocard zum Seminar an. Auf Pfeils Antrag wird es am 3. März zurückgewiesen, weil die Baulichkeiten aufzuführen wenigstens 10,000 Rbl. kosten würde, und doch nur eine Stadt die nöthigen Uebungsschüler und Hilfslehrer bieten könnte. Da tauchte das Projekt auf, die estnischen Gemeinden zum Besten dieses Seminars zu besteuern, und zugleich Vertreter der Bauergemeinden in die Oberlandschulbehörde zu berufen. Aber schon in der Maisitzung wurden diese Anträge zurückgezogen.

Da tauchte am 25. Aug. 1872 ein neuer Plan auf. Pastor Pfeil hatte geäussert, dass der Hilfsverein in Dorpat wol sein Vereins-Armenhaus unentgeltlich zum Seminar überlassen würde. Landrath Oettingen wurde beauftragt, mit ihm in Unterhandlungen zu treten. Am 17. Nov. konnte der Präses der Behörde schon die Bedingungen des Hilfsvereins vorlegen. Die Hauptsache war, dass dort immer 2 Uebungsklassen in Thätigkeit sein müssten, und dass die Ritterschaft den für das Seminar nöthigen Umbau auf eigene Kosten ausführen solle. Das wurde zugestanden unter der Bedingung, dass ihre 3 Nutzungsjahre und dann das Verkaufsrecht gesichert blieben.

Am 12. Febr. 1873 wurde der Bau des lettischen Gemeindelehrer-Seminars zu Walk nach einem Plan des Architekten Holst beschlossen. Da er aber Mängel enthielt, wurde Landrath Wrangel von Schloss Luhde am 4. Dec. ersucht das Seminar mit der Uebungsschule für die Küsterschule und die Lehrerwohnungen nach einem von ihm mit Landrath Oettingen vereinbarten Plane aufzubauen. Das geschah auch, und am 29. Dec. 1876 wurde das Seminar eingeweiht und bezogen.

Am 12. Febr. 1873 legte Landrath Oettingen auch den Contrakt mit dem Hilfsverein vor, am 20. März theilte er mit, dass er ihn abgeschlossen habe. Der Umbau wurde bis zum Herbst vollendet, und das Seminar in dem Lokal darauf eröffnet. Pastor Friedrich Hollmann von Rauge hatte sein Pfarramt aufgegeben und trat als Direktor ein.

Das Gebäude erwies sich aber bald als ungenügend und grösserer Reparaturen bedürftig. Hollmann stellte der Behörde Voranschläge zu einem Umbau und einen Entwurf zu einem Contrakt mit dem Architekten Mohr zu; sie wurden aber als für den Augenblick unmöglich zurückgeschickt. Am 20. Jan. 1876 aber trug Landrath Ungern-Sternberg breits darauf an, wegen des Gebäudes des Seminars einen Beschluss zu fassen, da es vom 1. Juli c. ab laut Contrakt verkauft werden konnte. Es wurde beschlossen, mit dem Professor emer. Bidder als Präses des Hilfsvereins über die Bedingungen zu verhandeln, unter welchen der Ankauf des Hauses dem Landtag vorgelegt werden könnte. Ungern hatte es gethan, aber war zu keiner Einigung gekommen. Daher schlug er am 15. Oct. vor, der Präses möchte selbst nach Dorpat kommen, um weiter zu gelangen. Das war dem Präses unmöglich, daher beauftragte er mich, bei meiner Anwesenheit in Dorpat es zu versuchen. Denn weder Landrath Ungern noch Direktor Hollmann waren geneigt, weiter mit Bidder zu verhandeln. Während Pfeil uns ursprünglich Aussicht gemacht hatte, das Gebäude für 10,000 Rbl. zu erhalten, sollten wir jetzt nach Allem, was die Reparaturen gekostet hatten, noch 18,000 bis 20,000 Rbl. zahlen.

Da tauchten andere Pläne auf. Gegenüber dem Seminargebäude vergab die Stadt Dorpat Land auf Grundzins. Hollmann schlug vor, dort ein Gebäude nach den Bedürfnissen des Seminars neu aufzuführen. Dann aber waren auch durch die Dorpat-Tapser Bahn die Stationen jenseits Dorpat unnütz geworden. Herren vom Adel schlugen vor, das Gebäude von Nennal für das Seminar einzurichten und es dorthin zu verlegen. Hollmann erhielt den Auftrag mit Beziehung auf seinen Vorschlag die Kostenberechnung für einen solchen Neubau zu beschaffen, aber auch sein Gutachten in Betreff Nennals abzugeben. Dieses letztere lautete dahin, dass diese frühere Station in ihrer Abgelegenheit sich für das Seminar durchaus nicht eigne; jedenfalls würde er (Hollmann) dann sein Direktorat niederlegen. Die Kosten eines Neubaues waren aber auch so gross, dass Hollmann am 21. Jan. 1877 zu neuen Verhandlungen mit dem Hilfsverein beauftragt wurde. Am 25. Mai berichtet er, dass es ihm nicht gelungen sei, den Kaufpreis unter 20,000 Rbl. herabzudrücken. Endlich am 4. Febr. 1878 ist es gelungen, ihn auf 15,000 Rbl. zu vermindern; wenn aber die Schule einmal eingehen sollte, müssen 5 000 Rbl. nachgezahlt werden. Am 7. Mai 1879 wurde der Contrakt über den Ankauf von der Behörde angenommen.

So waren die Seminare alle nun in ihren eigenen Lokalitäten untergebracht und hatten alle ihre Uebungsschulen erhalten, das zu Dorpat in den auf dem Hofe des Seminars gelegenen Räumlichkeiten der früheren Jessinskischen Schule, – die beiden Walkschen in dem Schulgebäude des lettischen Gemeindelehrer-Seminars.

B. Die Direktoren und ihre Lehrer

Das *Parochiallehrer-Seminar* als das älteste nimmt unsere Aufmerksamkeit zuerst in Anspruch. Da ist die Ruhe des Direktors Zimse auffallend, während Adel und Geistlichkeit um 1870 so viel über die Reorganisation dieses Seminars debattiren. Er schreibt am 18. März 1870 dem Schulrath Klot über den schlechten Gesundheitszustand der Seminaristen und fügt hinzu: „so dass ich nach Beschaffenheit dieses Cursus, wenn er nicht eine Ausnahme bildet, eine Degeneration des Volkes annehmen muss, welche durch überfüllte Parochialschulen veranlasst sein könnte." Am 18. Oct. beantragt er die Reparaturen im Seminar 1871 auszuführen, da er bei ihnen doch eine Art Aufsicht führen müsse und 1872 zu Hentschel's Jubiläum nach Deutschland zu reisen gedenke. Am 5. Jan. 1871 meldet er demselben, dass sein Zögling Krasting in Schwaneburg auf der Wahl sei, und man von ihm sage, dass man einen solchen Orgel-Virtuosen noch nicht auf dem Lande gehört habe. Aber von der Reorganisation, die ihn doch sehr anging, handeln seine Briefe nicht. Erst am 26. Juni schreibt er: „Deprimirend für mich war die Wirkung des Ausspruchs: da ich nicht 20 Schüler habe, so brauche ich eigentlich keinen Gehilfen. Eine solche Anschauung der Seminar-Arbeit lässt auch das vermissen, was die Grundvoraussetzung meines Verhältnisses zu meiner Schulobrigkeit ist;" *„deutsches Mass und Gewicht.*" Daraufhin bin ich von Walter ausdrücklich seit 1834 berufen; daraufhin will ich auch gerichtet sein." Offenbar meint er ungerecht behandelt zu werden; wunderlich aber bleibt die Ausdrucksweise. Am 19. Aug. beklagt sich Zimse, dass er die Entschädigung für den Ausfall an Schülern, den er doch pränumerando erhalten sollte, noch nicht bekommen habe, und schliesst daran, da ihm frühere Schüler viel schulden und er eine Tochter noch 2 Jahre ausser dem Hause zu erziehen habe, die Bitte, ihm von der Ritterschaft, der er schon 32 Jahre diene, ein Stipendium zuzuwenden. Klot erwirkte ihm auch, da 13 Schüler neu aufgenommen waren, für 17 mangelnde eine Vergütung von 340 Rbl., da er seinen Verlust auf 20 Rbl. pro Mann bei der Beköstigung angegeben hatte.

Früher hatte er immer über das zu geringe Kostgeld geklagt, jetzt giebt er an 20 R. pro Mann verdient zu haben. Das machte einen peinlichen Eindruck. Dieser wird noch dadurch vermehrt, dass er erst bei dem Capitel der Entschädigung von der ganzen Reorganisation Notiz nimmt. Freilich reichte das Lehrer-Collegium dann am 26. Nov. seinen Reorganisationsplan ein, dem auch Zimse seine Unterschrift beifügte; aber offenbar hatte diesen Kupffer und nicht Zimse veranlasst und ausgearbeitet. Er ist nicht bloss von Kupffers Hand niedergeschrieben, sondern wird auch in der Behörde als der Kupffersche bezeichnet.

Unerquicklich ist auch folgende Verhandlung Zimse's mit der Behörde, die er sich ganz unnöthiger Weise, nur aus Hochmuth zuzieht. Am 30. Dec. 1871 schreibt er der Behörde wegen Anstellung eines dritten Lehrers und zwar eines Esten und fährt dann fort: „Wenn in einer der letzten Sitzungen der Hohen Behörde die Bemerkung; – nach Aussage des emeritirten Schulraths v. Klot gemacht worden, dass in der Küsterschule zu viel für Noten *verplackert* werde, so kann einer so ungnädigen Äusserung bei dem bekannten Wohlwollen der Hohen Behörde nur ein tiefes Missverständniss über die Bedürfnisse der Küsterschule, die nie mit einer Parochialschule gemessen werden können, zu Grunde liegen, das zu heben ich für meine Pflicht erachte. Es giebt bekanntlich 2 grundverschiedene Wege Volksschullehrer und Organisten zu gewinnen: „den *preussischen* und den *österreichischen*, den Oesterreich selbst schon seit 1866 verlassen hat, d.h. den Weg der Bildung und den der Abrichtung. Nicht nur bin ich einst hinausgeschickt, um den erstern kennen zu lernen und einzuschlagen, sondern habe auch stets geglaubt, im Sinne der livl. Ritterschaft zu handeln, wenn ich trotz mancher Meinungsdifferenzen stets nur den Weg der Bildung ging." „Dazu gehört aber, dass jeder Seminarist von Anfang an *individuell* von Stufe zu Stufe geführt werde durch die Klaviernoten der *Anstalt*." etc. Am 24. Jan. 1872 bekam Zimse von der Behörde den Auftrag, die Behauptung von dem Verplackern für Noten durch Vorstellung des brieflichen Beleges von

Schulrath Klot zu beweisen. Dieser Auftrag wurde Anfang März noch wiederholt, da Zimse den Beleg nicht geschickt hatte, und zwar sollte er das jetzt *umgehend* thun. Zimse beantwortet dieses Schreiben am 9. März, wie folgt: „Die von dem emer. Schulrath Herrn v. Klot ausgesprochene Behauptung, dass in einer Sitzung der Oberlandschulbehörde die Äusserung gemacht sei, es werden für Noten zu viel Geld verplackert, habe ich in meiner Eingabe am Jahresschluss in Form eines hypothetischen Urtheils ausgedrückt: „*Wenn* in der letzten Sitzung etc." – somit *meinerseits* nur behauptet wird was jedes hypothetische Urtheil von der Form: „wenn a ist, so ist b" ausdrückt. Ob nun a ist oder nicht ist, hat der Herr Schulrath nachzuweisen. Darum habe ich im Gehorsam gegen meine vorgesetzte Hohe Behörde, die von mir den Beweis für a verlangt, mich an Herrn v. Klot gewandt und gebeten, mir brieflich jenen Beweis zu geben, was er aber bis hiezu unterlassen hat. Da ich nun noch heute abermals Herrn v. Klot darum ersuchen werde, so bitte ich gehorsamst mir Zeit zu geben etc." –

Klot schreibt ihm dann am 12. März, der Sekretär habe ihm bei Durchsicht seiner Quartalsrechnung die Bemerkung gemacht, es würde zu viel für Ankauf von Motetten und weltlichen Gesängen ausgegeben während die Schüler nur Choräle zu spielen brauchten. Das habe auch der Herr Präsident missfällig bemerkt, dass die Ausgaben für die Küsterschule von Jahr zu Jahr steigen; so dürfe es nicht fortgehen. Darum habe er mit ihm (Zimse) gesprochen. „Den Ausdruck „verplackern", schreibt Klot, „habe ich nicht gebraucht, weil ich ihn zum ersten Mal höre oder lese"; vielleicht giebt er zu, verquackelt gesagt zu haben. – Zimse muss dieses Schreiben einschicken und sagt dazu: „Ich nahm mir (neulich) die Freiheit, die Bedürfnisse der Küsterschule vom theorethischen Standpunkt aus zu beleuchten." Jetzt will er sie praktisch erörtern. 1, *Das methodische Princip*. Die Küsterschule solle sich auf den Choral beschränken, mit Ausschliessung von Motetten und weltlichen Gesängen. Aber „ist der Choral an sich Anfang und Ende, wird er mechanisch gefasst, so kommen wir auf *den* Standpunkt zurück, wo unsere Organisten vor 30 Jahren standen, welche die Orgel nicht spielten, sondern malträtirten. Fasst man die Sache in einer musikalisch bildenden Weise an, so schliesst das eben das Alles ein, was wir hier treiben, und was einzig und allein zum bewussten, würdigen und erbaulichen Orgelspiel führen kann." Aber wie in jedem Seminar sind hier auch Prä- und Postludien, Transponiren, Pedalspiel, Modulationen etc. zu treiben. – Motetten sind geistliche Figural-Gesänge einfachster Art. Dass diese wegfallen sollen, kann nicht im Ernste gemeint sein. „In letzerer Zeit beginnt das Volk sich seines Krugslebens zu schämen; es sucht edlere Freuden." Da kommen die Concerte auf; will man die nicht, dann kommt der Herrnhutismus wieder auf. Soll aber das Errungene bleiben, dann muss man es mit allen Mitteln, auch pecuniär protegiren. Musikbildung *kostet Geld*; aber so billig wie hier ist sie wol nirgends bestritten worden. Für alle Lehrmittel, Karten, Noten etc. betrug die Ausgabe von 1854–1860 durchschnittlich 37 Rbl. 91 9/11 Kop. Auch vor 1861 lehrte, lernte, sang und spielte man hier wie später. „Die Ausgaben dafür trug nicht die Anstalt. Und der sie getragen, der hat schwer daran getragen und war – darum endlich zu schwach, sie weiter zu tragen." Indess musikalische Bildung macht sich *bezahlt*. Und nun folgen die Einnahmen für die vom Seminar veranstalteten Concerte, sowie die 1 000 Rbl., welche die Lehrer-Wittwen-Kasse vom Verkauf des Zimseschen Liederbuchs eingenommen. „Ersparnisse sind nirgends schlimmer angebracht, als an der Centralanstalt der Provinz."

Der Sekretär hat bei dieser Akte eine Auseinandersetzung niedergelegt, nach der Schulrath Klot die Kassabücher revidirt und seine Bemerkung von den auffallenden Zimseschen Bücher- und Noten-Ausgaben für ganz begründet gefunden und sich moquirt habe über Zimse's hochnasige und überschwengliche Küsterschul-Auffassung und grandiose Ausgabeweise, indem er gesagt: „Immer hoch hinaus." Leider ist das Alles wahr, und leider kommt noch dazu, dass nach der Versicherung guter Musikkenner Zimse bei der Auswahl der Noten kein rechtes Urtheil bewies. Seichte, moderne Musik pflegte er im Seminar, nicht klassische. Und doch ist in seiner unpassend und schulmeisterlich gehaltenenen Darlegung Vieles richtig. Für Noten musste gesorgt und für die Anschaffung von Lehrmitteln etwas Bestimmtes ausgesetzt werden. Das geschah nie, und man wusste nie, wie weit man darin gehen durfte. –

Am 19. Juni erhielt er darauf von der Behörde den Bescheid: „wenn Sie immerhin durch die bezügliche Mittheilung und das Schreiben des Schulraths allenfalls zu einer bezüglichen und bescheidenen Anfrage und event. Instruktionsbitte indirekt sich veranlasst fühlen mochten, so haben Sie doch eben mit Ihren oballegirten unüberlegt und unpassend belehrenden Bemerkungen und Betrachtungen die Grenzen Ihrer Stellung überschritten, was Ihnen daher von dieser Oberbehörde verwiesen werden muss."

So weit hatte der Präses die vom Sekretär aufgesetzte Antwort „beschnitten". Diese lautete ursprünglich gewiss ganz anders, da er sich nicht wenig darüber freute, Zimse einmal zwischen seine Finger zu bekommen. Da trat ich in die Behörde und rieth Zimse, um ihn vor solchen Schreiben zu bewahren, künftig durch mich mit der Behörde zu verhandeln. Das that er denn auch.

Auf der Lehrer-Conferenz 1873 traten seine Schüler zu einer aparten Versammlung, der ich beiwohnte, zusammen und beschlossen, Zimse der damals nur 500 Rbl. Gage bekam und Einigen von ihnen erzählte, dass es ihm schwer wäre durchzukommen, von sich aus einen jährlichen Zuschuss zu zahlen. Ich erklärte, ich würde versuchen, den von der Behörde zu erwirken. Es gelang mir auch zu veranlassen, dass beschlossen wurde Zimse's Gage um 300 Rbl. zu erhöhen.

Er schrieb mir damals unter dem 22. Dec. 1873: „Mit leidlicher Frische und vielem Dank gegen Gott und Menschen, namentlich gegen meine Vorgesetzten beschliesse ich das Jahr. Aber ich kann mich des Gefühls nicht erwehren, dass das Seminar doch nur eine Insel im Meere ist. Verbindungen mit dem Festlande sind zu wenig da. Eine in's Specielle gehende Beurtheilung der noch herauszugebenden lettischen Liedersammlung, die meine Erwartungen *übertrifft*, hat das Gefühl der Vereinsamung nicht gemindert, sondern nur erhöht. Hat es mir doch gezeigt, aus welcher Ferne man sich Anregung und Erfrischung zu holen hat! Und nun das Junglettenthum, das auch diese Arterie unterbinden will, um entweder in seiner Selbstgenügsamkeit zu verharren oder schwarzes Venenblut dafür einzutauschen.“ Dann dankt er mir sehr warm. Trotzdem kränkte es ihn sehr, dass bei Erhöhung der Gagen der übrigen Lehrer 1875, die seinige nicht auch wieder erhöht wurde.

1879 den 27. Nov. wurde wegen eingetretener Theuerung, des Direktors Balsons Gage von 1 500 auf 1 750 Rbl. erhöht, und auf meinen Vorschlag auch die Zimse's von 800 auf 1 000 Rbl. Beide Male aber wurde mir entgegengehalten, er hätte eigentlich genug durch das hohe Kostgeld der Zöglinge. So hatte er sich selbst durch seine Forderung von 20 Rbl. für jeden Zögling *unter* der Zahl 30 während des Uebergangs auf das Dreiklassensystem geschadet.

Zwei Mal hat der Gouverneur Baron Uexküll das Seminar besucht, nämlich 1875 und 1877. Zimse freute sich sehr über dieses Interesse an demselben. Aber das war nicht ein Interesse des Wohl- sondern des Uebelwollens.

Als die Umwandlung des Seminars in ein dreiklassiges 1871 ihren Anfang nahm, war dort Hilfslehrer ein jüngerer Bruder des Direktors, Paul Balson, ein früherer Zögling desselben. Der wurde erster Seminarlehrer und beim Fortgang der Umwandlung trat Fedder, gleichfalls ein Zögling dieses Seminars als zweiter Lehrer im August 1872 ein. Beide gingen im Sommer 1874 ab. Der erstere wurde Lehrer an der Mädchen-Parochialschule zu Schwaneburg und heirathete Zimse's älteste Tochter. Der andere zog nach Dorpat, studirte Theologie und wurde später Pastor.

In Balsons Stelle trat später Semel und in Fedders Stelle...,[39] beides Zöglinge dieses Seminars. Der erstere blieb Lehrer bis zur Schliessung desselben. Der andere blieb es nur einige Jahre, wurde dann durch Bukbahrd und, als dieser wegen geschwächter Brust in den Süden nach Geisk zog, durch P. Balson, Zimse's Schwiegersohn, auf dessen Bitte 1881 ersetzt. In der Religion hatten bisher Ulmann und Kupffer als Ortsprediger den Unterricht im Seminar ertheilt. 1875 gab ihn letzterer auf und ersterer musste ihn allein ertheilen, bis wir uns mit den eigenen Kräften helfen konnten.

Als Uebungslehrer war bei der Umwandlung der Küsterschule beschlossen worden einen Lehrer aus Deutschland anzustellen. Auf meiner Reise 1872, die ich nur zu dem Zwecke unternahm das Seminarwesen kennen zu lernen, hatte ich besonders den Direktor Triebel zu Karalene[40] schätzen gelernt. An ihn wandte ich mich jetzt und bat ihn uns einen Uebungslehrer zu schaffen. Mein Wunsch war eigentlich der, den von Karalene zu gewinnen. Der nahm die Aufforderung nicht an, und Triebel schlug uns den Lehrer Warstatt zu Franzrode in Preussen vor, der willig war zu uns zu kommen. Er wurde engagirt und trat im August 1873 in Walk ein. Sein Unterricht gefiel allgemein; auch Zimse, bei dem er sich zuerst in Kost begab, war ganz zufrieden mit dieser Acquisition. Dabei verstand sich Warstatt ganz gut in unsere Verhältnisse zu schicken und lebte sich mit den Lehrern gut ein. Nur mit seinem Collegen P. Balson schien die Harmonie bald aus zu sein.

1876 machte Zimse eine Badereise nach Sylt und auch Warstatt besuchte Deutschland, kehrte aber früher zurück und nahm, wie bisher, den Mittagstisch im Seminar bei Zimse's Familie ein. Da muss etwas, was die Harmonie störte, vorgefallen sein, was, das habe ich nie in Erfahrung bringen können. Zimse meldete mir aber am 8. Oct., seine Töchter hätten ihm erzählt, Warstatt habe während seiner Abwesenheit ein officielles Couvert aus Deutschland über sein dort im Sommer gemachtes Rektoratsexamen erhalten. Da er das so heimlich, ohne es uns mitzutheilen, gethan habe, müsse man einen festeren Contrakt mit ihm machen. Ich erwiderte ihm, dass ich darin nichts Schlimmes fände, wenn Warstatt sich den Rücktritt in die Heimath offen halte. Aber von nun an bin ich kein Mal in Walk gewesen, wo Zimse mir nicht mit direkten Klagen oder indirekten Spitzen gegen Warstatt gekommen wäre. Mir erschien es so, als ob er ihn durchaus herausbeissen

---

39 Lücke im Original; einzusetzen wäre wohl Johannes Sermuksl, geb. 1855, der bis 1880 Lehrer am Parochialschullehrer-Seminar für Musik, Zeichnen und Naturwissenschaften war; vgl. Peterson, Bach, Inselberg, Seminar (wie Anm. 22), S. 224.

40 Karalene bei Insterburg/Ostpr. – 1811 nach Pestalozzis Grundsätzen gegründetes evangelisches Schullehrerseminar.

wollte, um einen seiner Zöglinge, vielleicht seinen Schwiegersohn, an die Stelle zu setzen. Ich nahm mir fest vor, ohne genügende Ursache das nicht zuzulassen. Eine solche hat aber Zimse nach meiner Ansicht nie vorgebracht.

Das eine Mal hatte Zimse, damit seine Zöglinge nach gethaner Arbeit in der Uebungsschule nicht kalte Ueberzieher anzuziehen brauchten und sich dabei erkälteten, ohne Warstatt ein Wort zu sagen, besondere Knaggen für sie in den Klassen der Uebungsschule anschlagen und Warstatt sie ohne Weiteres wieder abreissen lassen. Wenn die Zöglinge des Gemeindelehrer-Seminars und die Schüler beider Uebungsschulen sie in dem allerdings kalten Vorhause hängen lassen mussten, so meinte er könnten auch Zimse's Zöglinge das. Ein anderes Mal klagt Zimse, dass ein Lehrer, d.h. Warstatt, bei einem Tischler Arbeiten bestellt habe, ohne ihm etwas zu sagen, und fragt, ob er sie bezahlen soll? Es waren Arbeiten für die Klassen der Uebungschule gewesen. Ein drittes Mal behauptet er, er könne von Warstatt nicht alle Rechnungen bekommen. Ich verwies diesem in den beiden ersten Fällen seinen Mangel an Rücksichtnahme auf den alten Direktor, konnte diesem aber auch nicht verhehlen, dass ich namentlich im ersten Fall die grosse Berücksichtigung der Zöglinge für unnütz hielte. Ich liess sie Beide in mein Quartier kommen und stellte ihnen vor, sie müssten um ihrer selbst und der Zöglinge willen sich sagen, dass das nicht so fortgehen dürfe, und sollten sich als Männer ehrlich vertragen.

Warstatt, der meine Zurechtweisungen immer ganz bescheiden entgegengenommen hatte, suchte, so viel ich gewahren konnte, später jeden Anlass zum Anfachen von Zimse's Groll zu vermeiden. Dass diese Feindschaft schwer auf ihm lastete, zeigen die Worte, die er mir am 10. Aug. 1877 nach der Reparatur seiner Wohnung schrieb: „Hoffentlich waltet in diesen Räumen Friede und Eintracht, auf dass, wenn man diese Güter anderer Orten vergeblich gesucht, man hier ein Asyl findet, wo man entschädigt und immer wieder ermuthigt wird.“ Aber am 3. Aug. 1879 kann er es doch nicht mehr aushalten und bittet um anderweitige Verwendung, etwa in Birkenruh. Zimse hatte mich schon am 19. Juli 1877 gebeten, das Verhältniss des Direktors zur Uebungsschule zu ordnen. Nach meiner Ansicht war das im Allgemeinen schon bei Warstatt's Anstellung, da er dem Direktor unterstellt war, geschehen; aber da sie ihre Stellungen verschieden auffassten, forderte ich sie Beide auf, mir ihre Vorschläge zu genauerer Regelung des Verhältnisses zu machen. Zimse wiederholt seinen Wunsch nach dieser wieder am 20. Dec. und schreibt mir dabei, Warstatt solle gesagt haben: „ich will frei sein, ganz frei.“ Etwas dem Aehnliches mag er wol gesagt haben, da er in den Vorschlägen, die er mir machte, und die sonst ganz gut waren, seine Unterordnung unter den Direktor nicht ausdrücklich ausspricht. Natürlich betonten wir in der Behörde sie in den im Mai 1878 gegebenen Regeln für die Uebungsschule erst recht.

Zimse aber schrieb ich am 2. Jan. 1878 kurz vor meinem Aufbruch von Smilten folgenden Brief: „Ihre Klagen über Warstatt haben mich unwillkürlich zu einem Rückblick auf die verflossenen Jahre veranlasst. In den 2 (es waren eigentlich 3) ersten Jahren lebten Sie Beide, wie es mir schien, in bester Harmonie. Von dem Sommer an, wo Sie Beide im Ausland waren, wenn ich nicht irre 1875 (es war aber 1876. Ich musste aus dem Gedächtniss citiren, weil mir beim Umzug nicht alle meine Papiere zu Gebote standen) datiren die Zerwürfnisse. Damals hatten Sie durch Ihre Familie von seiner Absicht, sich in Preussen die Aussicht auf Anstellung zu sichern, erfahren; von da an bin ich wol kaum ein Mal bei Ihnen gewesen, wo Sie mir nicht irgend eine Klage über Warstatt vorgebracht haben. Ich hoffte immer noch, dass diese Verstimmungen übergehen würden und begnügte mich Sie Beide, meine Herren, zum Frieden zu ermahnen. Da zeigte mir freilich Ihre Entrüstung gegen Warstatt über sein Urtheil in Betreff von Behrsing's Kalligraphie (es handelte sich um eine Probeschrift beim Abgangsexamen) im vorigen Sommer, dass Ihre Verstimmung gegen ihn einen hohen Grad erreicht hatte. Die ganze Sache erschien mir eines solchen Aufhebens nicht werth; am Wenigsten wog mir dabei seine angebliche Äusserung über die „Onkel vom Lande“ (die geistliche Examinatoren), die Ihnen doch auch nur von Anderen hinterbracht worden war. Darauf kam die Frage in Betreff der neu anzustellenden Nähterin, wo Warstatt eigenmächtig opponirt hatte, sich aber Ihren Wünschen fügen musste. Dann die Knaggen-Angelegenheit, über die ich Ihnen gleich sagte, dass sie mir zu geringfügig vorkäme, um mich hineinzumischen, und wo ich Sie bat, sie mit Warstatt selbst abzumachen. Jetzt führen Sie abermals über ihn Klage, weil er Ihnen keine genügende Rechenschaft ablegt, – und es steht Ihnen doch jederzeit frei, ihn zu sich kommen zu lassen oder sich zu ihm zu bemühen und die Sache in's Reine zu bringen. Sowol Uebungsschüler wie Seminaristen haben Ihre Reibungen bemerken müssen und in Betreff letzteren zeigt die Knaggen-Angelegenheit, dass sie sie bemerkt haben und auszubeuten suchen. Wie nachtheilig muss das auf das Seminar einwirken! Ich habe aber bereits auch das wahrgenommen, dass die Kunde von diesen Zerwürfnissen über die Räume des Seminars hinausgedrungen ist. Wenn da auf der einen Seite Schwede (ein Lehrer) die Lehrer-Conferenz benutzt, um in einem brüsken Angriff auf die Anschauungsmethode die, wie es mir schien, gegen Warstatts Person gerichtete Spitze schlecht zu verdecken, so circuliren auch Versionen über die eigentliche Ursache Ihrer Entrüstung gegen Warstatt, die ich um Ihretwillen bedauere. z.B. dass

Sie überhaupt gegen die Einrichtung einer Uebungsschule gewesen seien und nun den Uebungslehrer Ihre Antipathie gegen das Institut entgelten liessen. Sie wissen sehr gut, dass die gegenwärtige Anschauung von den Erfordernissen eines guten Seminars eine Uebungsschule verlangt. Wir können froh sein, dass die Ritterschaft uns eine solche errichtet hat. Und nun bringen Sie sich in ein Licht, als ob Sie ein Gegner der Sache wären. Oder man sagt, dass Sie es ihm nicht vergeben könnten, dass er die Seminarlehrer zu Conferenzen angeregt, während Sie das nie gethan. Letzteres thut mir allerdings auch sehr leid. Ich habe Sie in meinen ersten Jahren zum Abhalten solcher aufgefordert. Wenn Sie sie gehalten hätten, dann wären Sie, – davon bin ich überzeugt, – nie in eine solche Stellung zu einem Lehrer gekommen, wie jetzt zu Warstatt. Es hat mir sehr leid gethan, dass Sie zu seiner Hochzeit gerade krank waren, das wäre eine sehr gute Gelegenheit gewesen, den Lehrern nicht bloss als Direktor gegenüber zu stehen, sondern auch als Freund nahe zu treten. Jetzt spitzen sich die Dinge zwischen Ihnen so zu, dass ich mir die Frage habe vorlegen müssen: soll etwa Warstatt durch uns entlassen und zum Weggehen gedrängt werden? Ich würde das um der Anstalt willen beklagen, und um das Möglichste zur Abwendung dessen zu thun, habe ich Sie Beide zu Vorschlägen zu einer Regelung des Verhältnisses der Uebungsschule zum Seminar aufgefordert. Aber davon allein verspreche ich mir freilich noch keine Abhilfe. Es muss der gute Wille da sein, in Eintracht zu leben. Ich möchte Ihr Ansehen als Direktor gewiss nicht schädigen und werde Warstatt, wo ich sein Unrecht erkenne, nicht vertreten. Sie haben ihn aber wiederholt gereizt. Darum bitte ich Sie dringend, sich die ganze Sache recht zu überlegen, allen Groll in Ihrem Herzen niederkämpfen und Ihr Verhältniss zu Warstatt ganz neu gestalten zu wollen. Um der Anstalt, um Ihrer selbst, um Warstatts willen bitte ich Sie darum recht dringend etc.“ Ich hatte diesen Brief geschrieben so offen, wie ich als ehrlicher Mensch das glaubte thun zu müssen, und so ernst, wie ich als Vorgesetzter der Seminare dazu verpflichtet war, und hoffte, dass Zimse mich darin verstehen würde, wenn meine Hoffnung auch keine sichere war.

Zimse antwortete mir am 11. Jan. 1878: „Ew. Hochwohlehrwürden haben geruht, schwere, sehr schwere Beschuldigungen über mich auszusprechen. Vergeben Sie, wenn ich ausser Stande bin, darauf schriftlich zu antworten. In der mündlichen Rede, die Sie mir gütigst gestatten wollen, hoffe ich den Beweis zu führen, dass die Sachlage eine andere ist.“ Ich war ganz bereit ihn anzuhören, aber er hat dazu nie das Wort ergriffen. Er behandelte mich fortan nur so kühl, wenn auch höflich, dass ich wohl sah, wie sehr mein Brief ihn verletzt hatte. Dass er mir nicht schriftlich die

Antwort gab, war ganz klug. Er hatte weder bei Klot, noch bei der Behörde mit seiner Feder Glück gehabt. Auch ich hatte ihm, als er mir darüber 1875 empfindlich geschrieben hatte, dass der übrigen Lehrer Gagen erhöht wären, und seine nicht, die aber nicht lange vorher erhöht war, offen erklärt, solche Briefe bäte ich ihn mir nicht mehr zu schreiben. Was er mir schreibe, müsste ich im Archiv verwahren. Grobheiten aber könne ich nicht verwahren.

Mit mir sprach er nicht von dem Briefe, aber gegen Andere über mein Verfahren in Betreff Warstatts. Namentlich hatte er das Pastoren gegenüber während der Synode 1880 gethan. Diese erzählten es mir wieder, und ich stellte ihn bei meinem nächsten Besuch deshalb zur Rede. Da kam der ganze Groll über meinen Brief, den er mir auf meine Bitte nochmals vorlas, da er mir gar nicht mehr recht gegenwärtig war, heraus und er schloss damit, er hätte angeordnet, dass der Brief ihm in den Sarg gelegt würde. Ich erklärte ihm, er könne ja thun, was er wolle; den Brief aber fände ich noch ganz freundlich abgefasst.

Das war unser letztes Rencontre. Im Frühling 1881 erkrankte er bedenklich. Im Sommer fungirte er freilich wieder und bat mich bei meiner Anwesenheit, ihm zu gestatten, dass an die Stelle des eben abgehenden 2. Seminarlehrers Bukbahrd sein Schwiegersohn P. Balson trete. Um dem kranken Manne eine Stütze zu schaffen und eine Freude zu bereiten, versprach ich, diese Anstellung in der Behörde zu befürworten. Zimse hat sich dessen nicht zu freuen gehabt, da Balson seine Arbeit nachlässig that und viel in der Walkschen Musse sass. Und ich habe es bitter zu bereuen gehabt.

Auf meiner Inspektionsreise im October 1881 war ich am Abend in Luhde-Pastorat, wo ich immer bei meinem Freunde Ulmann abstieg, angekommen. Am andern Morgen kam dieser mir mit der Nachricht entgegen, Zimse sei am Abend im Walkschen Theater vom Schlage gerührt und bewusstlos nach Hause gebracht worden. Das ganze Seminar war in Unruhe, ob der Kranke sterben oder sich noch erholen würde. Das Revidiren des Unterrichts verschob ich und reiste weiter nach Dorpat. Hier bekam ich nach ein paar Tagen die Nachricht von Zimse's Tode, fuhr gleich zurück nach Walk, ordnete an, dass Semel als ältester Lehrer die Seminar-Arbeit und Balson als Schwiegersohn das Internat beaufsichtigen sollte, und reiste dann nach Riga, da die Beerdigung sich zu sehr verzögerte, um bis dahin in Walk zu bleiben. Der Schulrevident Pastor Sengbusch von Papendorf wurde mit der Vertretung der Behörde dabei beauftragt.

Zimse hatte sich sein Leben lang von allen nationalistischen Kundgebungen fern gehalten, und namentlich gegen den junglettischen Verein zu Riga, mit dem er auch keine guten Erfahrungen gemacht hatte, hatte er sich sehr deutlich ausgesprochen. Kaum war er todt, so beschlossen seine Freunde, eine möglichst pompöse Beerdigung mit Fackeln, Trauermusik etc. zu veranstalten. Von stiller Schularbeit war nicht mehr viel die Rede. Ein Heros des lettischen Volkes war gefallen, eine Menge Vereine, auch der junglettische von Riga schickten Deputationen, von seinen Schülern, die ja ein Recht hatten seinem Sarge zu folgen, gar nicht zu reden.

Am Abend des Beerdigungstages wurde eine grosse Versammlung abgehalten, um die Errichtung eines Denkmals für Zimse zu berathen und zu beschliessen. Warstatt war auch erschienen, ebenso wie mehrere Seminaristen. Als Warstatt auch versucht hatte zu reden, war ein grosser Lärm entstanden; er war nicht zu Worte gekommen. Die Familie hatte nämlich ausgesprengt, Warstatt hätte den Verstorbenen so geärgert, dass er einen Schlag bekommen hätte. Er hatte mit diesem ungefähr 14 Tage früher ein sehr erregtes Gespräch gehabt. Die Gefahr eines Schlaganfalls lag bei ihm nach der letzten Krankheit, von der er sich garnicht mehr ganz erholt hatte, überhaupt nahe. Die nächste Veranlassung dazu lag aber dieses Mal entschieden in dem überaus heissen Theaterraum, in dem er plötzlich zusammengebrochen war. Es war jedenfalls nichtswürdig, Warstatt so gleichsam als Veranlassung des Todes hinzustellen. Dazu kam, dass Warstatt als Deutscher den Jungletten ein Dorn im Auge war und als solcher gehasst und verleumdet wurde. Endlich fällt noch ins Gewicht, dass damals gerade die Revision des Senators Manassein im Lande erwartet wurde, und die Aufregung ohnehin eine grosse war.

Unter solchen Umständen kann es nicht Wunder nehmen, dass schon Anfang November ein Telegramm von Semel meldete, die Zöglinge der 2. und 3. Klasse hätten Warstatt ausgetrampelt und wollten keine Stunden mehr bei ihm haben. Warstatt wage auch garnicht mehr aus seiner Wohnung in's Seminar zu gehen. Kurz – alle Ordnung war vorbei. Der Präsident forderte mich auf, sogleich hinzufahren und sie wieder herzustellen. Ich erbat mir Landrath Wrangell aus Turneshof, das nicht weit von Walk ist, zur Hilfe. Wir kamen hin und hörten gleich, die jüngste Tochter von Zimse, für die ich eine Pension auszuwirken versprochen und auch ausgewirkt hatte, wäre am Morgen desselben Tages ins Ausland abgereist. 4 Zöglinge hatten sich an der Sache nicht betheiligt und wurden im Seminar behalten, die 4 Hauptschuldigen wurde nach angestellter Untersuchung definitiv ausgeschlossen, die Anderen sollten vor Warstatt Abbitte thun, weigerten sich aber. Da verfügten wir, dass sie sofort nach Hause fahren sollten, um sich zu besinnen. Wer Abbitte thun würde, für den würden wir bei der Behörde die Wiederaufnahme zu erwirken suchen. Warstatt aber bekam für taktloses Benehmen bei dem Excess und für sein ferneres Wegbleiben aus den Stunden eine ernste Bemerkung.

Gleich nach Zimse's Tode hatte ich mich nach einem neuen Direktor umgesehen, aber überall Absagen bekommen. Nach diesen Unordnungen hatte ganz erklärlich Niemand Lust zum Eintritt in diese schwierige Position. Da entschloss ich mich selbst zur Uebernahme des Direktorats, bis sich eine geeignete Persönlichkeit fände.

Was war das aber für ein Zeugniss, dass Zimse's Schüler von seiner Wirksamkeit abgaben! Die alten Lehrer hatten sich auf jener Versammlung nach der Beerdigung so lärmend benommen und gegen die Schulbehörden losgezogen, dass die besonnenen Leute in Walk noch empört waren, als ich im Januar 1882 hinzog. Und die jungen Schüler waren nicht bloss gegen Warstatt flegelhaft aufgetreten, sondern benahmen sich bei der Untersuchung auch uns gegenüber so trotzig und hochfahrend, dass wir ihnen sehr harte Worte geben mussten. Und nun erst die Familie! Von Kummer über den Tod des Vaters war nicht viel zu merken. In Walk sagte man allgemein, die jüngste Tochter hauptsächlich, aber auch Balson und seine Frau hätten die jungen Leute zu den Unordnungen angestiftet. Wir liessen uns bei der Untersuchung auf dieses Gerede natürlich nicht ein, aber auch nachher erhielt es sich noch lange. Ebenso sagte man, die Familie hätte sich darüber eingehend berathen, ob sie meinen Brief in den Sarg legen sollte oder nicht. Ich habe mich darum weiter nicht bekümmert, hier aber den Brief in extenso wiedergegeben, damit jeder Leser sich selbst darüber ein Urtheil bilden kann, ob überhaupt und was mir seinetwegen vorzuwerfen wäre.

Aber ich möchte auf alles das doch nicht zu viel Gewicht gelegt haben. Zimse hat viele tüchtige und achtbare Lehrer gebildet, die treu gewirkt und in den Herzen der Nationalen einen regen Drang nach Bildung gesäet haben. Wenn ein vielleicht auch nicht geringer Theil seiner Schüler sich bei Gelegenheit seines Todes schlecht bewährte, so kommt viel Schuld auf die erregte Zeit überhaupt und auf alle die falschen Darstellungen und übertreibenden Gerüchte, die gewissenlos genug herumgetragen wurden.

Im Januar 1882 zog ich nach Walk und war gespannt, wie viele von den Zöglingen wiederkehren würden. Bis auf einen, der studiren wollte, kehrten sie Alle wieder, erklärten sich jetzt zur Abbitte bereit und wurden angenommen. In den ersten Wochen gab es noch anonyme Schreiben etc. Ich erklärte, die würde ich stets ungelesen verbrennen. Im Herbst musste ich noch einen Zögling wegen Betrunkenheit ausschliessen. Darauf ging es ganz ruhig her.

Nun hatten wir Zeit nach einem Direktor zu suchen. Nach vielen vergeblichen Anfragen und Verhandlungen hörte ich, dass Pastor Hackmann zu Tomsk nach Livland zurückkehren wolle und vielleicht eine geeignete Persönlichkeit zum Dirigiren der Anstalt sein würde. Er kam im Sommer 1883 zurück aus Sibirien, nahm die Stelle beim Seminar an, reiste noch auf einige Wochen nach Deutschland um sich Seminare anzusehen und trat im October ein. Es war ein guter Griff; er wirkte mit Frische und wirklicher Liebe unter den jungen Leuten. Die Sache versprach einen guten Fortgang. 1884 kam es endlich zu dem lange gewünschten Anbau eines Flügels an dem Seminargebäude, wodurch das Musikzimmer aus letzterem herauskam, die Klassenräume vermehrt wurden und der Direktor grössere Räumlickkeiten bekam. Schon 1879 hatte Dr. Ulmann auf eine Erweiterung der Seminarräume gedrungen.

Das *lettische Gemeindelehrer-Seminar* war 1871 mit Tehraud als Direktor mit einer Klasse und zweijährigem Cursus eröffnet worden. Da wurde das Seminar in ein zweiklassiges mit einem akademisch gebildeten Direktor umgewandelt, und da keiner der zur Uebernahme der Direktion aufgeforderten Männer dieselbe übernahm, wurde in den Zeitungen bekannt gemacht, dass ein solcher gesucht würde. Diese Bekanntmachung brachte Tehraud in Aufregung. Er ersah daraus, dass er nicht mehr Direktor bleiben sollte, und ich konnte ihn nicht anders beruhigen, als dass ich ihm versprach, er solle wenigstens den Titel behalten. Das gestand ihm die Behörde auch zu.

Am 4. Nov. 1872 fragte auch Kronwald bei mir in lettischer Sprache an, ob er Aussicht auf Erfolg habe, wenn er sich melden würde. In seinem Brief gab er mir seinen Lebenslauf an und erzählte, dass er in Berlin studirt habe. Wenn aber ein studirter Mann lettisch an einen Deutschen schreibt, dann beweist er dadurch entweder Bornirtheit oder Fanatismus. In beiden Fällen war er für uns unbrauchbar.

Es meldete sich aber auch der Kreislehrer Fowelin aus Walk. Er wurde gewählt und blieb Direktor bis zum Sommer 1875. Da wurde er wieder Kreisschullehrer und zwar in Fellin. Nach ihm wurde Direktor des Seminars der frühere Pastor Balson aus Dunajewzi in Podolien und blieb es bis zuletzt.

1873 am 1. Aug. wurde ein Hilfscursus von einem Jahr für ältere Gemeindelehrer eröffnet. Er dauerte nur ein halbes Jahr, hatte aber mehrere derselben recht bedeutend gefördert. 1875 wurde vom Landtage bewilligt, dass auch die Gemeindelehrer-Seminare ebenso wie das für Parochiallehrer Uebungslehrer erhielten; sie konnten aber erst 1876 beschafft und angestellt werden.

1876 trug Direktor Balson noch darauf an, dass das Seminar auf einen dreijährigen Cursus erweitert würde. Das wurde aber nicht angenommen.

1876 schrieb mir ein Pastor, unter Lehrerkreisen bestehe das Gerücht, Tehraud liesse sich bei den Prüfungen bestechen. Ich sprach mit dem Präses darüber; er meinte, da es doch nicht erwiesen sei, möchte ich Tehraud nur warnen, sich auf dergleichen einzulassen. Das that ich und es verlautete später nichts mehr davon. Ich selbst hatte den Verdacht, das würde ihm angehängt, weil er es nie mit den Jungletten gehalten hatte.

Im Dörptschen Seminar arbeitete Hollmann im ersten Jahr allein an der einen Klasse. 1874 nahm er seinen Parochiallehrer Kurrik aus Riga als Seminarlehrer, nachdem er ein halbes Jahr in Karalene sich auf die Arbeit am Seminar vorbereitete hatte. Dieser unterrichtete im Reval-estnischen Dialekt, während Hollmann selbst es im Werro-estnischen that. Das war für's Erste angezeigt, da sie Zöglinge aus beiden Gebieten des estnischen Theil Livlands hatten und für beide diese erziehen mussten. Dennoch meinte die Behörde, es wäre richtiger, wenn allmälig der revalestnische als der entwickeltere allein im Seminar gebraucht würde, zumal da er auch in der kirchlichen Literatur mehr im Gebrauch war.

Da dieses Seminar auch einen Uebungslehrer bekommen sollte, sah sich der Direktor nach einem guten Parochiallehrer im Lande um. Einer der besten Zöglinge Zimse's aus den letzten Jahren war Grenzstein in Audern, ein recht begabter junger Mann. 1876 wurde er engagirt. Aber bald hatte er Reibungen mit dem Direktor, der indessen zu klug war, um diese grössere Dimensionen annehmen zu lassen. Da fing Grenzstein auch mit Kurrik einen Streit an, und es blieb nichts übrig, als ihn 1878 zu entlassen. Selbst dieser Zögling Zimse's bewährte sich nicht. An seine Stelle trat ein Lehrer aus Rauge, Namens Org. So war das estnische Seminar genöthigt 2 nicht im Seminar gebildete Lehrer anzustellen.

Am 23. Dec. 1880 trägt der Direktor auf Verlangen des Anstaltsarztes Dr. Sahmen darauf an, dass das Seminar geräumigere Schlafstuben erhält, da unter den Zöglingen vielfache Erkrankungen vorkämen. Die Behörde war nicht in der Lage, sie gleich auszuführen und verschob es. In einer andern Sache sah sich der Direktor aber genöthigt, gleich zu handeln. Unter den Fenstern der Uebungsschule lag ein Plätzchen, das Landrath Oettingen beim Kauf der nebenbei liegenden Schule von Jessinski belassen hatte. 1880 im Sept. beantragte Landrath Brasch diesen Platz anzukaufen. Da er aber nur 15 □ Faden gross war und 230 Rbl. kosten sollte, wollte die Behörde den Preis herabmindern, empfahl aber die Sache im Auge zu behalten. Jetzt sollte dieser Platz anders benutzt werden zum Nachtheil der Uebungsschule. Da sah Hollmann sich genöthigt, ihn auf eigenes Risiko anzukaufen, da Gefahr im Verzuge war, und meldete das der Behörde. Diese meinte wol, das Verfahren wäre nicht ganz ordnungsgemäss, liess ihm aber den Kaufpreis gleich erstatten.

1884 wurde wieder die Erweiterung des Seminars beantragt und berathen.

Indem ich das Capitel von den Lehrern beim Seminar überblicke, kann ich nicht umhin zu bemerken, wie viel Raum ich den Lehrern des Parochiallehrerseminars und wie wenig im Vergleich dazu, denen der beiden andern Seminare gewidmet habe, und ob das nicht am Ende daher kommt, dass ich parteiisch gewesen, also wol gegen Zimse eingenommen gewesen bin? Da hat es mir zur Beruhigung gedient, dass ich eben noch von dem Direktor Hackmann, der eigentlich mit einem Vorurtheil gegen Warstatt in die Direktion des Seminars eintrat, erfahren habe, dass er ihn für seinen tüchtigsten und zuverlässigsten Lehrer hält. Und der war es doch, an dem Zimse immer etwas auszusetzen hatte, den er durchaus loswerden wollte, dessentwegen ich die heftigsten Kämpfe mit Zimse hatte. Das musste ich auseinandersetzen, wenn ich ein treues Bild von dem Leben und den Arbeiten im Seminar geben wollte. Ich habe wirklich objektiv in meiner Darstellung der Dinge bleiben wollen, wenn das auch bei Dingen, an denen man selbst so stark betheiligt ist, wie ich in diesen es war, schwer fällt.

III. Die Verwaltung des Schulwesens überhaupt

Bei dieser unterscheide ich dreierlei. A, Die Instruktionen und Vorschriften, welche die Behörde in diesem Zeitraum erliess, B, die reinen Verwaltungs- und C, die wichtigsten Klagesachen, die bei ihr vorkamen.

A. Instruktionen und Vorschriften

Da diese Sachen die Norm abgeben, nach denen eine Verwaltung geführt wird, handle ich von ihnen zuerst. Von ihnen kam zuerst zur Entscheidung *das sogenannte Minimum des Gehalts eines Gemeindelehrers*. Weil viele dieser Lehrer im Lande so schlecht besoldet waren, dass man das wirklich nicht länger ansehen konnte, hatte die Behörde schon lange gesucht, über den geringsten Gehalt, den ein Lehrer durchaus beziehen müsse, ein Patent zu exportiren. Aber die Herren Gouverneure und General-Gouverneure wollten sich dazu immer nicht entschliessen. Sie gaben vor, die Gemeinden würden dadurch zu sehr belastet.

Am 20. April 1871 wurde die Sache wieder verhandelt und beschlossen, das Landraths-Collegium zu ersuchen, dass es die Commission für Bauersachen um Publikation des Minimums angehe. Der Präses der Behörde versprach, privatim noch darauf zu dringen, dass die Worte „möglichst auf Land" recht hervorgehoben würden. Am 31. Mai erschien endlich das betreffende Patent. Es setzte fest, dass die Lehrer an Gemeindeschulen ausser freier Wohnung und Beheizung als Minimalentschädigung für ihre Mühewaltung erhalten mussten: a, bei einer Anzahl von 200 oder weniger männlichen Gemeinde-Angehörigen vorzugsweise, und wenn möglich, die freie Nutzung eines Landstückes von mindestens 10 Thalern oder 150 Rbl. In dieses Minimum ist auch das von den Gutsbesitzern geschenkte Land einzurechnen.

Am 19. Juni wurde dieses Patent allen Kreislandschulbehörden zugesandt, damit sie es asservirten. Da aber die Gemeinden die Exemtion der Lehrer von der Wehrpflicht dazu ausnutzten, ihnen eine unter das Minimum herabgehende Gage zu bewilligen, ja da es sogar vorkam, dass junge unterrichtete Leute für die Exemtion fast umsonst Lehrer wurden, und die Lehrarbeit doch darunter litt, so beschloss die Behörde am 12. Febr. 1873, den Convent um folgenden Zusatz zum Patent zu ersuchen: „von dem vorgeschriebenen Minimum kann nur abgewichen werden, 1, wenn der Gemeindelehrer in einer Vereinbarung ausdrücklich auf das Minimum verzichtet, und 2, wenn die Kirchspiels-Schulverwaltung es für zweckdienlich erachtet, diesen Verzicht zu bestätigen." Es musste eben kleinen und armen Gemeinden ermöglicht werden, sich ihre eigenen Schulen einzurichten und zu erhalten.

Am 3. Mai übergab ich der Behörde ein Verzeichniss sämmtlicher Gemeinde-Verbände Livlands mit ihrer Seelenzahl und ihren Schulen und im December übergab der Präses eine von ihm gemachte Zusammenstellung aller Lehrer und ihrer Besoldung, wonach das Minimum noch gar nicht überall erreicht war. Endlich wurden am 7. Mai 1874 dem Landraths-Collegium für den General-Gouverneur folgende Auskünfte über den Minimal-Gehalt der Lehrer ertheilt: „in Gemeinden unter 200 männlichen Seelen erhält der Lehrer in 12 von 10 Rbl. an bis 25 Rbl., in 31 von 25-50 Rbl., in 33 von 50-75 Rbl., in 43 von 75-100 Rbl. – 2, in Gemeinden über 200 Seelen in 118 von 100-125 Rbl., in 186 von 125-150 Rbl. Wir hatten also noch lange nicht das Minimum erreicht und haben uns ihm nur langsam genähert.

1867 hatte Pastor Hansen der Synode einen Vortrag über unser Schulwesen vorgelesen, in dem er ihr vorwirft die humane Bildung zu sehr zu vernachlässigen und hatte ein dasselbe umgestaltendes Reglement oder *Regulativ* vorgelegt. Es wurde einer Commission zur Beurtheilung übergeben, vielfach emendirt und dann den Oberlandschulbehörden eingereicht. Diese stellte es im September 1869 den Kreislandschulbehörden behufs Begutachtung zu. Am 19. Nov. 1870 trägt Klot darauf an, die Berathung des Regulativs noch zu beanstanden, weil für die Ausbildung von Gemeindelehrern Seminar-Klassen etc. zu errichten beabsichtigt würde. Am 30. Nov. wünscht das Landraths-Collegium, dass die Oberlandschulbehörde ihm über die Mängel im Schulwesen berichte. Am 28. Nov. hatten die Kreisdeputirten E. von Oettingen und H. Baron Wrangell auch wirklich jenen Vorschlag zur Errichtung von Seminarklassen eingereicht. Am 15. März 1871 bittet die Behörde um Verlängerung der Frist zur Einsendung des Berichts über die Mängel im Schulwesen, da das überreiche Material sich nicht so schnell verarbeiten lasse. Am 13. Apr. trug der Schulrath wol seine Zusammenstellung derselben vor, sie sollte aber noch mit Christiani's Hilfe emendirt werden. Dieser trug sie dann am 20. April in der Behörde vor. Wann derselbe eingereicht worden ist, habe ich nicht herausgefunden. Jedenfalls beschloss noch dieselbe Sitzung der Behörde das lettische Gemeindelehrer-Seminar zu errichten und am 11. October trug Herr E. v. Mensenkampff bereits den Entwurf des Landschulregulativs vor, der dem Sekretär zum Mundiren übergeben wurde. Am 26. Nov. theilte E. v. Mensenkampff bereits die vom Convente beliebten Emendationen mit, die grösstentheils angenommen oder noch vervollständigt wurden. Zugleich wurde dem Landraths-Collegium mitgetheilt, dass mit der Annahme des Regulativs und der Bestimmung des Minimums, sowie mit der Errichtung der Gemeindelehrer-Seminare den Hauptmängeln abgeholfen sei. Es erübrige noch einigen kleinen und armen Gemeinden bei der Errichtung von Schulen zu helfen, worüber ich später berichten werde. Am 16. Juni theilt das Landraths-Collegium der Behörde mit, der General-Gouverneur habe geschrieben, er könne das Regulativ so, wie es da ist, nicht bestätigen, da es sich herausgestellt, dass es nicht immer mit den gegebenen Ukasen und Gesetzen übereinstimme. Das durchzusehen, wäre eine grosse Arbeit, aber sehr wichtig. Im Dec. 1873 referirte E. v. Mensenkampff über diese Ausstellungen am Regulativ. Es wurde verfügt, dem Landraths-Collegium zu antworten, der General-Gouverneur habe nur 11 Paragraphen als nicht mit Ukasen übereinstimmend namhaft gemacht. Hätte er wenigstens eine Emendation vorgeschlagen! Jetzt aber bleibe, da das Bedürfniss ein dringendes sei, nichts übrig als ernstlich auf eine Entscheidung zu dringen. Am 7. Mai 1874 erhält die Behörde endlich die Mittheilung, der General-Gouverneur verweigere durchaus die Publikation des Regulativs, weil es weit aus dem Rahmen der Bauer-

Verordnung von 1819 heraustrete. Es wurde beschlossen, den Adelsconvent um seine Zustimmung zu demselben zu ersuchen und es als „Instruktion“ zu veröffentlichen, da die Behörde Instruktionen erlassen dürfe.

Dass der Bureaukrat überhaupt der Selbstverwaltung der Unterthanen nicht hold ist, ist bekannt und erklärlich. Wenn er aber wohlgesinnt ist, wird er eine Thätigkeit zur Förderung des öffentlichen Wohles nicht hindern. Der russische Tschinownik[41] dagegen vermag diese Selbstüberwindung nicht zu üben. Es darf sich seiner Machtsphäre nichts entziehen wollen, und vollends wenn er das bei Leuten einer andern Nationalität findet, ist er unnachsichtig und verweigert Alles. Trotzdem berief sich der Curator Kapustin später auf unsere Instruktion, wenn er meinte, dass es ihm passe.

Die Instruktion behandelt das ganze Schulwesen in 3 Hauptabschnitten. I, *Die Organisation* desselben; und zwar A., vom häuslichen Unterricht; B., von den Schulen, nämlich Gemeinde- und Parochialschulen; C., von den Schulmeistern; D., von der Unterhaltung der Schulen, Schullehrer und Schulkinder; E., von den Schulkassen. II., *Von der Verwaltung der Schulen* und A, von der Kirchspiels-Schulverwaltung; B, von dem Kirchspiels-Schulconvent; C, von der Kreislandschulbehörde; D, von der Oberlandschulbehörde. III, *Von den Schulrevisionen*. Das Ganze ruht auf dem in der Bauer-Verordnung von 1819 und der Agrar-Verordnung v. 1849 gelegten und von Ulmann in seiner Instruktion von 1852 zusammengefassten Grunde. Wenn der General-Gouverneur sagte, der Inhalt trete weit aus dem Rahmen von 1819 heraus, so ist das nicht wahr. Derselbe Rahmen, den die Gesetze v. 1819 und 1849 legten, ist da. Im Einzelnen ist freilich Vieles gefallen und Anderes hinzugekommen. Das konnte aber auch nicht anders sein, da die Verhältnisse sich geändert und zwar entwickelt hatten.

Ich erkannte bald, nachdem ich ins Amt getreten war, dass sowol die Lehrer, als auch Schulverwaltungen und Revidenten genau wissen mussten, und es nicht wussten, was sie in der Schularbeit zu leisten und zu fordern hatten. Daher machte ich mich daran, *Lehrpläne für unsere Schulen* auszuarbeiten, berieth sie im Sommer 1873 mit einigen der tüchtigsten unserer Landschullehrer, legte sie dann der Synode vor und brachte sie im December 1873 in der Behörde ein. Diese genehmigte sie, mir verbindlichst für die mühsame Arbeit dankend und beschloss sie in 500 Expl. drucken und vertheilen zu lassen. Ich habe in ihnen für die Gemeinde – wie für die Parochialschulen bei jedem Fach das zu erstrebende Ziel, den durchzunehmenden Lehrstoff und die Behandlung des Stoffes angegeben. Letztere ist bei lauter semina-

41 Russ.: Beamter.

risch gebildeten Lehrern nicht nöthig. Das gebe ich zu. Da wir aber nur wenige solche hatten und unsere Verwaltungen auch die neueren Methoden nicht kannten, hielt ich diesen Punkt für sehr wichtig. Die Lehrpläne erfuhren später manche herbe Kritik, aber die Behörde wie die Synode hielten sie unverändert aufrecht.

Nachdem die Instruktion im Mai 1874 noch angenommen, wurde die Uebersetzung beider Schriftstücke in die nationalen Sprachen beschlossen. Pastor Vierhuff von Ronneburg fertigte die lettischen, Hansen von Paistel die estnischen Uebersetzungen an. Der Adel wies der Behörde 2 000 Rbl. für die Uebersetzungen und den Druck an.

Am 14. Oct. 1871 legte der Präses Entwürfe zu einem *Reglement für die Lehrer-Examina* von Keussler und Hansen, die sie Klot zugeschickt hatten, vor. Die Sache wurde vertagt, da Klot eben abgetreten war und noch kein Gutachten abgegeben hatte. In der Maisitzung 1872 legte dann Klot das Reglement vor, das angenommen und publicirt wurde. Da aber durch die Begründung der Gemeindelehrer-Seminare und die Anstellung von 2 Lehrern an jedem derselben die Sachlage sich verändert hatte, so wurde mir der Antrag, das Reglement den veränderten Verhältnissen anzupassen. Ich that das. Keussler aber, der hauptsächlich Verfasser des vorigen war, meinte, er würde, wenn dieses Reglement in Kraft bliebe, als Schulrevident abtreten, da diesen als den Vertretern der Geistlichkeit viel zu wenig Einfluss auf die Prüfung gegeben sei. Das war durchaus nicht meine Absicht. Ich änderte daher die anstössigen Stellen. Keussler wollte eigentlich nur die Externen prüfen und den Seminarlehrern die intern in den Seminaren gebildeten überlassen. Da sie aber nachher gleichberechtigt dastanden, und da ich sah, wie nachsichtig er bei den Externen nach alter Gewohnheit verfuhr, so bestand ich darauf, dass sie zusammen nach denselben Anforderungen geprüft wurden. Darin gab er nach und blieb, und das Reglement stand bis zuletzt in Kraft. Es handelte von den Gliedern der Examinations-Comités, die aus 2 geistlichen Schulrevidenten und den Seminarlehrern bestanden; von den Orten und Terminen der Prüfungen, nämlich den Seminaren und den Schlusswochen der Semester; von den Examinanden, die zum Theil in den Seminaren, also intern, zum Theil extern gebildet waren; von dem Examen selbst, das theils schriftlich theils mündlich abzulegen war; von den Urtheilen und Zeugnissen über das absolvirte Examen.

1880 kam es beim Parochiallehrer-Examen vor, dass ein Examinand seine schriftliche pädagogische Arbeit aus Bormanns Schulkunde, die nicht in der Küsterschule gebraucht wurde, abgeschrieben hatte. Er wurde von mir der Behörde übergeben, da er sonst und namentlich mündlich das beste Examen gemacht hatte. Die Behörde gab ihm einen Verweis, gab ihm aber sein Attestat. Für die Zukunft wurde angeordnet, dass in solchem Fall der Examinand sofort vom Examen zu entfernen ist. Dieser Fall ist aber nicht mehr vorgekommen.

Kupffer hatte auf der Synode 1873 angefragt, wie weit die Competenz der Schulrevidenten gegenüber dem Pastor in seiner Arbeit an den Schulen gehe und dabei das Verlangen nach einer *Instruktion für die Revidenten* ausgesprochen. Die Wenden-Walksche Kreislandschulbehörde tritt diesem Antrag am 13. Oct. bei. Ich wurde beauftragt, eine solche auszuarbeiten. Es gab Derartiges nur aus der ersten Zeit Ulmanns vom Jahre 1845, und also war das Bedürfniss danach gerechtfertigt. Am 17. Oct. 1874 legte ich der Behörde einen Entwurf zu einer Instruktion für Kreis- und Kirchspielsrevisionen vor. Ich hatte absichtlich auch die inspicirenden Besuche der Pastoren in ihren Schulen als Revisionen aufgefasst, wie sie das ja thatsächlich sind, und auch ihre Arbeit in dieser Beziehung zu regeln gesucht. Dadurch erwuchs ihnen gewiss manche Mühe mehr, und daher hatte ich zwischen der, die ihnen, und der, die den Kirchenvorstehern zufiel, geschieden. Das brachte Kupffer 1875, vielleicht noch gereizt durch einen Vortrag Sielmanns über die Verpflichtung des Pastors zur Leitung des Schulwesens in seinem Kirchspiel, auf die Synode und beantragte in erregter Weise, das Consistorium zu bitten, dahin zu wirken, dass ohne Zustimmung der Synode die Schularbeit der Pastoren nicht modificirt oder erweitert werde durch Lehrpläne, Instruktionen etc. Die Schulbehörden hätten nur den Schulverwaltungen etwas zu sagen, nicht aber den Pastoren speciell, wenn diese auch Glieder jener wären. Der General-Superintendent bewirkte zwar durch sein Eintreten in die Discussion, dass Kupffers Antrag abgelehnt wurde; ich liess aber den Entwurf fallen, berichtete der Behörde über die sich aufthuende Opposition gegen die Behörde auf der Synode und legte am 15. Oct. 1876 einen umgeänderten Entwurf zu einer Instruktion bloss für die Kreislandschulrevidenten vor. Dieser erstreckte sich auf die Revision des häuslichen Unterrichts, die der Einrichtung und Verwaltung der Schulen, die der eigentlichen Schularbeit und ihrer Erfolge.

Diese Instruktion wurde von der Behörde angenommen und trat unbeanstandet in Kraft. Nur der Kreis Dorpat-Werro revidirte für's Erste nicht nach ihr. Er hatte seinen alten Modus, alle Kinder in der Kirche zu versammeln, die jeder Schule vortreten zu lassen und gleich zu prüfen, beibehalten. Dadurch konnte man grosse Kirchspiele mit über 20 Schulen in 2 Tagen absolviren. Die Revidenten sahen aber nie alle Kinder, da immer viele ausblieben, sondern gewöhnlich nur die besseren, und sie sahen auch nicht die Schullokalitäten. Da kam Sielmann aus Testama nach

Bartholomäi, schlug Lärm über diese ungenügende Art zu revidiren und beantragte Lokalrevisionen in den einzelnen Schulen. Den alten Modus vertheidigte am Energischsten der Schulrevident und spätere Propst Töpffer zu Talkhof. Die Oberlandschulbehörde entschied, der Dörptsche Sprengel mit seinen nur 7 Kirchspielen müsse die Instruktionen voll ausführen und Lokalrevisionen machen. Dem Werroschen Sprengel mit seinen 16 zum Theil sehr grossen Kirchspielen wurde auf meinen Antrag gestattet, nach der jedesmaligen Möglichkeit die Revisionen auszuführen. Die Revidenten dieses Sprengels haben aber auch Lokalrevisionen gehalten und gaben zu, dass sie viel zweckmässer waren.

Am 17. Oct. 1874 legten der Präses Landrath Wolff und E. v. Mensenkampff einen *Entwurf zu einer Instruktion für die Schulkirchenvorsteher* vor. Er wurde angenommen und dem Adelsconvent übersandt, kam von dort aber nicht zurück.

Da den Forderungen bei den Lehrerprüfungen der Lehrstoff der Seminare zu Grunde lag, forderte Keussler als Präses der Commission zur Prüfung lettischer Gemeindelehrer die Publikation der Lehrpläne der Seminare. Ich musste dem nachgeben und legte die *Lehrpläne für die 3 Seminare* am 20. März 1879 der Behörde vor. Sie wurden angenommen, einzeln gedruckt und publicirt.

Unter den reinen Verwaltungssachen führe ich zuerst an die *Tabellen und Schemata*, welche die Behörde einführte. Eigentlich müsste ich hier von den Jahresberichten handeln, und den sich an sie knüpfenden Erlassen. Pfeil hat in dem Bericht für 1871 beide noch eingehend dargelegt. Er hatte diesen in 4 Capitel eingetheilt, nämlich in die von den Seminaren, den Revisionen, den Schulberichten und den Tabellen. Diese Eintheilung behielt ich bei. Unter ihnen glaubte ich dem von den Revisionen das meiste Gewicht beilegen zu müssen, da die Revidenten, die die Schulen verschiedener Kirchspiele sahen, ein zutreffenderes Urtheil haben mussten, als die Schulverwaltungen, die doch nur ihre eigenen Schulen kannten, in ihren Berichten das kundgaben. Die Revisionsberichte hatten aber schon den Kreislandschulbehörden vorgelegen, und die von ihnen gerügten Mängel waren schon von diesen gerügt und abgestellt worden. Es fielen daher die früher gebräuchlichen Erlasse in dieser Periode allmälig weg. Dazu kam, dass seit 1878 die Berichte nicht blos lithographirt, sondern auch in mehr Exemplaren als früher gedruckt wurden. Sie wurden dadurch mehr bekannt als früher, und es bedurfte keiner Erlasse mehr. Die Hauptsache waren in ihnen die Revisionsberichte und die zu den Berichten hinzugefügten Tabellen.

Uebrigens führte der Druck der Berichte manches Missliche mit sich. Zuweilen meinten Schulverwaltungen, ich hätte die Verhältnisse bei ihnen nicht richtig dargestellt oder die Revidenten beklagten sich, dass ihre Urtheile über einzelne Lehrer und Schulverwaltungen an die Oeffentlichkeit kämen. Denn die Zeitungen druckten die Jahresberichte fast vollständig ab. Hatte ich mich versehen, was ja auch vorkam, so stellte ich das im nächsten Jahresbericht fest. Jene Urtheile der Revidenten mussten sich die von ihnen Betroffenen schon gefallen lassen; warum machten sie es nicht besser?

1871 am 7. Febr. übersandte das Landraths-Collegium ein neues Schema zur statistischen Jahrestabelle. Der Kreisdeputirte E. v. Oettingen protestirte gegen dieselbe, weil sie für die estnischen Verhältnisse nicht passe, d.h. eigentlich nur für die in Dorpat-Werro. Es kämen hier nämlich keine Repetitionsschüler vor, da die Kinder bis zur Confirmation, wenn auch nur einen Tag in der Woche die Schule besuchten. Es wurde daher in der Tabelle die Anmerkung hinzugefügt: Stammschüler sind die, welche mehr als 2 Tage in der Woche die Schule besuchen, Repetitionsschüler die, welche es weniger thun. Das half aber nicht bei Allen. Masing von Rappin gab nie an, im wievielsten Winter die Kinder die Schule besuchten, weil er behauptete das gar nicht erfahren zu können. Dennoch haben die Tabellen ein ganz werthvolles Material zu Tage gefördert, z.B. 1871 gab es 109 Parochial-, 867 Gemeindeschulen; 133 Parochial-, 880 Gemeindelehrer mit 3071 Par. 54,524 Gemeindeschüler; 1884 aber 124 Par. Schulen mit 199 Lehrern und 4735 Schülern und 965 Gem. Schulen mit 1144 Lehrern und 42,362 Stamm- und 34,607 Repetitionsschülern. 1871 wurden Stamm- und Repetitionsschüler noch nicht getrennt, sind also damals noch zuammengezählt. Erst 1874 vereinbarte die Behörde mit dem Direktor des statistischen Bureaus Jung-Stilling, die darauf bis zuletzt im Gebrauch gebliebene Tabelle.

Von Formularen erschienen 1873 solche zu Lehrer-Attestaten, zu Tagebüchern, Versäumnislisten, Censurzetteln, Censur-Verzeichnissen, Repetitionsschülerlisten, und 1876 noch zu Zeugnissen der Reife. –

Das waren die äusseren Mittel, um eine gewisse einheitliche Ordnung in dem Schulwesen herzustellen. Nun aber gab es noch allerlei besondere Vorkommnisse, die auch bei der Verwaltung desselben die Thätigkeit der Schulbehörden in Anspruch nahmen.

Der Adel hatte beschlossen, Gemeinden, denen es schwer fiele, ihre Schulen zu unterhalten, mit Geld zu unterstützen. Aber den Kreislandschulbehörden wird am 11. Mai 1871 aufgegeben, nicht im Allgemeinen von diesen und jenen Kirchspielen das zu sagen, sondern die bedürftigen Gemeinden namhaft zu machen und die Unmöglichkeit, sich andern Gemeinden anzuschliessen, darzulegen. Am 26. Nov.

werden schon in Wenden-Walk 5 Gemeinden, in Werro-Dorpat 7, in Pernau-Fellin 5 aufgegeben, die alle zusammen einmalig 1 480 Rbl. und jährlich 668 bedürfen. Am 24. Jan. 1872 kommt noch eine Schule unter Nitau dazu; am 9. Aug. erhält die deutsche Schule zu Tschorna 100 Rbl. jährlich zur Gagirung des Lehrers.

Aber nicht bloss für das Bestehen der regulären Schulen wurde gesorgt, sondern es wurden in diesem Zeitraum auch ganz neue Arten von Schulen begründet und alte bedeutend gehoben und erweitert, ein Zeichen von dem allgemeinen Aufblühen des Schulwesens.

1874 wurde eine Mädchen-Parochialschule zu Schwaneburg und eine zu Adiamünde begründet, die aber bald wieder eingingen; dann eine zu Rauge, eine zu Pölwe, und eine zu Smilten, die aber auch nur ihr Leben fristen, ohne zu rechter Blüthe zu kommen. Es scheint, als ob unsere Nationalen den hohen Werth der Mädchenbildung nicht begreifen. Ihnen kommt es nur auf Erlernung von weiblichen Handarbeiten, nicht auf Bildung an. Dann stellten sich unter unsere Inspektion die beiden Taubstummenschulen, die lettische in Wolmar 1875, die estnische in Fennern 1880. Als ganz neu in ihrer Art wurden von den Besitzern von Oberpahlen 1880, und Pajus 1883 Kleinkinderschulen begründet, damit die Kinder der Hofesknechte, so lange die Eltern bei der Arbeit sind, gut beaufsichtigt und auch etwas unterrichtet würden.

Dann wollten die Esten in Torgel eine „hohe Schule" für sich begründen, erbauten ein apartes Haus neben der Parochialschule und machten grossartige Pläne. Schliesslich kam sie als eine Schule neben der Parochialschule, mit vermehrtem Unterricht im Russischen zu Stande, und mit der Zeit gingen, wenn ich nicht irre, beide in einander über. Da gingen die Letten in Alt-Pebalg energischer und umsichtiger vor. Sie bauten die Parochialschule aus, setzten ihr eine höhere Klasse auf und beriefen an diese einen wissenschaftlich gebildeten Lehrer. Die Schule gedeiht noch.

Auch der Hausfleiss-Verein[42] versuchte unsere Schulen für seine Bestrebungen zu gewinnen. Unter Pastor Brandts Protektion leisteten die in Palzmar das Beste darin. Mit seinem Weggange hat auch das wol ein Ende gefunden.

Es entstand 1880 die Frage, wie die Tüchtigkeit von Lehrern anerkannt werden sollte. Dorpat-Werro hatte das für 2 erbeten und that es 1873 nochmals für dieselben, indem es sich an den Convent wandte. Beide Mal wurde darauf hingewiesen, dass unsere Schulen Landesinstitute wären und man daher principiell sich gegen

42 Hausfleiß-Verein: Organisation, die häusliche produktive Arbeit (besonders im Winter) propagiert; vgl. Meyers Konversations-Lexikon. 1896, Bd. 8, S. 433.

Staatsbelohnungen aussprechen müsse. Es wurden ihnen Anerkennungsschreiben für „aussergewöhnlichen Diensteifer und unermüdliche Pflichttreue" von der Behörde zugestellt.

Es hatte bisher als selbstverständlich gegolten, dass Zöglinge aus Irmlau bei uns und unsere in Kurland ohne Weiteres angestellt wurden. Nun hatte aber auch die Regierung Seminare für Volksschullehrer begründet und ebenso hatte Estland das gethan. Wie sollten wir uns diesen gegenüber verhalten? Brennend wurde die Frage als Kronwald an die Alt-Pebalgsche Parochialschule 1873 berufen wurde. Er hatte akademische Curse angehört, war Lehrer am deutschen Seminar in Dorpat gewesen; wir wussten sonst von ihm nur, dass er ein Führer der Jungletten war. Nach langem Schwanken wurde bestimmt, dass er beim Schulrevidenten Keussler ein Colloqium halten solle. Nach vielem Zögern that er es endlich Ende 1874. Damit war diese heikle Sache aus der Welt geschafft. In Betreff der Zöglinge der Kronsseminare wurde bestimmt, dass sie als Hilfslehrer oder Lehrer der russischen Sprache auf ihr russisches Diplom ohne Weiteres unterrichten dürften; wenn sie aber in andern Fächern, namentlich in der Religion unterrichten wollten, so sollten sie ein Tentamen machen. Viele fanden sich darin, andere weigerten sich durchaus das zu thun. Namentlich Einer unter Schwaneburg und ein Anderer unter Rujen widerstanden lange; endlich meldeten sie sich noch in den letzten Jahren unserer Verwaltung. Wir hatten uns behauptet.

Die Kudaschen Zöglinge aus Estland[43] erwiesen sich aber als so schwach, dass sie doch einem Tentamen unterworfen wurden 1884. Ebenso wurde das für die Privatelementarlehrer, die bei den Regierungsorganen examinirt waren, bestimmt. Ihr Examen war zu leicht.

Alle examinirten und angestellten Lehrer hatte die Regierung in den letzten Jahren von der Kopfsteuer und der Militärpflicht befreit. Es kränkte sie aber stets, dass sie noch unter der Gerichtsbarkeit der Bauerbehörden standen. Namentlich bei denen unter ihnen, die Jungletten waren, machte sich das sehr sonderbar. Und gerade bei solchen kam es vor.

Als ein Curiosum führe ich noch an, dass der bekannte Jungeste Mert Mirt* aus Cannapäh zum Schulältesten gewählt, von der Schulverwaltung aber nicht bestätigt wurde, weil er nicht lange vorher für einen Heudiebstahl bestraft worden war. Wir glaubten das aufrecht halten zu müssen.

43 In Kuda befand sich von 1864 bis 1887 ein Volksschullehrerseminar; vgl. Westermann, Ortslexikon (wie Anm. 17), S. 264.

*Anm. Er soll es gewesen sein, der den Schuss auf Pastor Holst[44] veranlasst hatte.

Von der Synode dazu bewogen, fragte der General-Superintenden 1873 in der Behörde an, ob es statthaft sei, Gemeindelehrer nur auf Zeit, auf Probe anzustellen? Die Behörde verneinte das. Ebenso entschied die Behörde 1878; nur als Hilfslehrer dürfen sie zeitweilig angestellt werden.

Ueber die Wahl der Gemeindelehrer ordnete das Landraths-Collegium an, dass die Schulkirchen-Vorsteher sie zu leiten hätten, vom 31. Oct. 1874–1884 d. 17. Oct. wurde noch bestimmt, dass die Schulverwaltungen nur den Majoritäts-Candidaten bei Lehrerwahlen zu bestätigen haben. Weisen sie ihn zurück, dann muss eine Neuwahl erfolgen.

Durch das Patent vom 31. Oct. 1871 waren jeder Kreislandschulbehörde 2 bäuerliche Glieder beigegeben worden, deren Wahl unter der Leitung eines Gliedes der betreffenden Behörde geschehen sollte, wo und wann sie es bestimmte d. 18. Sept. 1872. Am 12. Febr. 1873 ging ein Landrath in der Behörde noch weiter und sprach den Gedanken aus, ob es nicht gerathen sein sollte einen Schullandtag abzuhalten, zu dem die Schulbehörden, Schulverwaltungen, Lehrer und sonstige Schulinteressenten sich etwa nach Walk versammeln sollten. Ich sollte ein Programm ausarbeiten. Die Sache fiel bald von selbst unter den für uns immer ernster werdenden Zeitläuften.

In Betreff der Attestate, die abgehenden Lehrern ertheilt wurden, hatte die Behörde Veranlassung zu sehen, dass diese nicht immer der bisherigen Führung, namentlich der sittlichen Führung der Lehrer entsprachen. Sie schrieb daher am 10. Mai 1875 an alle Schulverwaltungen, sie möchten bei der Ausstellung solcher Attestate sie nur den Thatsachen entsprechend abfassen, und bei Anstellung von Lehrern nur solche acceptiren, die namentlich über ihre letzte Amtsführung gute Attestate vorweisen können.

Wie ernst die Ritterschaft es mit der ihr vorgeschriebenen Fürsorge für das Schulwesen nahm, bezeugt auch der Beschluss des Landtages vom J. 1872: „die Residirung und den Landmarschall zu ersuchen, alle gesetzlichen Mittel bei den hiesigen Autoritäten anzuwenden, um den von der Bauerverordnung v.J. 1819 hingestellten Schulzwang und das daselbst festgestellte Control- und Prüfungsrecht der Schulverwaltungen zu erhalten, und es sei namentlich 1, die Residirung zu ersuchen bei dem Herrn General-Gouverneur auf Grund des Aktenmaterials der Oberlandschulbehörde eine wohlmotivirte Vorstellung zu machen und denselben

---

44 Georg v. Holst (1824–1900), Pastor in Kannapäh, wurde 1881 bei einem Attentat verwundet; vgl. Prediger (wie Anm. 6), Nr. 805.

von diesem Beschluss der livländischen Ritterschaft in Kenntniss zu setzen; wie auch 2, den Adelsconvent zu autorisiren, falls diese Schritte von keinem Erfolg sein sollten, diese Angelegenheit durch alle Instanzen zu führen, selbst mittelst Supplik Sr. Kaiserlichen Majestät zur Entscheidung zu unterligen.“ Die Behörde asservirte diesen Beschluss mit dankbarer Anerkennung. Ich finde aber nichts über den Erfolg desselben erwähnt. Und als Riga-Wolmar am 25. Oct. 1872 darauf anträgt, das gesetzliche Strafmass für den versäumten Tag eines Schulkindes von 10 Kop. Kupfer, wie es 1819 bestimmt war, auf 15 Kop. S. zu erhöhen, antwortete die Behörde: die Instr. v. 1852 setzt die Befugniss der Schulverwaltung: „die Strafen für Versäumnisse unter Bestätigung der Kreislandschulbehörde zu normiren“ fest. Danach sei also zu verfahren. Uebrigens gestattet das auch das Patent vom 4. Apr. 1840 pct. 10. Dass diese Strafgelder aber nicht zu streng beigetrieben würden, darüber brauchten wir uns keine Sorge zu machen. Die Pastoren übten immer Nachsicht. Der Pernausche Propst z.B. trug im Dec. 1876 ausdrücklich darauf an.

Manche ernste principielle Frage wurde in dieser Zeit ventilirt.

So trug Propst Hasselblatt 1870 auf der Synode Bedenken vor, die ihm bei der Trennung der Convente in Kirchen- und Schulconvente einerseits und Kirchspielconvente andererseits entstanden waren. Er wurde damit an das Consistorium verwiesen; in der Sache liess sich aber nichts ändern.

Die andere betraf die Vereinigung des Parochiallehrer-Amts mit dem eines Küsters. Der Rigasche Sprengel verlangte 1879, beide Ämter reinlich von einander zu scheiden, und bis das geschehen sei, beim Consistorium zu erwirken, dass jeder Parochiallehrer aus seinem Amt scheide, der als Küster ausscheidet und umgekehrt. Der General-Superintendent beleuchtete zwar die Schwierigkeiten, die damit verbunden wären; der Antrag wurde aber doch angenommen. Auch in der Sitzung der Behörde brachte der General-Superintendent die Sache zur Sprache. Da aber die mit der Entlassung aus dem einen Amt für das Bleiben im andern entstandenen Schwierigkeiten doch nur lokal aufgetreten seien, so entschied sich die Behörde dahin, die Verbindung bestehen zu lassen und nur wo nöthig einen Gehilfen anzustellen. 1882 brachte Riga die Sache nochmals vor auf der Synode, der General-Superintendent erklärte, das Consistorium wirkte darauf hin, könne es aber nicht von sich aus thun.

Dasselbe Schicksal weiter nicht in Verhandlung zu kommen hatte auch ein ganz wichtiger Beschluss der Synode auf einen Antrag vom Pernauschen Sprengel hin, nämlich dass die Theologen entweder als Studenten oder Candidaten eine Zeit lang das Seminar besuchen sollten, und ein Antrag Werro's die Lehrer besser auszubilden, sowie in den Schulen die Trennung der Geschlechter durchzuführen.

Zur Verhandlung kamen aber auch auf den Synoden Angriffe auf die Verwaltung des Schulwesens. Schon 1875 hatte Propst Kupffer den Antrag gestellt, das Consistorium zu bitten, dahin zu wirken, dass ohne Zustimmung der Synode die Schularbeit der Pastoren nicht modificirt oder erweitert werde durch Lehrpläne etc. Die Synode lehnte den Antrag ab. Er desiderirte weiter darum, dass keine Kreisconferenzen mit den Lehrern mehr abgehalten würden. Auch das wurde abgelehnt. Der erbitterte Ton des Antragstellers bewies aber, wie ernst er es gemeint hatte. Ich berichtete der Behörde, dass sich auf der Synode eine Opposition gegen uns aufzuthun scheine. 1876 und 1877 kam nichts Besonderes vor; aber 1878 hatte der Wendensche Sprengel den Antrag gestellt, das Schulwesen zu diskutiren und Pastor Kählbrandt von Neu-Pebalg motivirte ihn in einer Arbeit „über den gegenwärtigen Zustand des Schulwesens." Er wollte nicht 3 sondern 2 Abtheilungen in den Schulen haben. Die 2 schrieben die Lehrpläne in allen übrigen Fächern schon vor; nur im Lesen verlangten sie 3. Dann wollte er noch, dass der Lehrstoff beschränkt werde. Er wünschte bei den Lehrern mehr Charakterbildung als formale Fertigkeit im Unterrichten. Auf Wunsch der übrigen Glieder des Wendenschen Sprengels war mir die Arbeit vorher mitgetheilt worden, so dass ich die Angriffe abweisen konnte. Gegen die Diskussion des Schulwesens konnte ich natürlich nichts haben. So wurden den Sprengelsynoden zur Beantwortung auf der nächsten Provizialsynode folgende 2 Fragen zugewiesen: „Ist die religiöse Erkenntniss des Volkes trotz des wohlorganisirten Schulwesens zurückgegangen? 2, Leisten die Schulen für die religiös-sittliche Ausbildung was sie sollen oder nicht?

Aber noch im Herbst 1878 brachte Kupffer diese Verhandlungen im Rigaschen Kirchenblatt in die Oeffentlichkeit, und zwar in so entstellender Weise, dass ich das zurechtstellte und dadurch in eine nicht angenehme literärische Fehde mit Kählbrandt gerieth. – 1879 bejahten Riga, Wolmar, Walk die erste Frage. Für Riga gab Pastor Grimm bei der Motivirung auch den Predigern die Schuld, dass sie oft nicht treu genug im Kleinen Seelsorge übten, und führte auch andere Faktoren an, die wie die liberale und materialistische Zeitströmung einen Einfluss übten. Die 5 anderen Sprengel meinten, die religiöse Erkenntniss habe zugenommen. Die 2. Frage schoben die ersten Sprengel zurück, weil die jetzige Organisation des Schulwesens zu neu sei; Wenden, Fellin, Pernau bejahten sie geradezu. Werro und Dorpat verneinten sie; weil die Schule mehr Lern- als Erziehungsanstalt sei. Aber Sielmann von Bartolomäi, der gerade zu Dorpat gehört, bittet die Pastoren sich selbst möglichste

Sachkenntniss in der Lehr- und Erziehungskunst zu verschaffen und sich in die Arbeit zu vertiefen. Der alte Propst Kählbrandt hatte ein schriftliches Votum eingeschickt, in dem er der Jetztzeit trotz ihres Eifers für Schulen vorwirft, den religiös-sittlichen und kirchlichen Standpunkt nicht genug zu bekennen. Das wäre auch bei mir ganz erklärlich, der ich ja der Verfasser des liberalen „Wo hinaus?" von 1862 wäre,[45] der bei seiner Organisation des Schulwesens das preussische Muster der „Allgemeinen Bestimmungen" Falcks[46] befolgt hätte. Damit war der eigentliche Grund der Opposition, der in meiner Person lag, angegeben. Ich hatte das lange vermuthet, wollte es aber nicht aussprechen, um nicht Unrecht zu thun. Nachdem Pastor Kählbrandt und ich gesprochen hatten, ergab die Diskussion, dass in der religiösen Erkenntniss des Volkes kein Rück-, sondern ein Fortschritt zu constatiren sei und die Schule wenigstens nicht an seiner Demoralisation schuld sei. Die Kritik war also eine unbegründete gewesen. 1882 trat noch Pastor Döbner von Kalzenau auf und griff namentlich in dem Vortrage „zur Reform der Parochialschule" den Lehrplan dieser an und schlug vor dieselbe nur zur Weiterbildung der wohlhabenden Söhne des Volkes, die im Bauerstand bleiben wollen, zu bestimmen, und für die, welche höhere Bildungsanstalten besuchen wollten, private Schulen zu errichten. Auch Propst Kupffer hatte Thesen über die Parochialschulen gestellt. Beides, Antrag wie Thesen, wurde abgelehnt. Aber angenommen wurde ein Vorschlag Kählbrandts, die Lehrer *feierlich* in ihren Aemtern zu installiren und ihnen das Gelöbniss der Kirche treu zu bleiben in Lehre und Wandel abzunehmen.

Uebrigens fanden meine Organisationen auch Anhänger. Pastor Hansen von Paistel, ein warmer Freund der Schule, der in Hauptfragen den Anstoss zu ihrer Lösung fand, als noch Niemand daran Hand anlegte, z.B. in der des Regulativs, der Begründung der beiden Gemeindelehrer-Seminare, schrieb mir am 27. März 1879, er wolle eigentlich als Schulrevident abtreten, aber erst „wenn sich unsere 8 Fellinschen Schulverwaltungen von der Vernünftigkeit der Lehrpläne vollständig werden überzeugt haben und ihre Schulen strikt nach dieser Richtschnur leiten werden, dann mag eine jüngere Kraft mich ablösen." Und Sielmann schrieb mir am 13. Apr.

45 Johann Heinrich Guleke, Wo hinaus?, in: Mitteilungen und Nachrichten für die evangelisch-lutherische Kirche Rußlands, hrsg. v. C.A. Berkholz. Februar 1862.

46 Adalbert Falk (1827–1900), preußischer Kultusminister von 1872 bis 1879, erließ 1872 die „Allgemeinen Bestimmungen" zur Umformung des Lehrplans; vgl. Meyers Konversations-Lexikon. 1894, Bd. 6, S. 153; Brockhaus Enzyklopädie. 19. Aufl., 1988, Bd. 7, S. 77; sie führten u.a. zu einer Umarbeitung der „Unterrichtskunde für evangelische Volksschullehrer" von Bormann (s. Anm. 23), die ab 1873 unter dem Titel „Pädagogik für Volksschullehrer, auf Grund der allgemeinen Bestimmungen vom 15. Oktober 1872 bearbeitet" erschien (3. Aufl., 1879).

ej.a: „Ueber wen man auf der Synode herfallen muss, das sind die Kirchspiels-Schulverwaltungen, resp. die Pastoren selbst, die ihren liebgewordenen alten Gepflogenheiten zu Liebe auch die bestgemeinten Anordnungen in der Schulbehörde resultatlos in den Sand verlaufen lassen! Das sind die Hauptsünder!“ „Wahnsinn zu verlangen, dass die kurze Seminarzeit die unglücklichen Seminaristen schon so fertig zuzustutzen hat, alle Halbbildung etc. auszurotten.“ „Dass ein Kählbrandt so was ausspricht, wundert mich höchlich.“ Meine Gegner hatten in ihrem Groll die Sache so aufgebauscht, dass ein angesehener Herr vom Adel (Fr. v. Meyendorff) mir schon d. 29. Juli 1875 bei Gelegenheit einer geschäftlichen Anfrage schrieb: „Sie gehen keiner sehr angenehmen Zeit entgegen, ich meine der Synode, auf welcher, wie ich höre, die Frage: „Landesverrath oder Kirchenverrath“ zum Austrag kommen soll. Es wäre ein grosses Unglück, wenn wir wirklich so weit gekommen wären. – Die Sache liegt aber nicht so, wenn auch – und das muss zugestanden werden, – die äussersten Krafteinsätze seitens der Herren Pastoren verlangt werden.“

Um so mehr freute ich mich, als die Angriffe, die immer wieder von denselben Personen ausgingen, abgeschlagen waren, dass ich noch Freunde fand.

Die fand ich nicht bloss in Livland; nach Kurland, nach Riga; nach Oesel wurden meine Lehrpläne verlangt. Und als ich mit dem Kartenherausgeber Andrée einen Schulatlas vereinbart hatte, auf dem mehrere Karten ausfielen und Russland und die Ostseeprovinzen in Specialkarten für uns besser vertreten waren, gesellten sich Kur- wie Estland uns zu und führten diesen Atlas bei sich ein.

Endlich komme ich bei den Verwaltungssachen auch noch auf die Klagesachen, die bei unserer Behörde anhängig gemacht wurden. Ich führe nur ein paar curiosa an und dann Klagen, die von grösserer Tragweite waren oder es hätten werden können.

Zu den ersteren gehört offenbar die Beschwerde des Collegienraths Dr. med. E. v. Brehm darüber, dass die Oberlandschulbehörde ihm nicht seinem Range und russisch-livländischen Adel gemäss geschrieben, „da davon nichts geändert werden dürfe, wolle die Kaiserliche Behörde sich die nöthigen Consequenen aus dem Vorstehenden selbst ziehen.“ Darauf hatte der Sekretär ihm das Titelblatt seiner voriges Jahr erschienenen Schrift „padohmi“[47] und seine Unterschrift, die er nicht E. v. Brehm, sondern Ed. Brehm gelesen, vorgehalten. Er antwortete: „das modificire und entkleide die Untertagung ihrer scheinbar piquirten Form.“

47 Lett.: Ratschläge; über Eduard Wilhelm von Brehm und seine Schriften vgl. J. Brennsohn, Die Ärzte Livlands. Riga 1905, S. 117.

Hierher zähle ich auch die Beschwerde der Neu-Pebalgschen Schulverwaltung, dass 2 dazu aufgeforderte Lehrer und frühere Zöglinge des Seminars, dort Gehilfen des Parochiallehrers zu werden, der Aufforderung nicht gefolgt wären. Die Sache löste sich dahin auf, dass der eine kränklich, der Andere schon angestellt war. Später aber schrieb ein dort hingesandter junger Lehrer: „Die Schulverwaltung hier galt unter den Lehrern als eine der niederträchtigsten. Mir geht es aber gut." Sie hatte durch die Weigerungen der Lehrer hinzukommen wol gelernt die Lehrer anders zu behandeln.

Die Klage, der Gr. St. Johannisschen Schulverwaltung gegen die Kreislandschulbehörde von Pernau-Fellin, deren Verhandlung den Rücktritt des Sekretärs Petersenn bewirkte, habe ich schon früher erwähnt.

Eine grössere Tragweite hätten leicht folgende Sachen gehabt. Der Immerdehnsche Gemeindeälteste unter Erlaa klagte über die Kreislandschulbehörde von Wenden-Walk, dass sie ihm nur auf einem vom Gutsbesitzer geschenkten Stück Landes und nicht auf einem von ihm hergegebenen die Schule für die Gemeinde zu bauen erlaube. Dieses lag aber an einem Ende des Gebiets und ganz nahe beim Kruge. Er wurde abgewiesen, baute aber nun Jahre lang trotz aller Befehle der Kreislandschulbehörde doch nicht. Als sie ihn deshalb auf 25 Rbl. strafte, beschwerte er sich bei uns und ging, als wir ihn abwiesen, an den Gouverneur. Der gab ihm dieses Mal aber keinen Rückhalt.

Bei diesen und ähnlichen Klagen stellte es sich heraus, dass bisher in unserem Ressort noch garkeine Appellationsfrist festgesetzt war. Die wurde jetzt auf 4 Wochen normirt.

Am 10. Mai 1879 beschwerte sich die Cremon'sche Schulverwaltung über die Kreislandschulbehörde von Riga-Wolmar, weil diese die Entsetzung des Zoegenhofschen Gemeindelehrers Schwalbe aufgehoben hatte. Landrath Stryk protestirte dagegen, dass einer Unterinstanz erlaubt wäre über die Oberinstanz zu klagen, dass stehe nur den Parten zu. Die Beschuldigungen gegen Schwalbe erwiesen sich übrigens als nicht begründet. Aber die principielle Frage, die Landrath Stryk aufwarf, wurde doch nicht von allen Gliedern in seinem Sinn beantwortet. Bei reinen Administrativbehörden, wie die Schulverwaltungen es sind, sei eine Ausnahme von jener Regel zu gestatten!

Von sehr traurigen Folgen war folgende Klagesache. In Kalzenau-Fehteln waren der Fehtelnsche Parochiallehrer Kalning und der Odenseesche Lehrer Leeping, sein Schildträger, von der Kreislandschulbehörde von Wenden-Walk abgesetzt worden. Den letzteren traf dieses Urtheil wegen seiner Untüchtigkeit. Jener aber, einer der begabtesten und tüchtigsten Zöglinge des Zimse'schen Seminars, hatte sich auf nationale Agitationen eingelassen, bei öffentlichen Versammlungen von sogenannten Wohlthätigkeitsvereinen vor den Bauern auf die Resultate der Naturwissenschaften gegen die Lehren der Bibel, auf die Verdummungstendenzen der Dunkelmänner, der Schwarzröcke hingewiesen, sich gegen den örtlichen Prediger renitent und oppositionell verhalten etc. Dazu kam, dass seine Schüler während der Confirmandenlehre dem Pastor ganz ungläubige Ansichten aussprachen unter Berufung auf die Tagesblätter, die sie in der Schule gelesen hatten. Die Kreislandschulbehörde sah wol die Wichtigkeit dieses Falles, da Kalning sich eines grossen Ansehens bei allen Jungletten erfreute ein; der Präses derselben, Landrath Wolff suchte noch persönlich auf ihn einzuwirken. Aber Kalning hatte sich schon zu fest mit den Jungletten und, wie es sich bald zeigte, auch den Russen verbunden. Es half nichts; er gab seinen Standpunkt nicht auf. Die Behörde glaubte ihn absetzen zu müssen, that es und wir mussten ihr Urtheil bestätigen. Kalning wurde bald darauf Lehrer der griechischen Kirchenschule in Fehteln, zog eine Menge Schüler nach sich, da die massgebenden Persönlichkeiten der Gemeinde unbeirrt zu ihm hielten und machte es, dass die erste Ministerschule des Curators Kapustin in der Fehtelnschen Parochialschule unter seiner Leitung eröffnet wurde. Doch davon im nächsten Abschnitt.

Unsern Behörden hat man wegen dieser Entscheidung oft Vorwürfe gemacht. Ich glaube mit Unrecht. Hätten wir damals nachgegeben, so wären wir ein Spielball der Anhänger der nationalen Bestrebungen geworden.

IV. Die Conferenzen

In meinem ersten Jahr als Schulrath kam es zu keiner Conferenz. Pfeil hatte sich zu unsicher gefühlt, um eine auszuschreiben und trat gerade im Juni 1872 ab; ich war ganz unerfahren in allen meinen neuen Obliegenheiten und wollte diese nicht noch durch eine Conferenz, die ich ohnehin zum gewohnten Termin nicht mehr hätte ausschreiben können, vermehren. 1880 und 1882 fielen die Conferenzen aus; 1885 hatten wir die Conferenz eben abgehalten, als der Gouverneur sie gänzlich verbot. Ich hatte also im Ganzen 11 zu leiten gehabt.

Ich hatte meine erste Conferenz 1873 gleich nach Walk berufen, damit die estnischen Lehrer, denen Treyden zu weit ablag, sie auch besuchen konnten. Dazu kam, dass diese Conferenz als eine Art Jubelconferenz angesehen wurde, da die erste 1848 abgehalten worden war. Das war ein Grund mehr, sie recht Vielen zugänglich zu machen. Eigentlich waren die ersten Conferenzen von Ulmann nur für die Schüler Zimse's und ältere Parochiallehrer bestimmt gewesen. 1848 gab es in Lettland ja auch kaum einen Gemeindelehrer, und die estnischen kannten nur das Estnische, konnten also nicht mit den Letten zusammen tagen. 1873 gab es aber schon mehrere Schüler Zimse's, die gut dotirte Gemeindeschulen übernommen hatten. Gemeindelehrer waren also principiell nicht mehr auszuschliessen, wenn sie den deutschen Verhandlungen folgen konnten und wollten. Ich sah es daher ganz gern, dass diese Conferenzen sich zu allgemeinen livländischen Lehrerconferenzen erweiterten, und freute mich, dass sie stark besucht wurden. Ich habe in den ersten Jahren 80-90 Theilnehmer zählen können, 1873 – 94, 1874 – 95, 1875 – 90, 1876 – 88, 1877 – 97. Von da an fiel die Zahl auf 84, 74 und 1881 betrug sie nur noch 46, dann 37, 42 und 1885 – 34. Zimse stand mit den meisten seiner Schüler auch lange nach ihrem Weggange aus dem Seminar in direktem oder doch indirektem Zusammenhang, und von seiner Verstimmung gegen mich Warstatt's wegen waren sie alle unterrichtet. Da zog es sie nicht mehr auf die Conferenz, oder Einige kamen um zu opponiren, und erreichten dabei nicht viel, da ich das Heft in Händen hatte. Die Abnahme des Besuches schrieb ich zu einem guten Theil diesem Umstande zu. Es wirkte aber auch noch ein anderer darauf recht stark ein.

In den 4 lettischen Sprengeln hatten die Schulrevidenten am Ende der sechziger und am Anfang der siebziger Jahre dieses Jahrhunderts angefangen Kreisconferenzen zu halten, und zwar verhandelte man auf diesen, da die grösste Zahl der Glieder des Deutschen wenig kundige Gemeindelehrer waren, lettisch. Da erschienen schon aus diesem Grunde weniger Gemeindelehrer auf der allgemeinen ihnen meistens auch viel entfernteren Conferenz. Dazu kam, dass von 1881 an, dem Jahre, in dem man auf die Manasseinsche Revision zu warten anfing, die nationalistischen Wogen hoch zu gehen begannen. Es wurde Mode sich von allem Deutschen, also auch der deutsch verhandelnden Conferenz, abzuwenden. Eine Menge Parochialehrer, namentlich die des stark junglettisch gefärbten Wendenschen Kreises, blieben aus *diesem* Grunde weg.

Dass dieser Grund vielleicht am meisten wog, dafür spricht, dass die lettischen Lehrer Liv- und Kurlands unter Kronwald's Auspicien und auf des Gouverneurs Uexküll Fürsprache die Erlaubniss erwirkt hatten, 1874 eine freie allgemeine lettische Lehrerconferenz abzuhalten. Kronwald als Präses forderte mich auch zu den Sitzungen desselben auf am 4. April. Ich lehnte dankend ab. Als die Repräsentanten des Landes in Petersburg darlegten, dass nach den Festsetzungen für dieselbe, zu der alle Freunde der Schule aus dem Volke auch Zutritt hatten, es eigentlich eine grosse Volksversammlung werden würde, deren Ausgang nicht abzusehen wäre, wurde den obersten Autoritäten doch bange und sie verboten sie.

1882 machten die Lehrer noch ein zweites Mal denselben Versuch. Ich hatte nach den Unruhen im Seminar nach Zimse's Tod dessen Leitung übernommen und wollte, theils weil ich das ganze Semester scharf gearbeitet hatte, mich in den Ferien in welche die Conferenz fiel, erholen, theils weil ich neue Demonstrationen voraussah, die Conferenz ausfallen lassen. Als die Leute das sahen, fingen sie an die Conferenz zu fordern. Es erschien in den lettischen Zeitungen ein „einige Lehrer und Schulfreunde" unterschriebener Artikel, der an meiner Erklärung, dass ich aus „persönlichen Gründen" die Conferenz ausfallen lassen würde, herumdeutelte, dann auf die Gnade des Monarchen hinwies, der den Senateur geschickt um alle Wünsche des Volkes zu erfahren, und nun wolle ich ihnen die Gelegenheit dazu nehmen, sie auf dem Gebiet der Schule zu verlautbaren. Er schloss mit folgenden Worten: „Wir wollen hoffen, dass der Herr Schulrath sein letztes Wort noch nicht gesprochen hat. Kann er selbst nicht auf der Versammlung gegenwärtig sein und sie leiten, so werden wir uns wol selbst einen Leiter ausersehen. Für eine gute Ordnung stehen wir ein." Doch damit noch nicht genug, trug die Wendensche Kreis-Conferenz sehr dringend darauf an, ihr Leiter, der Suppleant des gerade abwesenden Revidenten möchte die Conferenz bei der Oberlandschulbehörde doch erwirken. Auf Wunsch des residirenden Landraths hielten wir eine besondere Sitzung zur Entscheidung dieser Frage in Walk ab. Es erschien uns aber bei der damals tief gehenden Erregung der Gemüther die Versammlung nicht rathsam, und wir schlugen das Gesuch ab. Da machten sich einige Lehrer wieder des Wendenschen Kreises, darunter der schon abgesetzte Kalning und der Fehtelnsche Parochiallehrer Griwing zum Gouverneur auf und baten um eine Conferenz. Dieser aber fühlte sich bei der Manasseinschen Revision nicht mehr ganz sicher, – er ging bald darauf als Gouverneur ab, – und lehnte dieses Mal das Gesuch ab. Wie Griwing seinem Pastor nachher gesagt hat, hätten sie darum bitten wollen, als Leute, „die mit den Bedürfnissen der Volksschule besser vertraut wären, sie unter der bisherigen Verwaltung zu belassen." Wo ein Kalning dabei war, lässt sich das kaum annehmen.

Wenden wir uns nun den einzelnen Conferenzen zu. Die schwerste für mich, der ich noch nicht geübt im Leiten solcher Versammlungen war, war entschieden die erste 1873. Im Jahre vorher war ein grosses lettisches Sängerfest in Riga abgehalten worden. Bielenstein, der beste Kenner der lettischen Sprache und Zimse sein erster Lehrer, hatten beim Festessen, wenn ich nicht irre, gesprochen und waren mit

Hochs geehrt worden. Das verdross Kronwald, der den Unterschied zwischen diesen zum Deutschthum hinneigenden Pflegern des lettischen Volkes und sich, dem begeisterten Jungletten, scharf hervorheben wollte. Er hielt eine Rede, in der er sie geradezu beleidigte. Und nun erschien er, da er nach Pebalg übergesiedelt, sich zu den Landschullehrern zählte, auf unserer Conferenz. Die Freunde Zimse's benutzten das, um ihm sein Unrecht vorzuhalten und ihn aufzufordern, es gut zu machen. Er behauptete, jene beiden Männer, seien seinem nationalen Standpunkt entgegengetreten in ihren Reden, ohne das nachweisen zu können. Die Reden wurden so erregt, dass ich öfters mit der Entziehung des Wortes drohen musste. Schliesslich konnten sie keinen Einigungspunkt finden. Ich benutzte die vorgerückte Stunde, vertagte die Debatte bis zum anderen Tage und proponirte dann, es Kronwald als Ehrenmann zu überlassen, in welcher Weise er Zimse eine genügende Ehrenerklärung geben wolle, nur müsse es in den öffentlichen Blättern geschehn. Das wurde angenommen. Kronwald hatte aber wol andere Begriffe von einem Ehrenmann, gab eine ganz ungenügende Erklärung ab und erschien nicht mehr auf der Conferenz. Kein einziges Mal später kam es zu so erregten Debatten, wie damals. Ein paar Schildträger rieben sich an Warstatt 1879. Der antwortete zum Glück recht gelassen und es kam zu keinen heftigeren Auftritten, wenn dadurch die Verhandlungen auch unerquicklich wurden. 1875 versuchte ein estnischer Parochiallehrer vom jungestnischen Standpunkt aus gegen das Deutsche in der Parochialschule zu polemisiren, aber wie ich glaube war es Zimse, der ihm sehr deutlich heimleuchtete. Ein Gleiches erfuhr von ihm ein Lette, der auch gegen das Deutsche überhaupt sich erklärte und in der aus 3 Nationalitäten bestehenden Versammlung nur lettisch sprechen wollte. Die Vereinigung von Letten und Esten in Walk machte das Deutsche als Verhandlungssprache zu einer Nothwendigkeit. – An Vorträgen hat es uns nie gefehlt. Auf der am schwächsten besuchten letzten Conferenz hatten wir deren noch 5. Im Ganzen wurden 50-60 selbstständige Vorträge auf diesen 11 Conferenzen gehalten. Sie betrafen vor Allem Erziehung der Kinder im Hause und in der Schule, hier durch den Lehrer oder durch die andern Kinder, dann den Unterricht z.B. den Anschauungs-, den Religions- den Rechenunterricht, die lettische Nationalität, ihren Charakter, ihre Poesie, den Luxus im Volke, die Wohlanständigkeit, Einwirkung des Lehrers auf das Familienleben, die Einführung eines zweiten, nämlich praktischen Examens für die Lehrer, das baltische Gesangsleben etc.

Ich hoffe gewiss, dass manchem unserer Lehrer diese Zusammenkünfte von grossem Segen gewesen sind. Anregung zu tieferem Nachdenken über seine Aufgabe, zu treuerer Pflichterfüllung, Bereicherung an Kenntnissen, Stärkung in des

Lebens Mühsalen durch das Zusammensein mit den Berufs-Genossen, – das Alles mussten sie wirken und haben sie gewirkt. Ich muss auch die obenangegebenen Gründe Ulmanns, die ihn zuerst zum Abhalten dieser Conferenzen bewogen, als berechtigt anerkennen. Von der Manasseinschen Revision an war aber unseres Volkes Leben vergiftet und die Conferenzen wären von der Zeit an vielleicht besser unterblieben. Von da an und schon früher wurde von Aussen immer neuer Gährungsstoff in das Volk hineingebracht. Es kam nicht mehr zum Ausgähren. Es fing an das Agitiren und Opponiren und Brutalisiren als seine gegenwärtige Aufgabe anzusehen. Da taugen keine Zusammenkünfte, die nur aufregen, da ist es besser, still zu bleiben. Ich kann es daher bei Kupffer verstehen, wenn er nur etwas zu früh 1875 auf der Synode den Antrag stellte, keine Kreisconferenzen mehr zu halten, und wenn der Schulrevident Sengbusch nach der von 1882 erklärte, er würde keine mehr zusammenrufen. – Aber es war schwer, den einmal in Gang gebrachten Wagen wieder zum Stillstand zu bringen. Das Verbot der Conferenzen von Seiten des Gouverneurs hat seine Berechtigung, wenn er sie auch in Anderem finden wird, als wir. –

V. Die Berührungen mit der Regierung und ihren Organen

Die vorige Periode hatte fast gar keine Berührungen mit der Regierung gebracht; erst mit dieser traten sie ein und spitzten sich bald zu Conflikten zu, die hervorgerufen zu sein schienen, um uns endlich ganz dem Minister der Volksaufklärung und damit natürlich auch dem Curator zu unterstellen.

Wir hatten so wenig Berührungen mit der Regierung, ihrem Schulwesen gehabt, dass mir Wolff noch am 17. Juni 1873 schrieb, die Revidenten der griechischen Schulen *schienen* noch keine Instruktionen zu haben. Aber gewiss wusste er es auch nicht. Auch die Regierung hatte noch so wenig einen Einblick in unsere Schulzustände gethan, dass ein gewisser W. Weymarn, den sie aufgefordert hatte, eine genaue statistische Beschreibung Livlands zu geben, sich mit der Bitte um recht umfassende Angaben über das Schulwesen 1871 an Klot wendet.

Nach 1876 konnte ein wohlgesinnter Curator, obgleich der General-Gouverneur den Kampf gegen uns schon eröffnet hatte, sich bei uns nach den dienstlichen Vorrechten unserer Lehrer erkundigen. Man traute ihm aber schon so wenig, dass die Antwort verschoben wurde. Und in derselben Zeit hatte der Reichsrath bestimmt, die Zöglinge unserer Seminare zur 3. und die unserer Parochial- und Gemeindeschulen zur 4. Kategorie zu zählen. Am 14. Nov 1878 theilte der Präses der Behörde mit, es sei ihm gelungen, für den Haussfleissverein den zollfreien Import seiner zu den Arbeiten nöthigen Werkzeuge zu erwirken. Wolff war damals gerade in Petersburg und seine persönliche Verwendung bei dem Chef des Zolldepartements scheint das gemacht zu haben.

Auch der Kameralhof war so billig, mitzutheilen dass alle in unseren Seminaren gebildeten Lehrer bei Vorstellung eines Entlassungsscheines und eines über die Absolvirung eines Seminars aus der Kopfsteuer ausgeschlossen würden.

Der Curator Stackelberg ging sogar so weit, uns allerdings nur privatim durch seinen Schwager Landrath Brasch mittheilen zu lassen, er wünsche das deutsche Elementarlehrer-Seminar zur Ausbildung von Landschullehrern herzugeben und unter die Aufsicht der Oberlandschulbehörde zu stellen. Ich bekam den Auftrag, mit ihm darüber zu verhandeln. Aber er trat bald ab, und aus der Sache wurde natürlich nichts.

In gänzliche Verwirrung gerieth in dieser Zeit das Verhältniss unserer Schulen zur Wehrpflicht. 1874 am 2. März wurden unsere Seminare in Betreff ihrer in die 3. Kategorie bei derselben gestellt. Am 10. Dec. legte ich in der Behörde dar, wie die Vorschriften für die Examina zur Erlangung der Vergünstigungen bei uns nicht anwendbar sind. Sie verlangen im Russischen zu viel und sonst zu wenig. Wenn unsere Schüler das Zeugniss der Reife in den Schulen erhalten haben, verstehen sie mehr, als dort verlangt wird. Daher richtete Rauge eine besondere Klasse bei sich 1875 zur Erlangung besserer Kenntnisse im Russischen ein. 1876 erfolgte dann das oben angeführte Reichsraths-Gutachten. 1877 fragt Werro an, wann denn das Examen im Russischen zu machen, da die pädagogischen Conseils, die 1874 zu seiner Abhaltung eingesetzt wurden bei den Kreisschulen nicht zusammentreten, weil der Curator ihnen das nicht ausdrücklich befohlen. 1880 kommt dann von der Gouv.-Wehrpflicht-Commission ein Schreiben an die Behörde. Die Schüler der Kirchenschulen sollen das Examen russisch beim Alexander-Gymnasium ablegen. Schliesslich wird befohlen, sie dürften es erst ablegen, wenn sie das Loos getroffen, ehe sie in die Regimenter eingereiht würden. Das hiess, sie überhaupt von dieser Vergünstigung ausschliessen, denn dann hatten sie schon das meiste vergessen. – Aber während dieser Zeit kam es öfter vor, dass die Kreisschullehrer, z.B. in Pernau noch Parochialschüler zum Examen annahmen und ihnen Attestate ausstellten, ja dass die Regiments-Commandeure auch bloss von der Schulverwaltung ausgestellte Zeugnisse ohne das Urtheil des pädagogischen Conseils annahmen und gelten liessen.

Ein heikles Thema war auch die Bestätigung von Kassen, die unsere Lehrer stiften wollten. 1874 wurden dem Gouverneur die Statuten der allgmeinen Wittwen- und Waisen-Kasse für die Lehrer Livlands zugestellt und nach wiederholten Emendirungen bestätigt. Meines Wissens wurden aber alle die Kassen, die Werro 1878 für seine Emeriten, Wittwen und Waisen, die Riga etc. vorstellten, nicht bestätigt; sie sollten für weitere Kreise zugänglich gemacht werden. Doch das war vielleicht nur Beamten-Formalismus.

Eine schlimmere Folge für uns hatte folgende Angelegenheit. Der Gen.-Gouverneur Fürst Bagration, ein Armenier, hatte dem Präses Landrath Wolff Mitte März 1872 mitgetheilt, ein Jerkullscher Wirth Jahn Anzschmit unter Kremon habe bei ihm darüber geklagt, dass die Kremonsche Schulverwaltung ihn einer Geldpön unterzogen habe, weil er seine Tochter eine griechisch-russische Schule habe besuchen lassen. Wolff hatte nach näherer Auskunft von Pastor Walter ihm seine Ansicht über diesen Fall mündlich mitgetheilt. Am 4. April bekam er abermals ein Schreiben vom Gen.-Gouverneur, wonach das Hahnhofsche Gemeindegericht auf Antrag des Raugeschen Kirchen-Vorstehers mittelst Verfügung den Daniel Weso zu einer Pönzahlung verurtheilt habe, weil sein Sohn Jacob die rechtgläubige Schule besucht und die lutherische versäumt habe. Da Wolff ihm zugegeben, dass der Fall Anzschmit unbillig gewesen sei, so möchte er nun dafür sorgen, dass es überhaupt den Eltern freistehe, welche Schule sie ihre Kinder besuchen liessen. Daher möchte die Oberlandschulbehörde dahin Anordnung treffen, dass das sämtlichen Schulverwaltungen bekannt gegeben werde, und ihn darüber benachrichtigen, dass das geschehen sei. Die Oberlandschulbehörde verfügte dem General-Gouverneur vorzustellen, dass die Oberlandschulbehörde jeden Fall einzeln untersuchen müsse, und auch in diesem nicht ohne Weiteres entscheiden könne, da einer solchen allgemeinen Verordnung gesetzliche Hindernisse entgegenständen.

Das Resultat war, dass der Sekretär schon am 18. Oct. ej. a. der Behörde einen Allerhöchsten Befehl vom 11. Sept. vorlegte, dass die Kinder, welche nach dem Willen ihrer Eltern in örtlichen griechisch-orthodoxen Schulen unterrichtet werden, vom Besuche der lutherischen Gemeindeschulen befreit sind, aber natürlich nicht von der Prüfung in der Religion.

Wolff behauptete, der General-Gouverneur habe seine Worte über den 1. Fall missverstanden, die Schulverwaltungen behaupteten in ihrem Rechte gewesen zu sein. Das half Alles nun nichts mehr. So hatte die Unklugheit zweier Schulverwaltungen diesen uns schädigenden Befehl veranlasst. Zu gleicher Zeit spielte die

Angelegenheit mit der Bestätigung des Regulativs, natürlich bestärkte jene Sache ihn noch darin, in dieser nicht nachzugeben.

Leider bot sich bald eine viel günstigere Gelegenheit unserer selbstständigen Verwaltung des Schulwesens Verderben zu bringen. Wir hatten wenigstens die Grundzüge einer Organisation desselben 1819 und 1849 Allerhöchst bestätigt erhalten. Kur- und Estland fehlten auch diese. Hatten wir auf diesen Grundzügen unsere Organisation aufgebaut, so fehlte es ihnen ganz an einer solchen, und jedes Kirchspiel arbeitete nach seinem Ermessen. Die Sache zu regeln, hatten sie sich lange vergeblich bemüht. Endlich gelang es ihnen, wie ich glaube 1875. Das benutzten Uexküll und Bagration, wie Wolff mir am 19.Sept. schrieb: Se. Majestät hat es, wie der Landmarschall meldet, für nothwendig erachtet, die Volksschulen in Livland der Aufsicht der Staatsregierung zu unterstellen. „So wie man hört, hat Uexkülls Hinterlistigkeit uns diese Bescheerung gebracht. Er soll in seinem Bericht an den Kaiser, nachdem er unser Schulwesen gelobt, die Nothwendigkeit der Unterstellung desselben unter die Aufsicht der Staatsregierung hervorgehoben haben, und in Livadia hat dann der Kaiser Seine Zustimmung dazu gegeben. So haben Bagration und Uexküll auf diesem Wege erreicht, was sie in Petersburg bei Gelegenheit der Berathung des kurischen Schulgesetzes nicht durchbringen konnten.“

Das zeigte Bagration der Ritterschaft an und meldete, der Minister des Innern verlange ein Gutachten der Ritterschaft über die Anwendbarkeit der am 25. April für Kur- und Estland bestätigten Regeln.

Am 13. Jan. 1876 legte Herr v. Mensenkampff sein motivirtes Gutachten über diesen Gegenstand vor, worin er die Paragraphen des kurischen Gesetzes mit den livländischen gesetzlichen Bestimmungen verglich und zu dem Schluss kam dass jenes im Vergleich mit diesen einen Rückschritt mache, und dass in ihm einige wichtige und wesentliche Bestimmungen garnicht vorhanden seien. Demnach müsste die Annahme des neuen Gesetzes im Ganzen abgelehnt und höchstens zugestanden werden, dass die von der Regierungscontrole handelnden Paragraphen in den livl. Bestimmungen Aufnahme fänden. Dieses Gutachten wurde dem Landraths-Collegium zugeschickt.

Um dieselbe Zeit starb Bagration am Schlage in Petersburg, wo er nach Neujahr noch geblieben war, um diese und andere Sachen zu betreiben. Bald darauf fingen die Rüstungen zum türkischen Kriege an. Der Minister erklärte dem Landmarschall, die Schulsache müsse vertagt werden. Aber Uexküll fing im Herbst von sich aus an mit dem Adel zu verhandeln. Seine Vorschläge waren solche, dass die Verhandlungen bald abgebrochen wurden. Diese Sache ruhte, und wir konnten ziemlich ungestört weiter arbeiten.

Zur Charakteristik des Gouverneurs Uexküll diene nachfolgende Thatsache. Am 27. Nov. 1880 kam Riga-Wolmars Unterlegung zur Verhandlung, Massregeln zur Verhinderung des Besuches der Krüge seitens der Kinder zu erwirken. Die Sache wurde dem Gouverneur unterlegt. Er wies sie zurück, da solche öffentliche Gebäude Jedem offen ständen und offen stehen müssten. Und dieser Mann meinte, das kurische Schulgesetz genüge gar nicht; es müsse darüber hinaus gegangen werden. Er hält fest daran, das ganze Schulwesen sich zu unterstellen. So schreibt mir Wolff am 1. Nov. 1876. Letzteres gelang ihm aber doch nicht mehr. Er fiel während der Manasseinschen Revision 1882 und verliess, nur von einigen Jungletten betrauert, die Provinz.

1882 wurden die Lehrer der Küsterschule und ich als stellvertretender Direktor in der Zeitung „Heimath“ arg verhöhnt und beschimpft. Ein Gleiches erfuhr Hollmann mit seinen Lehrern in der estnischen Zeitung Olewik, die sein früherer Lehrer Grenzstein jetzt redigirte. Wir baten die Oberlandschulbehörde uns zu vertreten und jene Zeitungen zu verklagen. Die Behörde rieth uns davon am 21. Mai 1882 ab, da bei Pressprocessen gewöhnlich nichts herauskäme. Zu derselben Sitzung lag ein Schreiben des Kameralhofs vor, die Behörde möchte, nachdem den Lehrern die Steuerfreiheit zugestanden war, darüber wachen, dass die, welche aus dem Lehrerstande austreten, ihm aufgegeben würden. Es wurde beschlossen, in der Jahrestabelle eine neue Rubrik einzurichten, in der die austretenden Lehrer mit Namen aufzuführen wären.

1882 am 21. Oct. kam noch ein auffallender Auftrag der Wolmarschen Lehrer-Conferenz zur Verhandlung. Diese hatte durch einen Vortrag des Dickelnschen Pastors Bernhard dazu bestimmt bei uns darauf angetragen, zu bewirken, dass die Militärfreiheit der Lehrer aufgehoben würde, da ihr Stand um dieses Vorrechts willen missgünstig im Volke angesehen und missachtet würde. Von den praktischen Nachtheilen, die dieser Antrag den Lehrern und ihrer Unterrichtstüchtigkeit gebracht hätte, abgesehen, wurde beschlossen zu antworten, ein Reichsgesetz würde nicht speciell für Livland aufgehoben werden. Uebrigens antwortete in der Latweeschu awise darauf ein Zögling des baltischen Seminars recht gut; nur kam er bei dem Grunde zum Antrage, dass die Lehrer im Dienste des Russischen mächtig werden würden, auf die Mahnung hinaus, lieber in das baltische Seminar zu treten. Da würden sie das Russische noch besser erlernen. Dem Ganzen lagen wol junglettische Tendenzen von Gleichheit oder dergl. zum Grunde, die freilich Bernhard sonst nicht theilte.

Schluss

Landrath Wolff war im Herbst 1883 von einer nicht mehr zu hebenden Heiserkeit, die sich später als die Folge eines inneren Krebses erwies, befallen worden und trat daher Anfang 1884 zurück. Mir persönlich ging das sehr nahe. Er war mir immer zugethan gewesen. Ich beantragte ein Dankschreiben an ihn, die seiner vielfachen Verdienste um unser Schulwesen mit Anerkennung gedachte. Die Behörde nahm es einstimmig an am 7. März 1884. Im Frühling 1884 starb er schon. Im Juni wurde Landrath Stryk zum Präses der Behörde gewählt. Ihm ward die traurige Aufgabe zu Theil, unsere Verwaltung des livländischen Schulwesens zu Grabe tragen zu müssen. Wir haben bis zuletzt gearbeitet, so viel wir das vermochten; aber natürlich konnten wir das uns bereitete Verhängnis nicht abwenden. Im Folgenden gebe ich nur noch kurz unsere letzten Lebensregungen und dann die Massregeln des Curators und des Gouverneurs, die uns aller Machtbefugnisse entkleideten.

Am 7. März 1884 nahm die Behörde die von der Synode von 1883 gewünschte Gelöbnissformel, welche die Lehrer bei ihrer feierlichen Einführung ins Amt ablegen sollten und die der General-Superintendent und ich abzufassen hatten, an. Sie lautete: „Hiemit verspreche und gelobe ich, N.N., als Lehrer in der ... Schule, eingedenk meiner Verantwortlichkeit vor Gott und Menschen mein Schulamt immer treu und gewissenhaft verwalten, meinen Schülern mit einem guten Beispiel in meinem Lebenswandel vorleuchten, mich in Allem gemäss der Lehre der Heiligen Schrift und dem Glauben der evangelisch-lutherischen Kirche halten und allen Vorschriften und Anordnungen meiner Vorgesetzten gewissenhaft Folge leisten zu wollen."

Die von dem revidirenden Senateur Manassein verlangte Enquête über unser Schulwesen hatte Jung-Stilling zusammengestellt. Die Behörde dankte ihm dafür. Sie hatte dem Lande 1 200 Rbl. gekostet.

Die von mir im Auftrage der Behörde entworfene Conferenz-Ordnung wurde, nachdem die Kreislandschulbehörden sie noch begutachtet und Emendationen vorgeschlagen hatten, angenommen. Sie war recht streng und gefiel daher den Lehrern nicht, kam aber, da die Conferenzen 1885 verboten wurden, kaum zur Anwendung.

Das praktische 2. Examen, das ich zur bessern praktischen Ausbildung der Lehrer vorgeschlagen hatte, wurde unter dem Drange der ungünstigen Zeitlage 1885 reponirt.

Am 19. Mai wurde mir gestattet mit den 4 lettischen geistlichen Schulrevidenten zu einer Commission zur Beprüfung lettischer Schulbücher zusammenzutreten. 1885 hatten wir unsere Aufgabe beendet.

1884 konnte ich der Synode noch anzeigen, dass der livl. Adel zur Gründung einer Pensionskasse für die Landschullehrer als Fond 5 000 Rbl. bewilligt hatte. In Petersburg wies man die Sache zurück.

Einige Klagesachen, die in dieser Zeit vorkamen, übergehe ich, da sie auf den Gang der Ereignisse keinen Einfluss übten und wende mich jetzt den Massregeln der beiden Regierungsvertreter zu.

Zuerst kommen einige vorläufige Plänkeleien. Der Curator hatte im Dörptschen Kreise ein paar Privatelementarschulen auf dem Lande concessionirt. Einige Eltern hatten ihre schupflichtigen Kinder hingegeben, ohne den Schulverwaltungen Anzeige zu machen. Erst als sie für ihre Versäumnisse gestraft wurden, behaupteten sie ihre Kinder in diese Schulen gegeben zu haben. Wie oft die Kinder sie wirklich besuchten, – darüber fand keine Controle statt.

Dorpat-Werro klagt über diese Misstände. Landrath Oettingen wurde am 23. Mai 1884 ersucht, mit dem Curator darüber mündlich zu verhandeln. Am 17. Oct. lag wieder ein Schreiben von ihm vor, in dem er uns beschuldigte, den Schulzwang zu benutzen, um den Besuch seiner Schulen zu verhindern. Wir antworteten, diesen hätten wir nie mit einer Strafe belegt. Nur wenn die Eltern keine Anzeige gemacht hätten, dass ihre Kinder sie besuchten, waren sie bestraft worden. Die Eltern sollten aber doch, wo sie sich für benachtheiligt hielten, auf den gesetzlichen Instanzenzug bei Beschwerden verwiesen werden. Auch wurde er gebeten, uns doch die Listen dieser Kinder zuzustellen; damit wir dafür sorgen könnten, dass sie nicht bestraft würden.

Am 5. Dec. 1884 lag abermals ein ganz empörtes Schreiben in dieser Sache von ihm vor, in dem er uns vorwarf, wir mischten uns in seine Angelegenheiten, und damit drohte, dass er dafür sorgen würde, dass wir dem Minister der Volksaufklärung unterstellt würden. Ihm wurde geantwortet, er habe unser Schreiben missverstanden. Der Schulzwang sei nach unserer Ansicht nothwendig. Was seine Drohung beträfe, so wüssten wir, dass die Regierung bisher die Erfolge der Selbstverwaltung auf dem Gebiete der Volksschule anerkannt habe.

Am 29. April 1885 lag wieder vom Curator ein Schreiben darüber vor, dass wir mit fremden Lehramts-Candidaten ein Tentamen abhielten und die bäuerliche Bevölkerung an dem Besuche seiner Schulen verhinderten. Der Präses hatte eine sehr gute Antwort aufgesetzt die acceptirt wurde, in der er hervorhob, dass wir der

Kirche für guten Religionsunterricht verantwortlich wären und daher seine Seminaristen tentiren müssten.

Der Gouverneur hatte mittlerweile auch nicht geruht. Am 7. März 1884 fragte er bei uns an, ob den Gemeinden die Erhebung von Schulgeld zustehe? Wir antworteten, nur im Nothfall. Am 17. October trägt er darauf an, die Saremoissche Schule, da sie nur wenige Schüler habe, mit der griechischen Schule zu vereinigen. Wir nahmen das nicht an, schon wegen der confessionellen Verschiedenheit.

Am 7. Sept. 1885 wurde uns berichtet, die Neu-Pebalgsche Gemeinde wolle die Lohnverhältnisse der Lehrer ändern, d.h. vermindern, und der Gouverneur habe zugelassen, dass sie sie bei den gewöhnlichen Behörden, nicht bei uns zur Entscheidung brächten. Am 22. Jan. 1886 erklärten wir unser Bedauern darüber der Wenden-Walkschen Kreislandschulbehörde, aber auch die Unthunlichkeit einer Aktion gegen den Gouverneur unter den jetzigen Umständen.

Am 28. Nov. 1885 war es dem Curator endlich gelungen, Se. Majestät dazu zu vermögen, dass er unser Landschulwesen dem Ministerium der Volksaufklärung und damit seiner speciellen Verwaltung unterstellte.

Dass das für unser Schulwesen ein schwerer Schlag war, sagte sich ein Jeder, über die Tragweite der Massregel war man sich aber unklar. Ein Pastor fragte bei mir am 3. Jan. an, ob die Parochialschulen, die doch Kirchenschulen wären, dann nicht wenigstens davon ausgenommen blieben? Ein Anderer schreibt mir am 4. Jan. 1886: „Wir fragen nach Garantien dafür 1, dass die Schule selbst nicht zum Tummelplatz unfruchtbarer Sprachexercitien gemacht und erniedrigt werde, 2, dass die zur Stärkung des evangelischen Glaubens aufgewandten Mittel und Stiftungen nicht ihrem Zweck entfremdet und durch eine heterogene Schulaufsicht zu andern vielleicht propagandistischen Zwecken gemissbraucht werden. – Wir wollen nicht vergessen, dass wir ein Schulvermögen haben an Seminaren, an Parochial- und Gebiets-Schulen, das auszuantworten unmöglich ist, wenn uns nicht feierlich und Allerhöchst zugesichert wird die Einhaltung des Stiftungszweckes. Es ist also ein neuer Nystädter Frieden zu schliessen, ein regelrechter Vertrag, wie die spanische Constitution.“ Er meint ferner, um Kirche und Schule nicht von einander zu reissen, müsste die Kirche auch unter das Ministerium der Volksaufklärung kommen oder das gesammte Schulvermögen behufs Erhaltung paralleler kirchlicher Schulen zurückbehalten. „Denn das wäre doch zu toll, wenn wir selbst die Waffen zur Vernichtung unsers kirchlichen Bestandes hergeben sollen. – Die Ritterschaft muss daher Garantien verlangen 1, für den Schulzwang, dessen evangelische Gemeinden bedürfen 2, für die auf evangelischen Religionsunterricht basirte Volkserziehung und Bildung, 3, für die Inventarirung der Schulländereien und Gebäude 4, für die alleinige Beaufsichtigung und Verwaltung der Institute, die Bethäuser oder sonstwie heissen mögen. Wenn das nicht erreicht werden kann, dann schreibt gleich Convente aus zur Wahrung des kirchlichen Eigenthums. – Die Ritterschaft muss auch für die Erhaltung der Sprache der Letten und Esten eintreten; ebenso für Erhaltung der Gewissensfreiheit gegen den Trauungsukas. Zum Schluss entschuldigt er sich wegen der apodiktischen Sprache in seinem Briefe.

So sprach ein kluger und energischer, warmer Patriot, der aber leider auch procul a Jove procul a fulmine sich befand und nicht wusste, dass das was er für „zu toll" hielt, schon eintrat. Ich habe nur diese Briefe hergesetzt, um die Stimmung im Lande zu kennzeichnen, die es für unmöglich hielt, dass alles Recht, so wie es geschah, bei Seite gesetzt werden würde.

Denn die Behörde hatte schon am 23. Dec. 1885 ein Schreiben des Curators erhalten, in dem er nicht bloss den Akt Seiner Majestät anzeigte, sondern die Behörde gleich aufforderte, ihm anzuzeigen, ob sie die Seminare fortzuführen gedenke, und zugleich ihm alle noch in Kraft bestehenden Erlasse zuzuschicken etc. (Hier einzuschieben ein früherer Bericht über d. Jahr 1886).[48] Leider sind wir unserer Nationalen nicht sicher. Um der Wehrpflicht willen verlangen sie nach dem Russischen. Ja sogar unsere Seminaristen wollen, wie mir der Direktor der Küsterschule schreibt, noch mehr russische Stunden haben. Sie begreifen nicht, dass es auch um die Vernichtung ihrer Nationalität sich handelt. Dazu kommt der furchtbare Schrecken, der das ganze Land befallen hat wegen der Absetzung Brandts und Abels.[49] Derselbe Direktor schreibt mir: „über den Fall Brandt herrscht ungeheure Aufregung." Zugleich ist den Kreislehrern angekündigt, dass sie von Johanni an ausser Etat gesetzt sind. Am 27. März schied Brandt aus Palzmar.

Es schreibt mir ein Schulrevident: „So ist denn der Schlag gefallen und unser lieber Brandt ist getroffen. Mir scheint es wol, als ob wir nun zum letzten Mal revidirt haben werden, denn ich glaube nicht, dass wir uns mit dem Bewussten werden einlassen können. Er wird viel versprechen und nichts halten." Er versprach auch nicht mehr viel, sondern schlug brutal drein.

Ueber die Revisionen der Inspektoren des Curators verlautet auch nichts Gutes. Der für den lettischen Distrikt Orlow besucht die Schulen, wie Döbner mir am 29. Oct. schreibt, ohne Wissen der Schulverwaltung und wünscht, dass selbst die

48 Vgl. S. 197.
49 Vgl. S. 204 f.

Mädchen Russisch lernen. Der für den estnischen Distrikt Mewes revidirt auch die Walkschen Seminare und macht sich geradezu lächerlich.

Auf Wunsch der Behörde verhandelte Landrath Oettingen wegen dieser Art zu inspiciren mit dem Curator mündlich. Der erklärte, bisher habe er, da es alte Inspektoren sind, ihnen keine besonderen Instruktionen gegeben. Aber Anordnungen hätten sie nicht zu treffen und fremde Leute (russische Popen waren zuweilen mitgekommen) nicht mitzunehmen. Er wolle durch die Inspektion nur das Wesen und die Wirksamkeit der lutherischen Schulen kennen lernen. Für künftige Revisionen wünsche er von der Oberlandschulbehörde Rathschläge zu erhalten. – Das Alles waren blosse Phrasen, er hat sich nie Rath bei uns geholt.

Ferner hatte er gesagt, er wolle die Ministerschulen auch als lutherische einrichten mit lutherischen Lehrern, die unteren Klassen mit der nationalen Sprache. Dabei solle der Schulzwang aufrecht erhalten bleiben, und er wolle seine Ueberwachung unseren Schulverwaltungen übertragen. Es wurde beschlossen, wenn er mit einem solchen Ansinnen kommen würde, es entschieden zurückzuweisen.

Am 1. Jan. 1887 schreibt mir der Pastor von Tirsen, der Gemeindeälteste von Adlehn habe dem Lehrer angesagt bis zum 10. Jan. die Schule zu verlassen. Ob mit Genehmigung des Curators oder von sich aus, habe er nicht hinzugefügt. Er habe den Vorgang der Kreislandschulbehörde angezeigt, aber noch keine Antwort erhalten. „Die Befugniss der lokalen Schulverwaltung scheint gleich Null zu sein, und wohl nicht viel besser steht es mit unseren Schulbehörden.“

Am 16. Jan. hielten wir eine Sitzung in Dorpat ab. Das Landraths-Collegium hatte den Curator ersucht, seine Anordnungen in Betreff der Strafen für Schulversäumnisse (sie nämlich bei erhobenem Widerspruch nicht früher dazu treiben, als bis er das untersucht und gestattet habe) abzuändern und die Strafbefugniss der Schulverwaltungen bei unentschuldigten Versäumnissen wieder herzustellen. Ferner habe es ihm mitgetheilt, griechische Kinder würden in unseren Schulen nicht mehr aufgenommen werden. Endlich hat es ihm die Erweiterung der Gemeindelehrer-Seminare auf 3 Jahre mitgetheilt. Einen Lehrplan für diese beriethen wir, wiesen aber die intendirte Einführung der russischen Sprache als Unterrichtssprache entschieden zurück. Dann wird beschlossen wegen Fehteln's zu klagen und Adlehn's Sache noch zurückzustellen, bis jene entschieden ist. Wegen Abel's Wiederanstellung wird ein Gesuch an den Curator gerichtet.

Am 10. Jan. schrieb mir der Wolmarsche geistliche Revident: „Der Fehtelnsche Gewaltakt macht hier grossen Eindruck und bringt namentlich die Parochiallehrer dieser Gegend in grosse Aufregung, die sich in Folge dessen sehr unsicher fühlen und sich darauf gefasst machen, dass man sie über kurz oder lang aus ihren Widmen herauswippt. Gailiht sagte bei Rathminder's (des alten hochgeachteten A. Pebalgschen Parochiallehrers) Beerdigung, dass „die Lehrer den Verstorbenen zum Vorbilde nähmen in der treuen Anhänglichkeit an unseren evangelischen Glauben und nicht vergässen, sich zu *dem* Volk zu halten, dem unsere Kirche und Schule so viel verdanken.

Am 18. Mai hatten wir wieder eine Sitzung. Mittlerweile hatte der Curator schon im März die Creirung eines Direktors und mehrerer Inspektoren für die Elementar- und Volksschule bekannt gemacht, sowie von uns für die Parochialschulen das Russische als Unterrichtssprache einzuführen verlangt. Es wurde beschlossen, das dem Landtage vorzulegen und die fernere Ausbildung von Lehrern, wenn *das* Gesetz wird, zu verweigern. Die Küsterschule würde dann nur zur Ausbildung von Küstern fortzuführen sein; wenn die nationalen Sprachen aber in den Gemeindeschulen noch Unterrichtssprache blieben, für diese in den beiden andern Seminaren noch Lehrer zu bilden.

Das Verlangen des Curators, in unsere Schulen auch griechische Kinder aufzunehmen, wurde beschlossen zurückzuweisen.

Während des Landtags war ich gerade zu den Lehrer-Prüfungen in Walk anwesend, als ich ein Telegramm bekam, nach Riga zurückzueilen. Am 14. Juni hatten wir die ernste Sitzung, in der uns der Präsident mittheilte, der Kaiser habe am 17. Mai Regeln zur Reorganisation unserer Volksschulen unterzeichnet, durch die sie russisch würden. Der Landmarschall habe über sie genaue Referate gemacht, und der Landtag habe beschlossen die Seminare zu schliessen, das Parochiallehrer-Seminar nur als Küsterschule fortzuführen, und Se. Majestät um Befreiung von der Sorge für das Volksschulwesen zu bitten. Ich musste sofort nach Dorpat und Walk fahren, die Seminare schliessen und mit Hackmann die Wiedereröffnung seines Seminars als Küsterschule im August besprechen.

Geschichte des livländischen Landschulwesens im Jahre 1886

Nachdem schon vom Frühling des Jahres 1885 an verlautet hatte, dass das Landschulwesen in den 3 Ostseeprovinzen dem Ministerium der Volksaufklärung unterstellt werden sollte, verkündeten zuerst die diese Sache unausgesetzt ventilirenden russischen Zeitungen, dass der Curator des Dörptschen Lehrbezirks, der Herr Geheimrath Kapustin, bei Sr. Majestät eine Audienz gehabt und jene Unterstellung erlangt habe. Am 28. Nov. war die betr. Unterlegung des Herrn Ministers von Sr. Majestät unterzeichnet. Die erste officielle Anzeige von diesem Akt kam der livländischen Oberlandschulbehörde aber erst am 23. Dec. durch ein Schreiben des Curators zu. In diesem zeigte er nun nicht nur bloss diesen Akt des Kaisers an, sondern forderte gleich die Behörde auf, ihm anzuzeigen, ob sie die Seminare fortzuführen gedenke, und zugleich ihm alle ihre noch in Kraft bestehenden Erlasse zuzuschicken, sowie ihre Ansicht darüber auszusprechen, in welcher Weise die Unterstellung unter das Ministerium auszuführen wäre.

Am 17. Januar 1886 richtete dann der Curator, da sich die Sitzung der Oberlandschulbehörde wegen Abwesenheit ihrer meisten Glieder von Riga und weil damit auch ihre Antwort an ihn sich verzögerte, ein Schreiben an den Herrn Landmarschall wegen Reform der Seminare, die bisher bloss unter der Ritterschaft, die sie unterhielt, gestanden hatten. In diesem stellte er folgende 8 Punkte auf:

1, Die Lehrer-Seminare stehen unter dem Ressort des Ministeriums der Volksaufklärung und in nächster Verwaltung des Curators des Dörptschen Lehrbezirks.

2, Für die Verwaltung der Seminare, vorzugsweise des Oekonomiewesens derselben, werden bei jedem derselben curatorische Conseils (popytel'nye sovosty) aus Personen eingesetzt, die vom Adel zu erwählen sind. Diese Conseils haben das Recht, Candidaten zur Besetzung der Ämter des Direktors und der Lehrer zu präsentiren und auch Beschlüsse der curatorischen Conseils wegen Ausschliessung von Schülern und Ertheilung von Attestaten an dieselben zu bestätigen.

3, Der Direktor wird aus Personen gewählt, welche eine höhere Bildung erhalten haben, und vom Minister bestätigt.

4, Die die Lehrfächer Vortragenden müssen vorzugsweise solche sein, welche den Cursus in höhern Lehranstalten oder im Lehrer-Institut beendigt haben. Alle Unterrichtenden werden vom Curator bestätigt.

5, Der Lehr-Cursus in allen Fächern darf nicht niedriger sein, als der in den staatlichen Lehrer-Seminaren.
6, Die Zöglinge der Seminare geniessen dieselben Rechte, wie die der staatlichen Seminare.
7, Die Lehrer der vom Adel zu unterhaltenden Seminare geniessen die Rechte des Staatsdienstes, mit Ausnahme des Rechtes auf Pension und einmalige Unterstützung von der Krone; doch wird bei dem Uebergang derselben in den Dienst bei staatlichen Lehranstalten ihre Dienstzeit im adeligen Seminar zur Pension zugezählt.
8, Alle Anordnungen des Ministers der Volksaufklärung in Betreff des Lehr- und Erziehungswesens der Lehrer-Seminare erstrecken sich mit gleicher Kraft auch auf solche, die vom Adel zu unterhalten sind.

Der Curator schliesst das Schreiben damit, dass er, falls der Adel einwilligt, die Seminare weiter zu führen, verspricht die Bestätigung derselben nachzusuchen, aber auch etwaige Ansichten und Wünsche in dieser Frage weiter vorzustellen.

Jetzt endlich erhielt die Residirung auch vom Gouverneur im Namen des Ministers des Innern die Anzeige davon, dass Se. Majestät das livländische Landschulwesen dem Ministerium der Volksaufklärung unterstellt habe.

Am 23. Jan. kam es dann zu der Sitzung, auf welcher die Schreiben des Curators berathen wurden. Da der Kaiserliche Befehl bloss die Unterstellung unseres Landschulwesens unter das Ministerium der Volksaufklärung dekretirte, aber noch nichts über die Art und Weise derselben enthält, so wurde beschlossen, dem Curator zu antworten, dass er ersucht würde nähere Darlegungen zu machen, ehe die Behörde ihre Ansichten und Wünsche auseinandersetze. Im Uebrigen ständen die Seminare unter der Ritterschaft, und dieser sei die Frage wegen deren Fortführung übergeben worden.

Sein Schreiben an den Landmarschall enthielt aber so bedenkliche Punkte, dass sie doch auch in nähere Erwägung gezogen werden mussten. Mag die Bestätigung des Direktors und der Lehrer durch die Organe der Regierung auch als eine nicht gut zurückzuweisende Forderung erscheinen; mag die Forderung, dass die Lehrer womöglich das Lehrer-Institut besucht haben, vielleicht danach aussehen, dass hiermit nur eines der Regierung gemeint ist; – so bleibt das jedenfalls klar, dass dem Adel nur das Oekonomiewesen ungeschmälert verbleiben sollte, dass über den Lehrplan ihm keine Bestimmung reservirt war, sondern der Stoff in allen Fächern, also auch dem Russischen nicht niedriger als in den Regierungs-Seminaren angesetzt sein dürfte, dass über die Unterrichtssprache nichts gesagt war und dass der

Minister freie Hand behielt, in Zukunft anzuordnen, was er wollte. Diese Bedenken bewogen die Behörde, die Repräsentanten des Adels zu ersuchen, bei ihren Verhandlungen mit dem Curator folgende Punkte im Auge zu behalten:

1, Dass der lutherische Charakter der Landschulen gewahrt werde, sowol in Betreff der Confession der bei ihnen anzustellenden Lehrer, als auch des Religionsunterrichts in ihnen.
2, Dass die Muttersprache ihrer Schüler stets in ihnen die Unterrichtssprache bleibe.
3, Dass die Eigenthumsrechte der Kirche oder Privater an den Schulen, sowie besondere bei ihrer Fundirung gemachte Bedingungen in Kraft blieben.
4, Dass die bisherige Inspektion der Schulen ferner aufrecht erhalten würde.
5, Dass der obligatorische Schulbesuch fortbestände.

Zugleich wurde bemerkt, dass der Hinweis in dem Schreiben des Curators auf die Ordnung des Schulwesens in Kursk ganz hinfällig sei, da in den von ihm citirten Erlassen des Ministeriums, weder in dem citirten Jahr noch an dem angegebenen Tage ein Erlass über Kursk vorkommt. Am 5. Febr. lief darauf ein Schreiben des Curators an die Behörde ein, in dem er zuerst auf die Seminare kommt, über die er schon dem Landmarschall geschrieben, und zugesteht, dass, wenn den Landschullehrern auch andere Pflichten auferlegt würden, der Einführung von Hilfsfächern in den Cursus der Seminare kein Hinderniss im Wege stände. Dann setzt er aber hinzu: „Die Schulinspektion wird den Unterricht in allen Fächern mit Ausnahme der Religion, deren Beaufsichtigung dem geistlichen Ressort zusteht, zu überwachen haben." Dass unsere bisherigen Lehrpläne nicht mehr in Kraft bleiben sollten, ist hiernach freilich nicht ausgesprochen, aber dem Obigen unschwer zu entnehmen.

Dann fährt der Curator in seinem Schreiben fort: „Indem ich mich nunmehr den Parochial- und Gebiets-Schulen des Landes zuwende, vermag ich denselben den Charakter kirchlicher Schulen nicht zu entdecken. Es sind das allgemeine Bauerschulen, in welchen gewiss der Religionsunterricht die oberste Bedeutung haben muss. Diesen Charakter der Landvolksschulen weist schon die Einfügung der Bestimmungen über dieselben in die allgemeine Bauer-Verordnung nach. In dem Gesetz für die evangelisch-lutherische Kirche ist nur von dem Unterricht in der Religion und der Vorbereitung zur Confirmation die Rede. Es ist offenbar, dass der einem erlassenen Gesetz in dem allgemeinen System der Gesetzgebung angewiesene Platz auch den Charakter des Gesetzes kennzeichnet. Freilich ist in dem § 590 der Bauer-Verordnung v. 1860 gesagt, dass die Schulen unter der Verwaltung der kirchlichen Autoritäten stehen; geistliche Glieder befinden sich jedoch nur in unbedeutender Anzahl in dem Bestande der Verwaltung der Schulen: in der Oberlandschulbehörde 1, in den Kreislandschulbehörden 2, in der Kirchspielsschulverwaltung 1."

Ehe ich den ferneren Inhalt des Schreibens wiedergebe, möchte ich den eben citirten Passus näher beleuchten. Der Herr Curator berücksichtigt, wenn er den kirchlichen Charakter unserer Schulen nicht entdecken kann, nicht, dass die ersten unter schwedischer wie russischer Regierung entstandenen Schulen Livlands einen streng kirchlichen Charakter trugen, so dass der religiöse Unterricht in ihnen die Hauptsache war, dass sie von jeher unter der Aufsicht kirchlicher Beamten standen, nämlich der Kirchen-Vorsteher, Pastoren und Kirchen-Vormünder, sowie dass die Bauer-Verordnung von 1819 das mit Allerhöchster Bestätigung von Neuem festsetzte. Wenn die Kirchen-Ordnung von 1832 über unsere Landschulen nichts enthält, so erklärt sich das daraus, dass sie ein Gesetz für die evangelisch-lutherische Kirche des ganzen Reiches ist, das durchaus nicht auf alle speciellen Einrichtungen der einzelnen Provinzen eingeht: Indem er aber den § 590 der Bauer-Verordnung von 1860 citirt, lässt er auffälliger Weise den Anfang desselben: „Die bisherigen Gemeindeschulen evangelisch-lutherischer Confession sind Schulen kirchlicher Institution" und im folgenden § „die Kirchspiels- oder Parochialschulen sind Angelegenheit der Kirchen-Gemeinde" weg. Das kann unmöglich ein lapsus, sondern nur Absicht sein und zeugt von der Handlungsweise dieses Mannes. Wenn er ferner behauptet, dass in der Oberlandschulbehörde nur ein Geistlicher, wahrscheinlich der General-Superintendent, obgleich bisher der zu ihr gehörende Schulrath auch ein Geistlicher war, und dass in den Kreislandschulbehörden nur 2 Geistliche, wahrscheinlich die 2 geistlichen Revidenten, sitzen, obgleich zu ihnen auch immer der Propst, der Assessor ecclesiasticus der Oberkirchen-Vorsteher-Aemter ist, gehört," – so kann das ein unabsichtliches Versehen sein. Aber er vergisst ganz, dass die übrigen Glieder dieser Behörden die Herren Ober-Kirchenvorsteher und Vorsteher gleichfalls kirchliche Beamte sind. Daher wird dieser ganze Passus gegen den kirchlichen Charakter unserer Schulen hinfällig. Das hat er wol auch selbst erkannt, denn in einem spätern Schreiben sagt er ausdrücklich, er wolle diese Frage bei Seite lassen.

Darauf kommt der Curator auf die Organisation, die er für unsere Landschulen am zweckentsprechendsten hält:

1, „Der örtliche Schulconseil müsste unter dem Präsidium eines örtlichen Gutsbesitzers aus einem 2. örtlichen Gutsbesitzer, dem Kirchspielsprediger, 2 Gemeindeältesten und 1 oder 2 von dem Direktor der Volksschulen ernannten Lehrern bestehen; dem zum Unterhalt einer Schule, eine bestimmte Unterstützung beitragenden Gutsbesitzer, wäre das Stimmrecht in dem Kirchspielsschulconseil zuzugestehen."

Nachdem der Curator in dem Obigen bewiesen, dass er die Namen unserer Schulautoritäten wol kennt, ist von ihnen weiter nicht die Rede, sondern nur von Conseils. Das ist auch zu beachten, wenngleich am Wichtigsten bleibt, dass bis auf den Prediger kein kirchlicher Beamter mehr genannt wird. Gutsbesitzer und Gemeindeälteste treten an die Stelle unserer Kirchen-Vorsteher und Schulältesten und Conventsdelegirten. Und wie die Designirung derselben stattfinden soll, ist dabei nicht einmal angedeutet. An die Stelle unserer Parochiallehrer treten dann natürlich vom Direktor designirte Lehrer, um gefügige Werkzeuge bis in die untersten Verwaltungsorgane hineinzuschieben.

2, „Der Kreisschulconseil wird unter dem Präsidium eines der Deputirten der Ritterschaft zusammengesetzt aus 2 von der Ritterschaft gewählten Gliedern, 2 Beisitzern der Kirchspielsgerichte, dem örtlichen Prediger, einem Delegirten der Stadt, einem von dem Gouverneur und einem von dem Curator zu ernennenden Gliede. Der Inspektor der Volksschulen ist beständiges Glied des Kreisschulconseils.

Auch hier zeigt sich wieder ein absichtliches Ignoriren des kirchlichen Charakters unseres Schulwesens. Statt der bisherigen 3 geistlichen Glieder unserer Kreislandschulbehörden bleibt nur 1, der örtliche Pastor, übrig. Bleiben die Kreisschulconseils wie bisher in den Städten, dann soll der Stadtpastor, der sehr oft gar keine Landgemeinde hat, allein die kirchlichen Verhältnisse des ganzen Landkreises vertreten. Ebenso unnütz ist der Vertreter der Stadt in diesen nur das Landschulwesen vertretenden Conseils. Durch die 2 Beisitzer der Kirchspielsgerichte und die 3 Regierungsvertreter hofft er dann wol die übrigen Glieder majorisiren zu können.

3, Endlich zum Bestande des Gouvernements-Schulconseils müssten unter das Präsidium des Landmarschalls nachstehende Glieder gehören: der General-Superintendent, 2 Delegirte der Ritterschaft, ein vom Gouverneur und ein vom Curator ernanntes Glied. Der Direktor der Schulen ist beständiges Mitglied des Gouv. Schulconseils.

Mit dem bisherigen Bestand wird auch hier aufgeräumt. Namentlich die Herren Landräthe finden, da Russland keine hat, auch vor dem Curator keine Gnade. In Betreff der Schulbauten wird nichts gesagt; ebenso in Betreff der Lehrer-Wahlen. Soll das Beides vielleicht durch Befehle von oben her erfolgen? Die Lehrer werden wenigstens, wie ich glaube, in Russland einfach von den Schulbehörden ernannt, nicht gewählt.

Dann werden in allgemeinen Grundzügen die Funktionen eines jeden dieser Conseils in Folgendem bestimmt:

1, Dem örtlichen Schulconseil ist die unmittelbare Beaufsichtigung der Schulen zu übertragen; er überwacht den Schulbesuch und setzt die Strafen für Versäumnisse fest, er verwaltet die Schulcassen, beaufsichtigt den Fortgang des Unterrichts und erhält den Kreisschulconseil in Kenntniss von dem gesammten Schulwesen. Die Anzahl der lokalen Schulconseils ist nach der Zahl der Schulen in der Ortschaft zu bestimmen.

Sollen diese „lokalen Schulconseils" bei jeder Schule andere als die oben bezeichneten „örtlichen" Schulconseils sein, dann fehlt jeder Hinweis über ihre Zusammensetzung und ihre Einfügung in den ganzen Schulorganismus. Sind aber diese beiden verschiedenen Bezeichnungen nur durch die Uebersetzung aus dem Russischen hereingekommen und bezeichnen sie dieselbe Art von Conseils, dann muss man mit Erstaunen fragen, wo gedenkt der Herr Curator alle die Personen für den Conseil bei jeder Schule herzunehmen und wie soll dieser complicirte Körper funktionieren? Der Prediger im estnischen Distrikt hat in manchen Kirchspielen über 20 Schulen unter sich, soll er ebenso vielen Conseils angehören? Der Kirchenvorsteher ist oft der einzige Gutsbesitzer im Kirchspiel, dann würde das bei ihm ebenso der Fall sein. Mir scheint, dass dem Curator eben unsere Kirchspiels-Schulverwaltung bei der Zusammensetzung der örtlichen Conseils vorgeschwebt hat, hier aber sind ihm die kurländischen Lokal Schul-Commissionen eingefallen und er hat sie auch unterbringen wollen. Das Ganze ist indess wol nur dazu da auf dem Papier zu bleiben. Seine Delegirte und Inspektoren sollen allein handeln.

2, „Die Anzahl der Kreisschul-Conseils wäre praktischer Weise von dem Gouv.-Schulconseil nach Massgabe der Erfahrung zu bestimmen. Der Kreis-Schulconseil beschäftigt sich mit der Eröffnung neuer Schulen; er bestätigt die Lehrer im Amt und entlässt sie, untersucht Beschwerden über die Kirchspiels Schulconseils, bestätigt die von den Inspektoren angefertigten Jahresrechenschaften, ertheilt Zeugnisse behufs Erlangung von Vergünstigungen für die Wehrpflicht."

„Praktischerweise", sollte man meinen, hätte der Curator die Zahl der Kreisschulconseils nach der Zahl unserer Kreislandschulbehörden oder wenigstens nach der unserer Kreise bestimmen müssen. Aber er macht, als ob er unter die Tschuktschen oder Samojeden gekommen ist und noch erst Erfahrungen machen müsse, ehe er diese Frage entscheidet. Ganz auffallender Weise kommen in diesen Punkt mit einem Mal „Kirchspiels Schulconseils" hineingeschneit. Von solchen ist bisher nicht die Rede gewesen.

3, Der Gouv. Schulconseil hat die oberste Fürsorge für die Landvolksschulen; er beprüft die von den Kreisschulconseils vorgestellten Rechenschaften und untersucht Beschwerden über diese Schulconseils. Er entscheidet über alle Fragen und Vorstellungen, welche von der Inspektion der Volksschulen seiner Beprüfung übergeben werden, verhandelt über allgemeine Massregeln zur Förderung der Schulen in materieller und pädagogischer Beziehung. Massnahmen letzerer Art hat er dem Curator zur Bestätigung vorzustellen."

Gegen diese Bestimmungen wird sich im Allgemeinen nichts einwenden lassen. Bedenklich aber ist, dass in der ganzen obigen Zusammenstellung nichts über die Unterrichtssprache und die Lehrpläne der Schulen gesagt ist. Der Curator wusste, dass er, sobald er darüber seine Forderungen kund gäbe, sofort den heftigsten Widerstand erfahren würde. Da er von der Ritterschaft die Zusage, die Seminare fortführen zu wollen, zu erlangen wünschte, so vermied er es, diese heiklen Punkte zu berühren.

Nachdem der Curator dann versichert, dass er bereit sei, eine jede der Oberlandschulbehörde gefällige Meinungsäusserung mit Dankbarkeit entgegenzunehmen, fährt er fort:

Ich würde es sehr bedauern, wenn ich gezwungen wäre, dem Ministerium nur meine Erwägungen ohne Beprüfung derselben durch die mit der Sache eng vertrauten und sich für dieselbe interessirenden Personen vorzustellen. Die Verwaltung der Volksschulen kann in ihrem seitherigen Bestande nicht weiter beharren. Die Unterstellung derselben unter die Regierungsgewalt ist ein Princip der herrschenden Staatsmacht etc." Zum Schluss versichert er noch, dass er sich ausschliesslich von dem Bestreben einer Förderung der Bildung leiten lasse etc. Hier fehlt nichts, weder die Versicherung der eigenen guten Absichten, noch die schmeichelnde Anerkennung der bisher handelnden Personen, noch die Drohung mit nur von ihm ausgearbeiteten Vorlagen, noch der Hinweis auf das unabänderliche Princip der herrschenden Staatsmacht. Kann aber dieses Princip ungeschehen machen, dass Peter der Grosse die Eigenartigkeit unserer Provinzen anerkannt und zu bewahren versprochen hat? Dass er wie alle späteren Kaiser die Ritterschaft als Patronin der Kirche und der kirchlichen Volksschule anerkannt und ihr deren Pflege anvertraut haben? Muss die Regierungsgewalt sich nicht sagen: dass auf Grund dessen sich Institutionen ausgebildet haben, die auf's Innigste mit dem Leben des Volkes verwachsen sind, und dass deren Beseitigung die grösste Verwirrung anrichten muss?

Dabei hat die Regierungsgewalt im übrigen Reich nicht die Leistungen auf diesem Gebiet aufzuweisen, die sich denen der Ritterschaft gleich stellen könnten. Sie hat bereits auf dem kirchlichen Gebiet 1845 und später auf dem agraren es erfahren, dass hier Institutionen geschaffen sind, die dem ersten Ansturm wol nachgeben, aber doch noch lange nicht umgeworfen sind. Will sie denn durchaus auch auf dem Gebiet der Schule ein neues Fiasko erleben!

In einer Sitzung vom 29. April wurde das Schreiben des Curators eingehend erörtert und eine Vorlage an den Adelsconvent beschlossen, in der *die* Punkte jenes, welche die Behörde meinte annehmen zu können, sowie *die*, bei welchen das nicht der Fall war, diesem bezeichnete. Der Convent aber beschloss dem Curator zu antworten, dass er auf solcher Grundlage nicht verhandeln könne, er möchte ihm eine andere bieten. Diese entschiedene Sprache machte, dass der Curator die Reorganisation unsers Landschulwesens fallen liess und zu einer neuen Taktik überging, ohne jene bis jetzt wieder in Angriff genommen zu haben. Vielleicht erscheint es bei diesem Resultat unnütz, dass ich diese Verhandlungen so eingehend behandelt habe. Aber erstens wissen wir nicht, ob uns nicht nächstens doch eine Organisation des Schulwesens nach diesen Grundzügen oktroyirt wird, und dann kennzeichnen sie den Mann und seine Art zu handeln sehr gut. Zum Theil zeigt er eine gewisse Uebereilung, die ihn z.B. dazu bewog sich uns schon als unseren Vorgesetzten anzukündigen, ehe der bisherige, der Minister des Innern, uns den Befehl Sr. Majestät noch vorgelegt, und schon eine neue Organisation zu entwerfen, ehe er die faktischen Verhältnisse kennen gelernt hatte. Ferner zeugt es von grosser Frivolität, dass er es übernehmen konnte, die Hand an ein einigermassen geordnetes Schulwesen zu legen um es ganz offenbar zu desorganisiren. Für sein Verfahren ist es ferner bezeichnend, dass er immer versichert, die Bildung fördern zu wollen und nur neue Organisationen zu diesem Zweck vornehmen zu müssen, die Hauptsache aber, die Umgestaltung der Lehrpläne und die Einführung des Russischen als Unterrichtssprache möglichst lange verschweigt. Uerbereilt, frivol und listig hat er sich bei uns eingeführt und will dabei der Bildner unserer Jugend sein! Wehe uns, wenn seine Pläne gelingen sollten!

Ehe ich nun das fernere Vorgehen des Curators darlege, muss ich noch 2 Verhandlungen nachholen, die sich zugleich mit der Verhandlung über die Reorganisation des Schulwesens abspielten.

An demselben 23. Dec. 1885, an welchem das erste Schreiben des Curators bei der Behörde eintraf, traf bei ihr auch eine Requisition des Herrn Gouverneurs von Livland, Generalmajor Sinowiew, ein, den Palzmarschen Parochiallehrer Jacob

Abel wegen unzuverlässiger Gesinnung vom Amte zu entfernen. Es hatte nämlich auf Denunciation des Palzmarschen Popen die Gensdarmerie im Auftrag des Gouverneurs gegen den Palzmarschen Pastor Brandt eine Untersuchung eröffnet wegen verschiedener angeblicher Vergehen gegen die griechische Kirche. Bei dieser Untersuchung hatte Abel, der von den Angebern als Brandts gefügiges Werkzeug angegeben war, auch nichts Gravirendes gegen Brandt ausgesagt. Daher war es beschlossen im geheimen Rath der Regierung, diese beiden Männer zu stürzen. Daher jene Requisition. Und als die Antwort, weil noch keine Sitzung der Behörde gehalten werden konnte, nicht gleich erfolgte, der Gouverneur aber Wind bekommen hatte, dass seinem Ansinnen ohne Weiteres gewiss nicht gewillfahrt werden würde, kam ein zweites Schreiben, dass die Klagepunkte wenigstens etwas näher präcisirte. Abel habe am 14. Nov., einem Kronsfeiertage, keinen Gottesdienst gehalten, obgleich der Pastor nicht zu Hause gewesen, und habe sogar Stunden gegeben, auch habe er auf die Frage: warum er so verfahre, geantwortet: „pustaki[50], was kümmern mich die Russen? Ich thue das, was die Herren und Pastoren mir sagen."

Am 22. Jan. 1886 kam es endlich zu einer Sitzung, auf der beschlossen wurde, der Wenden-Walkschen Kreislandschulbehörde aufzutragen, sofort gegen Abel eine förmliche Untersuchung einzuleiten und ihr Urtheil zu fällen. Dem Gouverneur sollte dieses mitgetheilt und die Bitte ausgesprochen werden, die Zeugen in dieser Sache namhaft zu machen. Aber eine administrative Massregelung Abels wurde entschieden abgelehnt. Das brachte den Gouverneur sehr auf und er meldete uns, *er* habe untersuchen lassen, dann hätten *wir* das nicht mehr zu thun, sondern nur zu strafen. Da wir uns aber geweigert, das ohne Untersuchung unsererseits zu thun, so habe er die Oberlandschulbehörde beim Curator wegen Renitenz verklagt. Darauf ging die Behörde von sich aus an den Curator mit der Bitte, sie vor solchen Eingriffen zu schützen. Dieser ermangelte aber nicht, ihr Verhalten zu rügen und ihr die Verantwortlichkeit für die Schliessung der Palzmarschen Parochialschule zuzuweisen, sowie damit zu drohen, dass er dafür sorgen würde dass in dem Entwurf der neuen Organisation nicht der Punkt fehle, der ihn dazu berechtige, solche Renitenz zu brechen. Mittlerweile hatte aber der Gouverneur nicht geruht, sondern am 15. März die Parochialschule durch das Ordnungsgericht schliessen lassen und Abel unter polizeiliche Aufsicht gestellt. Als darauf Pastor Brandt, weil er die Leute zu Petitionen an den Kaiser in der Glaubenssache angeregt, von diesem abgesetzt und nach Smolensk verbannt war, dekretirte der Minister auch Abels Absetzung als

---

50 Russ.: Lappalien.

Parochiallehrer mit dem Zusatze, dass er nie mehr angestellt werden dürfe, gerade als die Behörde sich eben an ihn (den Minister) beschwerend über das Verfahren der hiesigen Autoritäten gewandt hatte.

Am 10. April, am Gründonnerstage, wurde Abel von Gensdarmen aufgehoben, nach Riga gebracht und ins Gefängniss gesetzt. Da konnte die Behörde am 23. April ruhig antworten, sie lehne alle Verantwortung für die Schliessung der Schule, die übrigens schon geschehen sei, ab, und könne nicht an die Möglichkeit eines Einflusses der stattgehabten Differenzen auf die künftige Organisation des Schulwesens glauben. Abel könne sie auch nicht mehr absetzen, da er schon abgesetzt sei; eine Neuwahl indess habe sie angeordnet. An die Oberlandschulbehörde trat diese Sache nicht mehr heran. Abel wurde bis zum 26. Mai in der Haft behalten, die zeitweise sehr streng war, und in ihr 3 Verhören unterworfen, aber endlich entlassen, weil ihm nichts Gravirendes nachgewiesen werden konnte. Um indess das Tschinownikthum doch nicht ganz blosszustellen, einigten sich die beiden Minister des Innern und der Volksaufklärung dahin, dass er noch 1 Monat Gefängniss zugesprochen erhielt, und die Sache damit erledigt war. Das Consistorium hatte sehr mannhaft ihn nie seines Amtes als Küster entsetzt, und so konnte er nun wenigstens dieses weiter bekleiden und hatte wieder sein Brod.

Das ist eines der traurigsten Blätter in der Geschichte des Jahres 1886, dieses dunkeln Jahres der russischen Verwaltung Livlands.

Wenn Abel wirklich grundlos angeklagt wurde, so bot Pastor Treu-Oppekaln dem Curator leider eine günstige Gelegenheit zum Eingreifen in unsere Verwaltung. Eine eigenmächtige 2 Mal vorkommende Schliessung der Neu-Laizenschen Schule benutzte er um zu verlangen, dass wir Treu dem Gericht übergäben, und da die Sache begründet war, mussten wir das im December 1886 thun. Dagegen gelang es uns in Würken den Lehrer Krause trotz der Einmischung des Curators nicht anstellen zu lassen.

Die zweite in diese Zeit fallende Verhandlung ist folgende: Der Gouverneur verlangte in einem Schreiben an die Behörde, dass wegen jedes neuanzustellenden Lehrers in Betreff seiner moralischen und politischen Unbescholtenheit bei ihm angefragt werde laut einer Vorschrift v. J. 1876. Es wurde am 23. Apr. 1886 beschlossen, dem Curator hierüber Vorstellungen zu machen. Es würde doch nicht angehen, dass alle früheren für das russische Schulwesen erlassenen Vorschriften ohne Weiteres auch bei uns in Geltung träten. Und dazu käme noch, dass bei dem Wahlrecht der Gemeinden die Anfragen bei dem Gouverneur wegen der Bescholtenheit der Gewählten unnütze grosse Weiterungen und Verzögerungen verursachen würden, da ihm ohnehin zustände jeden Lehrer abzusetzen, der sich als unzuverlässig erweise. Der Curator erklärte, das Ansinnen des Gouverneurs für ganz gerechtfertigt, und letzterer, dem von dem Schreiben an den Curator Mittheilung gemacht war, warf der Behörde geradezu Widerspenstigkeit und Ungehorsam vor. Die Behörde übergab die Sache dem Adelsconvent, der am 24. Juni ihre Entscheidung auf den Herbst verschob. Aber schon am 30. Juni erfolgte ein Schreiben des Curators mit der Mittheilung, dass der Minister befohlen habe, die Vorschrift von 1876 pünktlich zu befolgen. Es erging also an die Schulverwaltungen eine dahingehende Weisung.

Dass diese Sache ein solches Ende nehmen würde, liess sich wol voraussehen, da das Tschinownikthum, das ja in unnützen Schreibereien seine Aufgabe findet, sich gegenseitig stützt. Traurig aber ist es, dass auch in Petersburg sich keine Staatsmänner mehr, sondern nur noch Tschinowniks bis oben hinauf finden, die dabei den panslavistischen Aspirationen dienend sich auch für die gegenwärtige Phase unentbehrlich gemacht haben.

Oben habe ich dargelegt, dass es dem Curator nicht gelungen war, die Reorganisation unseres Schulwesens nach seinen Intentionen durchzusetzen. Jetzt änderte er seine Taktik, liess jene einstweilen ganz ruhen und suchte statt dessen unsere Verwaltung lahm zu legen und beim Volk zu discreditiren, sowie durch sporadische Einbrüche in unser Gebiet selbst Raum zu gewinnen.

In ersterer Beziehung boten ihm die im Juni abzuhaltenden Lehrer-Prüfungen bei den Seminaren eine willkommene Handhabe. Er bestritt der Oberlandschulbehörde die Berechtigung zu solchen. Der Adel habe die beiden Gemeindelehrer-Seminare nicht einmal von der Regierung bestätigen lassen, und nirgends wäre es ausgesprochen, dass er gar Externe prüfen dürfe und ohne sein Zeugniss Niemand Lehrer zu werden erlaube. Dass aber Kaiser Nikolai 1838 das ganze Volksschulwesen dem Adel übergeben und ihn für dasselbe verantwortlich gemacht hatte, ignorirte er. Indess gestand er doch zu, dass die Zöglinge der Seminare bei diesen, aber unter Anwohnung eines Delegirten von ihm, auch ferner die Lehrer-Prüfungen ablegten. Nur Externe dürften unsere Commissionen nicht mehr annehmen. Auf die Vorstellung der Behörde, dass er das künftig wol verlangen möge, aber in diesem Jahr noch davon absehen möchte, da die Leute sich gerade für diese Examina bei uns vorbereitet hätten, gestand er es einstweilen zu, aber so spät, dass die Bekanntmachung kaum erlassen werden konnte. Für den estnischen Distrikt namentlich musste noch ein zweiter Termin angesetzt werden, da derselbe bei seinem grossen

Bedarf an Lehrern und an der Kleinheit des Seminars immer der Externen sehr bedarf.

Eine andere solche Massregel war die Ankündigung, dass seine 2 schon für die russischen Schulen angestellten Inspektoren, Mewes für den estnischen und Orlow für den lettischen Distrikt auch in betreff unserer Schulen von ihm angestellt seien. Dieses sind so ungebildete und taktlose Leute, dass die Schul- und Seminar-Verwaltungen sich wiederholt über ihr Auftreten beschwert haben. Im December wurde dann ein Landrath erbeten, mit dem Curator über das Auftreten dieser Leute mündlich zu verhandeln, und er versprach, ihnen eine grössere Vorsicht anzuempfehlen.

Noch aber musste in einer andern Beziehung unser Einfluss lahm gelegt werden, nämlich in Beziehung auf die Lehrer. Und da ersah man sich als passendsten Punkt die Lehrer-Conferenzen aus. Solche hat das Ministerium vor einiger Zeit selbst empfohlen. Um sie hier nun zu verbieten, musste daher der Vertreter der Regierungsgewalt sie untersagen, der Gouverneur. Er that es nach seiner bekannten brutalen Weise, indem er alle Arten Conferenzen untersagte und allen Polizeibehörden, selbst den Gemeinde-Polizeien einschärfte, darüber zu wachen, dass ja keine Conferenzen irgend welcher Art stattfänden. Es entstand da die Frage, ob die Conferenzen, welche die Pastoren mit den Lehrern ihrer Kirchspiele abhielten, auch mit diesem Verbot gemeint seien? Angefragt durfte nicht werden, um nicht eine noch unheilvollere Antwort zu erhalten. Es wurde aber beschlossen, diese Conferenzen nicht unter jenes Verbot zu stellen.

Ebenso musste der Gouverneur noch eine andere Sache in Angriff nehmen, die der Curator, der sich früher für den Schulzwang ausgesprochen, offenbar nicht anfassen wollte, nämlich die Beitreibung der Schulstrafen, ohne die jener gar nicht aufrecht erhalten werden kann. Der Gouverneur verbot also, sobald die Eltern dagegen protestirten, die Beitreibung ohne die Erlaubniss des Curators. So waren Herodes und Pilatus Freunde geworden und arbeiteten einander in die Hände.

Endlich komme ich noch auf die sporadischen Einbrüche in unser Gebiet. Schon die Sitzung vom 23. Apr. brachte der Behörde die Anzeige des Curators, dass er die Neu-Schwaneburgsche Silta-Gemeindeschule[51] in eine Ministerschule umwandeln wolle. Die Oberlandschulbehörde möge den bisherigen Lehrer an derselben, Namens Saring ausser Dienst setzen. Es wurde beschlossen ihm zu antworten, dass die Oberlandschulbehörde keine Lehrer ohne Urtheil und Recht absetzen könne, und dass es nur der Kreislandschulbehörde zustehe, eine Gemeindeschule eingehen zu

51 „Salta“ = Saltais; vgl. Hans Feldmann, Heinz von zur Mühlen, Baltisches historisches Ortslexikon. Teil 2: Lettland. Köln/Wien 1990, S. 594.

lassen. Auch sollte er befragt werden, in welchem Verhältniss eine solche Schule dann zu den bisherigen Autoritäten des Volksschulwesens und zu den bestehenden örtlichen Schulen stehen würde? Was ferner aus den Mädchen- und Repetitionsschülern werden solle? ob sie noch diese Schule würden besuchen sollen? –

Der Sitzung am 9. Aug. lag dann schon ein Schreiben des Curators vor, in dem er erklärt, die Siltaschule zur Ministerschule zu machen, habe er bereits bestimmt. Die Behörde beschloss ihn zu bitten, dass er davon abstehe, da diese Schule für die Gemeinde nothwendig sei nach der Grösse derselben, und ihm zu sagen, dass sie keinen Lehrer ausser Etat setzen könne. Das half aber nichts. Am 1. Oct. wurde der Lehrer Saring vom Ordnungsgericht mit seiner schwangeren Frau und seiner Habe auf die Strasse gesetzt. Der Besitzer des Gutes gewährte ihm fürs Erste ein Obdach und später musste er dann noch unterstützt werden. Diese ganze Sache hatte Sarings Hilfslehrer, Kanawing, ein Zögling des baltischen Seminars, zu Stande gebracht. Um aber die Errichtung von Ministerschulen zu erleichtern und zur Errichtung solcher aufzufordern, publicirte der Curator ein Schema, das die nach ihnen verlangenden Gemeinden nur auszufüllen und bei ihm einzureichen hätten.

War nun in Schwaneburg ein, wenn auch unter Protesten, erfolgter Beschluss des Gemeinde-Ausschusses, den Curator um die Umwandlung dieser Schule zu bitten, die Veranlassung zu dieser Massregel gewesen, so verhielt sich bei dem 2. dann folgenden Fall die Sache doch anders. Anfang October zeigte er der Behörde an, dass er in der schwach besuchten Fehtelnschen Parochialschule eine Ministerschule einzurichten gedenke. Hier hatten darum nur die Conventsdelegirten von Fehteln und Odensee unter dem ausgesprochenen Protest des von Sausen,[52] und ohne Besprechung mit den gleichfalls zum Schulconvent gehörigen Gutsbesitzern gebeten. Die Behörde hatte ihre Sitzung am 1. Dec. und beschloss gegen diese Massregel, die sich auch an kirchlichem Eigenthum vergriff, zu remonstriren und ihre Rechtsbewahrung einzulegen. Aber das war schon zu spät. Noch im December, also mitten im Schuljahr, nahm das Ordnungsgericht wieder auf Befehl des Gouverneurs, dem Kirchen-Vorsteher die Schlüssel unter Androhung von Gewaltmassregeln, und die russische Ministerschule wurde dort eingerichtet. Die Oberlandschulbehörde, das Consistorium, die Ritterschaft haben über diese Verletzung kirchlichen Eigenthums beim Senat geklagt. Mit welchem Erfolge, das wird erst die Zukunft lehren. Eingesetzt aber hat der Curator hier als Lehrer den früheren Fehtelnschen Parochiallehrer Kalning, der wegen agitatorischer Umtriebe gegen den

52 Das Rittergut Saus(s)en, lett. Sausnēja, gehörte von 1831 bis 1920 der Familie v. Kreusch; vgl. Feldmann, v.z. Mühlen, Ortslexikon (wie Anm. 51), S. 549 f.

Pastor und irreligiöser Lehren und Reden in öffentlichen Vereinsversammlungen von unseren Schulautoritäten, wie oben berichtet, abgesetzt worden war.

Noch im December kündigte der Curator der Behörde abermals an, dass er auf Bitte des Neu-Adlehnschen Gemeindeausschusses auch die dortige Gemeindeschule zur Ministerschule machen werde, und führte trotz allen Protestes dieses Anfang Januar aus. Bisher hatte er nur 2 klassige Ministerschulen erwähnt, die zur Förderung der Bildung beitragen sollten; diese letzte Schule blieb aber einklassig und erhielt gleich einen russischen Lehrer, der kein Lehrer-Zeugniss unserer Autoritäten besass. Damit war der Zweck der Ministerschulen, der darin besteht zu russificiren, ziemlich klar bezeichnet.

Ueberhaupt tritt der Curator seit dem Herbst mit dieser Tendenz offener hervor. Schon in Folge der Lehrerprüfungen, über die seine Delegirten ihm berichtet hatten, verlangte er in einem Scheiben v. 3. Juli Erweiterung des russischen Sprachunterrichts in den Seminaren. Die Behörde beschloss anstatt der bisher üblichen 2 (Dorpat) und 3 (Walk) wöchentlicher Stunden im Russischen in jeder Klasse deren 6 geben zu lassen. Darauf erwiderte er bei weiteren mündlichen Verhandlungen, es käme ihm gar nicht so sehr auf die Stundenzahl an, aber die Zöglinge müssten Gewandtheit im Russischsprechen erlangen und noch einige Wochen später meinte er, sie müssten so weit kommen, in allen Fächern russisch unterrichten zu können. Damit ist nun wol klar gesagt, was er eigentlich allein anstrebt? Die Russificirung der Volksschule. – Darüber haben wir uns keinen Täuschungen mehr hinzugeben.

Ueberblicken wir nun das ganze Jahr, so hat der Curator durch die veränderte Taktik erreicht:

1, dass wir unsere Lehrer-Prüfungen nur in Gegenwart seiner Delegirten abhalten und keine Externen mehr annehmen dürfen.
2, dass wir die Zahl der russischen Stunden in unseren Seminaren verdoppelt und verdreifacht haben.
3, dass wir keine Lehrer ohne Genehmigung des Gouverneurs anstellen dürfen.
4, dass wir keine Conferenzen mehr abhalten dürfen.
5, dass seine Inspektoren alle unsere Seminare und Schulen revidiren.
6, dass wir uns wiederholt wegen unserer Verwaltung des Schulwesens haben rechtfertigen müssen, mit Glück in Würcken, mit Unglück z.B. Pastor Treu.
7, dass er uns 3 Schulen genommen hat trotz unserer Proteste.

Dagegen hat er trotz des anfänglichen Drängens die Reorganisation unseres Schulwesens nicht erreicht. Und was hinderte ihn daran? Ganz ersichtlich weder pädagogische Bedenken, denn was machte er sich daraus, die Schulen herabzudrücken! noch politische Bedenken, denn die Russen haben nun einmal keinen Sinn dafür, dass in einem geordneten Staatswesen Verwirrung und Unzufriedenheit nicht ohne Grund hervorgerufen werden sollen; – noch Gewissensbedenken, denn Recht und Gesetz sind ihm ziemlich gleichgiltig. Ganz ersichtlich hat er da nur *ein* Bedenken, nämlich das, die financielle Unterstützung der Ritterschaft bei der Unterhaltung der Seminare zu verlieren. Das ist das Einzige, was er bisher noch respektirt hat. Wenn er bei den jetzt fortgesetzten Verhandlungen noch zugestanden hat, in der Gemeindeschule die nationalen Sprachen als Unterrichtssprachen zu dulden, so ist das doch nur eine einstweilige Rücksicht, die fallen wird, sobald man die Nationalen nicht mehr zu fürchten braucht.

Wenden wir uns zum Schluss noch der Frage zu, welches Verhalten diesem Mann gegenüber einzuhalten sein wird? Da kann nach dem, was wir bisher von ihm erfahren haben, wie ich glaube, die Antwort nur 2 Punkte hervorheben;

1, In der Hauptfrage, der der Reorganisation des Schulwesens wird möglichst dilatorisch vorgegangen werden müssen. Wollte der Adel jetzt die Sache kurz abbrechen und erklären, er gebe die Seminare auf, um sich an der offenbaren Russificirung nicht weiter zu betheiligen, so wären die Verhandlungen der letzten 1½ Jahre als vergeblich geführt bezeichnet. Der Gegner hat mittlerweile das Terrain kennen gelernt und kann sich jetzt besser helfen, als wenn er gleich anfangs allein auf dem Platze geblieben wäre. Wollte der Adel aber die vor einem Jahre abgeschlagene Reorganisation jetzt annehmen, so würde das eine schwer zu erklärende und um der Sache willen bedauernswerthe Sinnesänderung bezeugen. Es bleibt also nur ein dilatorisches Verfahren übrig, bei dem man zu erhalten sucht, so viel man kann, und die financielle Verlegenheit des Gegners, seine verwundbarste Seite, möglichst lange ausnutzt.

2, In allen Nebenfragen aber, den verschiedenen Einbrüchen in unser Gebiet und Eingriffen in unsere Verwaltung würde unsere Behörde es doch wol dem Lande schuldig sein, möglichst energisch passiven Widerstand zu leisten, zu protestiren und zu klagen, so lange es nur geht.

Unsere augenblickliche Lage

Der Adels-Convent hat nun beschlossen, dass die Behörde mit dem Curator unterhandeln soll. Sie soll es zu erreichen suchen, 1, dass er die nationalen Sprachen als Unterrichtssprachen in der Volksschule zugesteht, 2, dass er verspricht sich nicht mehr in die Bestrafungen wegen der Versäumnisse einzumischen, 3, dass er sich mit der Vermehrung der russischen Stunden in den Seminaren begnügt. Vor einem Jahr gerade kündigte der Curator uns an, dass unser autonomes Regiment aufhöre, und dass wir ihm unterstellt seien. In diesem einen Jahre hat er, obgleich diese Unterstellung noch gar nicht gesetzlich geregelt ist, erreicht, dass wir uns wiederholt wegen unserer Verwaltung des Schulwesens vor ihm haben rechtfertigen müssen, dass er über unsere Köpfe weg Entscheidungen und Anordnungen getroffen hat, wie in Betreff Schwaneburgs, in Betreff des Ausschlusses der Externen von unseren Prüfungen; ferner erreichte er die Abhaltung der Prüfungen in Gegenwart seiner Delegirten, die Verdoppelung und Verdreifachung der russischen Stunden in unseren Seminaren, die Revision unserer Seminare und Schulen durch seine Inspektoren, die Diskreditirung unseres Regiments vor Allen, die sich demselben nicht mehr beugen wollen, wie die Klagen verschiedener Gemeinden bei ihm beweisen. Ich denke, er kann mit Befriedigung auf das erste Jahr seines Verwaltens unserer Schulen zurückblicken. Er ist jetzt Herr derselben. Und das Alles hat er ohne gesetzliche Regulirung des Verhältnisses zu uns erreicht. Wozu braucht er da noch dieser? Er geht auch ohne solche weiter, nimmt die Fehtelnsche Parochial-, die Adlehnsche Gemeindeschule mit Hilfe der Ordnungsgerichte trotz der Proteste, welche die lokalen Autoritäten erheben, und trotz unserer Abstellung der gerügten Mängel, wie in Adlehn, ohne Weiteres weg. Dabei versichert er, er bedürfe unserer Seminare gar nicht, da er die Kronsseminare sehr leicht so weit ausdehnen könne, dass sie die genügende Anzahl von Lehrern lieferten. Er ist offenbar selbst befriedigt von seiner Verwaltung und hat dem Ausdruck gegeben, indem er seine beiden Inspektoren Orlow und Mewes mit Orden dekorirt und seinen Direktor Speschkow zur Excellenz gemacht hat.

Je zufriedener der Curator mit dem verflossenen Jahr ist, um so weniger zufrieden können wir damit sein, denn was er errungen, das haben wir verloren. Und das ist schlimm, denn der Kampf auf dem Gebiet der Schule ist nicht bloss einer um die Macht, sondern zugleich und vornehmlich um Conservirung deutscher Gesittung und Bildung. Ob uns dabei eine Schuld trifft, weil wir nicht bloss der Gewalt gewichen sind, sondern vielleicht auch mehr als nöthig nachgegeben haben, wage ich nicht zu entscheiden. Jedenfalls liegen die Dinge so. Oder sollte es nur so scheinen, und sollten die Dinge für uns nicht so schlecht liegen? Ein Blick auf das Gehaben und die ganze Wirthschaft des Curators möchte fast zu diesem Schluss führen. Er ist von Hause aus nicht gerade blöde aufgetreten. Noch ehe der Minister des Innern uns die Unterstellung unter den der Volksaufklärung anzeigte, verlangte er schon unsere Instruktionen, Lehrpläne etc., als ob die Sache grosse Eile hätte. Dann kündigte er uns an, dass er den kirchlichen Charakter unserer Schulen nicht entdecken könne und eine ganz neue Organisation einführen wolle. Offenbar hatte er alle unsere Erlasse gar nicht durchgelesen und wollte ohne Weiteres darauf los reformiren. Namentlich sein stetes Anführen der Kreismarschälle, die es bei uns nicht giebt, spricht mir dafür. Zugleich legte er seine Absichten in Betreff der Seminare dar und bewies dadurch, wie falsch er die Personen, mit denen er es zu thun hatte, beurtheilte. Den Adel wollte er mit der Führung des Verwaltungs-Conseils der Seminare und mit dem Recht, die Lehrer zu präsentiren, ködern, damit er die Unkosten für sie trage. Dabei verlangte er dass alle Lehrer ein pädagogisches Institut (deren es nur 3 in Russland giebt), durchgemacht hätten. Nach den Früchten, die das Petersburger Institut hervorgebracht, und nach seinem ganzen Plan wissen wir aber, dass unser Parochiallehrer-Seminar mehr leistet. Er mag dieses freilich auch ausgesprochen haben, um sich von vornherein gleich in der russsischen Sprache und in russischem Geiste firme Lehrer zu sichern. Wer bürgt ihm aber dafür, dass unsere Lehrer nach einem pädagogischen Cursus des betreffenden Instituts sich nicht von diesem Geiste abgestossen fühlen würden? Und wie unklug decouvrirte er da, ehe der Adel die Fortführung der Seminare beschlossen hatte, seine eigentlichen Absichten! Er beurtheilt eben die Verhältnisse, wie die Personen immer wieder falsch. Letzteres erweist sich namentlich auch aus der Wahl der Beamten, die er zu uns abdelegirt. Der Inspektor Weber,[53] den er zu den Prüfungen delegirte, ist ein Mensch, den ganz Walk verachtet. Die beiden Inspektoren Mewes und Orlow sind rohe, ungebildete Menschen, die weder die nöthigen Kenntnisse, noch den nöthigen Takt haben, um die schwierige Arbeit der Inspektion ihnen noch fremder und nicht einmal ganz unterstellter Schulen mit Anstand durchzuführen. Man sage nicht, dass er keine anderen habe. Wenn das der Fall war, dann hätte er das Revidiren ganz einstellen müssen, bis er die passenden Leute hatte. So aber hat er sich entschieden geschadet und seine Urtheilslosigkeit eklatant dokumentirt. –

53 Wohl identisch mit Alexander Weber, geb. 1848, von 1872 bis 1886 Lehrer der russischen Sprache an der Kreisschule Walk, danach Verwaltender der Stadtschule zu Walk; vgl. Album Academicum (wie Anm. 16), Nr. 8243.

Ferner finde ich in seinem Verfahren keine Consequenz, kein stetiges Verfolgen eines bestimmten Zieles. Im Allgemeinen hat er ja wol bestimmt die Russificirung unserer Schulen als Endziel vor Augen. Um das zu erreichen, bedarf es wol aber überlegter einzelner Massregeln, deren Durchführung dann jeweilig ein Ziel wird. Und das vermisse ich. Zuerst spielte in allen seinen Schreiben die Aufstellung eines Projekts für die künftige Verwaltung unserer Schulen, das der Reichstag bestätigen sollte, eine grosse Rolle. Seitdem er aus dem Ausland zurückgekehrt ist, spricht er davon nicht mehr. Dann warf er sich auf die Lehrer-Prüfungen und bemängelte es, dass wir Externe prüften und die Zöglinge seiner Seminare wenigstens in den Religionsfächern einem Tentamen unterzogen. Auch davon spricht er nicht mehr. Dann kamen die Seminare an die Reihe. Zuerst verlangte er Vermehrung der russischen Stunden, dann gewandtes Russischsprechen der Zöglinge, dann dass sie in allen Fächern russisch unterrichten könnten. Ehe noch eins erreicht ist, wird schon ein anderes höheres Ziel wieder gesteckt. Dann brachte ihn Schwaneburg auf die Ministerschulen. Er wollte 2 klassige gründen, um die Volksbildung zu heben. Kaum aber hat er mit Hilfe des Ordnungsgerichts unsern Lehrer aus dem Lokal entfernt und seine Schule darin etablirt, da erlässt er schon ein Schema für alle Gemeinden, die auch um solche Schulen nachsuchen wollen. Es glückt im die Fehtelnsche Gemeinde dazu zu bringen. Er nimmt die Parochialschule weg. Offenbar will er da auch eine 2 klassige Schule einrichten. Aber die Dinge gehen zu langsam. Darum benutzt er die Klage von Adlehn gegen den alten Lehrer und errichtet dort eine 1 klassige Ministerschule, die gewiss nicht mehr leisten wird, als unsere Gemeindeschulen, wenn sie überhaupt das noch leistet. Die Hebung der Volksbildung tritt in den Hintergrund; die Gelegenheit zu russificiren wird gern benutzt. Dazu verlässt er selbst seine gesetzliche Grundlage. Die Instruktion zur Errichtung von Ministerschulen verlangt als Unterrichtssprache die russische und als Lehrer lauter Rechtgläubige. Damit kann er hier nicht vorwärts kommen. Folglich erlaubt er hier auch lettisch zu unterrichten und stellt Lutheraner als Lehrer an. Offenbar merkt er, dass die Nationalen gegen ihn misstrauisch geworden sind. Er hatte doch seine Schema zu Gesuchen um Ministerschulen in der Meinung erlassen, dass sich die Gemeinden, um von unserer Verwaltung loszukommemn, auf seine Segnungen stürzen würden. Statt dessen sind nur Fehteln und Adlehn gekommen. Er sieht dass er die Nationalen falsch beurtheilt hat, und lenkt ihnen gegenüber ein.

So sehen wir die zuerst aufgeworfene Hauptfrage ganz zurücktreten. Immer neue Fragen werden aufgeworfen, neue Einrichtungen getroffen, ohne dass frühere Fragen entgültig gelöst oder irgend welche Rücksicht auf das, was sich hier im

Laufe der Zeit eingebürgert hat, genommen wird. Welche Früchte kann das nur tragen? Verwirrung, Lösung der alten Ordnungen und unausbleiblichen Rückgang alles dessen, was im Schulwesen gut war, d.h. mit anderen Worten, es ist eine Unruhe und Hast in Allem, was der Curator thut, durch die er bald abgewirthschaftet haben muss. Ob uns das zu gute kommen wird, mag fraglich bleiben, jedenfalls werden wir uns das sagen dürfen auf Grund der Erfahrung mit solchen Leuten. Ich möchte hier aber noch einen Punkt hinzunehmen, nämlich unsere Parochialschulen. Das ist entschieden unser exponirtester Posten, und doch können wir ihn nicht preisgeben. Am Exponirtesten erscheinen sie, weil sie durch die 2 fremden Sprachen, das Russische und Deutsche über den Rahmen der Volksschule hinauszugehen scheinen. Aber gegenwärtig verlangt man auch in Deutschland in gehobenen Volksschulen wenigstens *eine* fremde Sprache. Wenn bei uns 2 getrieben werden, so liegt das in unsern Verhältnissen, die ja auch der einfachen Volksschule schon das Russische aufzwingen. Sie gehört aber durchaus zu unserer Volksschule, sowol ihrer Entstehung als ihrem Verhältniss zur Kirche nach. Sie ist die erste Schule, die unsere Nationalen kennen lernten; sie ist so eng mit der Kirche verbunden, dass sie auf dem Boden dieser bisher bestanden, von ihren Beamten bedient und beaufsichtigt, in ihrem Geist geleitet worden ist. Wir müssen sie uns erhalten. Mit ihr aber ist auch durchaus die Küsterschule, die ihr die Lehrer liefert, zu erhalten.

Werden wir, wenn wir in die Unterhandlungen, die erwähnten Punkte zu wahren vermögen? Vielleicht, aber eigentlich glaube ich es nicht. Namentlich, wenn der Curator merkt, dass uns, wie das doch natürlich ist, daran liegt, fertige Resultate dem Landtag vorzulegen, wird er die Sache hinziehen. Aber ich gebe uns auch dann nicht verloren. Seine schiefe Beurtheilung unserer Verhältnisse und seine Unbeständigkeit werden es hoffentlich machen, dass wir wieder aufkommen. Und vielleicht gehen doch auch den Nationalen endlich die Augen auf!

Ortsregister

Aufgeführt werden die Ortsnamen aus der Quelle Gulekes.

Personenregister

Vorbemerkung

Aufgeführt werden die Personennamen aus der Quelle Gulekes. Um das Personenregister nicht allzu umfangreich werden zu lassen, wurden nur die notwendigsten Angaben zur Person aufgeführt. Weitergehende biographische Angaben findet sich in folgenden Werken:

ADB	Allgemeine Deutsche Biographie. 56 Bde., München/Leipzig 1875 ff.
Alb. Ac.	Album Academicum der Kaiserlichen Universität Dorpat, bearb. v. A. Hasselblatt u. G. Otto. Dorpat 1889
Alb. Liv.	Album Livonorum, hrsg. v. Philisterverein der Livonia. Lübeck 1972
Brennsohn Liv.	I. Brennsohn, Die Ärzte Livlands von den ältesten Zeiten bis zur Gegenwart. Mitau 1905
DBBL	Deutschbaltisches Biographisches Lexikon 1710–1960, hrsg. v. Wilhelm Lenz. Köln/Wien 1970
fr. Rig.	Albrum fratrum Rigensium, bearb. v. Otto Hentzelt. Hamburg 1963
GHA Livl.	Genealogisches Handbuch der baltischen Ritterschaften. Teil: Livland, Bd. I und II, bearb. v. Astaf v. Transehe-Roseneck. Görlitz [1929 ff.]
Kallmeyer-Otto	Theodor Kallmeyer, G. Otto, Die evangelischen Kirchen und Prediger Kurlands. 2. Ausg., Riga 1910
Krusenstjern	Georg von Krusenstjern, Die Landmarschälle und Landräte der Livländischen und der Öselschen Ritterschaft. Hamburg 1963
Meyer	Meyers Konversations-Lexikon. 5. Aufl., 17 Bde., Leipzig/Wien 1894 ff.
PBI	C. Peterson, I. Bach, E. Inselberg, Das ritterschaftliche Parochiallehrer-Seminar in Walk. Riga 1898
P.L.	Die evangelischen Prediger Livlands bis 1918, hrsg. v. Martin Ottow u. Wilhelm Lenz. Köln/Wien 1977
Tobien I bzw. II	Alexander von Tobien, Die livländische Ritterschaft in ihrem Verhältnis zum Zarismus und russischen Nationalismus. Bd. I, Riga 1925; Bd. II, Berlin 1930

Beiträge zur Schulgeschichte

Band 1:
Zur Bildungs- und Schulgeschichte Preussens, hrsg. v. **Udo Arnold**. Beiträge von **Karl-Ernst Jeismann, Heinz Lingenberg, Gregor Harzheim** und **Lieselotte Kunigk-Helbing**.
Lüneburg 1988, 132 S., gebunden, ISBN: 3-922296-42-4; DM 30,-- / öS 219,-- / sFr 27,50

Band 2:
Vello Helk: Die Stadtschule in Arensburg auf Ösel in dänischer und schwedischer Zeit (1559–1710).
Lüneburg 1989, 288 S., 13 Abb., gebunden, ISBN: 3-922296-43-2; DM 30,-- / öS 219,-- / sFr 27,50

Band 3:
Wilhelm Räder: Die Lehrkräfte an den deutschen Schulen Kurlands 1805–1860, bearb. v. **Erik Amburger**.
Lüneburg 1991, 80 S., gebunden, ISBN: 3-922296-57-2; DM 30,-- / öS 219,-- / sFr 27,50

Band 4:
Preussen als Hochschullandschaft im 19./20. Jahrhundert, hrsg. v. **Udo Arnold**. Beiträge von **Ludwig Biewer, Klaus Bürger, Manfred Clauss, Hans-Werner Hoppe, Günter Krüger, Jerzy Serczyk** und **Peter Wörster**.
Lüneburg 1992, 169 S., gebunden, ISBN: 3-922296-66-1; DM 40,-- / öS 292,-- / sFr 37,--

Band 5:
Horst-Dieter Freiherr von Enzberg: Die Goetheschule in Graudenz und das deutsch-polnische Verhältnis (1920–1945).
Lüneburg 1994, 853 S., 28 Abb., gebunden, ISBN: 3-922296-74-2; DM 90,-- / öS 657,-- / sFr 82,--

Verlag Nordostdeutsches Kulturwerk
Conventstr. 1, 21335 Lüneburg — Postfach 2323, 21313 Lüneburg
Tel.: 04131/37097 — Fax: 04131/391143